내 재산을 물려줄 때

재산승계
신탁

내 재산을 물려줄 때
재산승계신탁

2022년 9월 8일 초판 발행
2025년 1월 24일 3판 발행

지 은 이 | 신관식
발 행 인 | 이희태
발 행 처 | 삼일피더블유씨솔루션
등록번호 | 1995. 6. 26. 제3-633호
주   소 | 서울특별시 용산구 한강대로 273 용산빌딩 4층
전   화 | 02)3489-3100
팩   스 | 02)3489-3141
가   격 | 25,000원

ISBN   979-11-6784-332-6 03320

* 2025년판 *

내 재산을 물려줄 때

재산승계
신탁

상속·증여·세금 등 시니어가 묻고, 전문가가 답하다

신관식 지음

名品

SAMIL | 삼일인포마인

PROLOGUE

많은 독자분들이 이 책을 아껴주셨습니다. 덕분에 2022년 9월에 초판을 발행한 뒤 2024년을 비롯하여 2025년에도 개정판을 출간하게 되었습니다. 이번 책은 최근 1년 동안 시행된 유의미한 제도와 법원의 판결, 유류분관련 헌법재판소의 결정, 최신 신탁계약 사례 등을 보충하고 재구성하였습니다.

재산승계신탁이란 개인이 일생에 걸쳐 축적한 재산과 관련하여 직·간접적으로 영향을 끼친 가족과 그 사회에 대한 공정한 보상 체계를 갖추는 과정입니다. 그 과정의 결과가 상속, 증여, 기부 등이 되는 것입니다.

이 책 「내 재산을 물려줄 때 재산승계신탁」은 보통사람들을 비롯하여 자산가, 법인 CEO들이 본인 재산을 후대에게 물려줄 때 재산승계신탁을 실제 활용할 수 있도록 구성하였습니다. 이 책의 기저에는 1,500여 명이 넘는 고객과의 허심탄회한 대화가 있습니다. 그리고 고객들의 수 많은 질문들 가운데 엄선한 주요 질문(Question)에 신탁·세금전문가인 저의 솔직한 답변(Answer)이 이 책의 본질입니다.

먼저, 이 책의 첫 머리는 재산승계신탁이 꼭 필요한 분들이 누구인지 간략하게 확인할 수 있도록 체크리스트를 넣었습니다. 그리고 체크된 사항에 적합한 페이지들을 기재하였습니다.

Part 1. 핵심사항 Q&A에서는 유언대용신탁과 유언서의 비교, 유류분관련 최근 헌법재판소의 결정 내용, 1인 가구의 증가와 유언대용신탁, 부양의무와 상속권상실청구제도, 재산의 소유권과 부동산신탁, 종합부동산세와 부동산신탁, 치매와 수익자연속신탁, 증여세 절세와 장애인신탁, 신탁재산의 귀속과 장애인신탁, 신혼·혼인 예정 자녀와 증여신탁, 신탁회사 등 수탁자의 파산과 재산보존을 다룹니다.

Part 2. 주요사항 Q&A에서는 신탁시장의 규모와 재산승계신탁의 성장성, 재산승계신탁의 계약 및 관리 프로세스, 상속재산관련 각종 소송의 유형, 유언공증·종신보험과 유언대용신탁의 비교, 보험금청구권신탁, 세대 생략 상속과 유언대용신탁, 유류분을 고려한 유언대용신탁, 대를 잇는 후계 구도 수립과 수익자연속신탁, 증여한 후에도 자식들에게 대접받는 통제형 증여신탁, 목표 달성·동기 부여를 위한 이벤트형 신탁, 상속증여세 절세를 위한 장애인보험과 장애인신탁, 증여세 즉시 부과 사유와 장애인신탁, 재개발·재건축 정비사업 프로세스와 부동산신탁을 담았습니다.

PROLOGUE

    Part 3. 특수상황 Q&A에서는 실버타운 입주자를 위한 유언대용신 탁, 학교 등에 기부하고 싶을 때 유언대용신탁, 증여세 재원 마련과 증 여신탁, 창업자금 증여세 과세특례와 증여신탁, 장애인자녀의 창업지 원과 장애인신탁, 재산 기부 목적의 유언과 공익신탁, 후견제도의 이해 와 후견신탁, 남겨진 가족을 위한 유가족신탁(가족지원형, 법인·조합형), 이익만을 증여하는 이익증여신탁의 종말, 논·밭·과수원 등 농지와 신 탁, 농지연금, 이혼과 신탁, 유언서 분실 위험과 유언서보관서비스를 기술하였습니다.

    Part 4. 세법·민법 Q&A에서는 상속과 상속세, 증여와 증여세, 신탁 과 상속증여세, 사망보험금과 상속증여세, 상속증여세에서 재산가액 평가원칙, 대출과 보증금이 있는 상가의 재산가액, 조합원입주권의 재 산가액, 즉시연금보험과 재산가액, 비상장주식의 재산가액, 추정상속 재산과 상속세, 피상속인이 비거주자일 때 국내재산과 상속세, 피상속 인이 거주자일 때 해외재산과 상속세, 상속인이 비거주자일 때 상속세 와 해외 송금, 수증자가 비거주자일 때 증여세와 해외 송금, 차용증·금 전 무상 대출과 증여세, 특수관계인과의 저가 양도에 따른 증여세, 이 혼한 부모님에게 각각 받은 증여재산의 증여세, 증여받은 재산을 반환 했는데도 증여세를 내야 할 때, 손자와 할아버지의 상속세, 상속포기와 상속세, 유언과 유언으로 할 수 있는 것들, 특별한 부양과 특별한 기여 (기여분), 피상속인 사망 전 한정승인과 상속포기의 효력, 부재자 재산관리인과 상속재산분할, 장인어른의 상속재산과 대습상속을 기술하였습니다.

　마지막 부록에서는 신탁의 분류와 특징, 유류분 관련 대법원 판례, 유언대용신탁 계약서(예시), 신탁법을 수록하였습니다. 여기에 수록된 고객의 연령, 가족관계, 거주지, 재산 등은 실제 고객 정보와는 무관하며, 가정된 상황으로 구성되어 있다는 점을 인지하여 주시기 바랍니다. 어려운 신탁 용어는 독자들이 이해하기 쉽도록 가급적 풀어서 설명하였고, 신탁의 여러 구조와 세금 계산 내역, 부동산 등기 사항과 신탁원부, 신탁계약 프로세스 등은 독자들이 최대한 파악하기 쉽도록 그림, 도표, 서식, 통계자료를 활용하여 설명하였으며, 일부 내용은 개괄식으로도 표현하였습니다.

　많은 독자들이 이 책과 신탁을 통해 성공적인 재산승계가 이뤄질 수 있기를 기원합니다. 마지막으로 이 책이 나올 수 있도록 응원해주시고 도와주신 정진완 은행장님, 김선 부행장님, 손상범 부상님, 함문형 팀장님, 이윤희 차장님, 김지희 차장님, 김희락 계장님을 비롯하여 사랑하는 아내 유경, 두 아들 지후와 서후, 가족들을 비롯한 모든 분들께 머리 숙여 감사드립니다.

2025년 1월 회현동에서

CONTENTS ●────────────────────────────────────

Part 3 특수상황 Q&A

CONTENTS

Part 4   세법·민법 Q&A

부록

재산승계신탁 체크리스트

해당되는 곳에 체크(V)해 보세요. 어느 하나라도 해당된다면, 재산승계신탁이 필요한 시점입니다!

1. 살아생전에 본인 사후 재산승계계획을 세워 놓고 싶은 분 □
 * 14페이지, 89페이지 참조

2. 본인 사후 유산 관련 가족 간의 분쟁과 불화가 걱정되시는 분 □
 * 22페이지, 84페이지 참조

3. 재산을 특별히 더 챙겨주고 싶은 자녀나 손주가 있으신 분 □
 * 103페이지, 108페이지 참조

4. 앞으로 발생할 수 있는 치매에 대비하여 자산관리가 필요한 분 □
 * 50페이지, 166페이지 참조

5. 증여하고 싶지만 본인의 노후 걱정, 자식들의 재산관리 능력이 우려되시는 분 □
 * 116페이지, 150페이지 참조

6. 배우자, 자녀, 손주에게 정기적으로 미리미리 증여하고 싶은 분 □
 * 100페이지, 247페이지 참조

7. 신혼이거나 혼인 예정 자녀 등을 두고 있는 분 □
 * 63페이지, 253페이지 참조

8. 본인이 장애인이거나 가족 중 장애인이 있는 분 □
 * 55페이지, 127페이지 참조

9. 자녀가 창업하려고 하는데 일정 자금을 지원하고 싶은 분 □
 * 154페이지, 158페이지 참조

10. 학교, 종교단체, 사회복지법인 등 공익법인에 기부하고 싶은 분 □
 * 147페이지, 162페이지 참조

11. 직장생활 중 사망한 직원의 유가족에게 후원금 등을 주고 싶은 분 □
 * 181페이지 참조

핵심사항

Q&A

'재산승계신탁이란
고객이 평생토록 일궈 온 소중한 재산에 대해
직·간접적으로 영향을 끼친
가족, 단체, 법인, 사회에 대한
공정한 보상 체계를
마련하는 과정이다'

1
유언대용신탁과 유언서

유언대용신탁과 유언서란 무엇일까요? 유언대용신탁 또는 유언서가 어떤 점이 유리할까요?

결론 및 답변 Answer

1. 유언대용신탁과 유언서의 의미

유언대용신탁이란 위탁자가 신탁회사 등 수탁자와 신탁계약을 하고, 위탁자는 수탁자에게 재산의 소유권을 이전하며, 살아생전에는 위탁자 본인이 수익자로서 수익권 등의 권리를 향유하다가, 위탁자가 사망할 경우 다른 법정상속인들의 협의 절차를 거치지 않고, 신탁계약에 근거하여 위탁자가 지정한 사후수익자에게 신탁재산을 이전하는 제도입니다(신탁법 제59조).

유언대용신탁 구조도

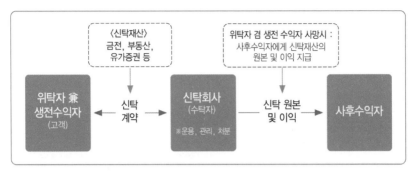

유언서란 법정방식에 의하여 유언을 기재한 서면을 말합니다. 유언이란 유언자가 본인 사망 후 법률적·재산적 효과를 발생시키려는 목적으로, 유언자가 살아 있을 때 하는 의사표시이며, 유언자의 사망으로 그 효력이 생기는 것을 말합니다. 유언은 반드시 유언자 본인의 독립적인 의사능력에 따라 행해져야 합니다. 상대방의 수락을 필요로 하지 않는 단독행위이기 때문에 유언자는 본인의 의사에 따라 자유롭게 유언을 할 수 있고, 살아있을 때 언제든지 유언을 변경하거나 철회할 수 있습니다. 다만, 민법에 따른 일정한 방식과 엄격한 요건에 따라 작성되어야만 그 효력이 발생합니다(민법 제1060~1111조).

2. 유언대용신탁이 유리한 점

(1) 재산관리 측면

① 유언서에 기재된 재산(유증* 재산)은 유언서에만 기재되어 있을 뿐 실제 재산관리는 유언자 본인 스스로가 살아 있을 때까지만 관리할 수

있거나, 유언자 사망 이후 수유자* 등에게 재산이 이전되기 전까지는 제대로 된 관리가 되지 않을 수도 있습니다. 그러나 ② 유언대용신탁의 신탁재산은 위탁자의 다양한 요구와 지시 등에 따라 자산관리에 전문화된 신탁회사 등 수탁자가 관리, 운용 등의 업무를 수행하고 위탁자 생전은 물론 사후에도 일정한 재산관리가 이뤄질 수 있다는 점이 특징입니다.

> * 유증 : 유언으로써 자기 재산의 전부 또는 일부를 무상으로 수유자에게 주는 행위
> * 수유자 : 유언에 의한 유증(유증 관련 재산)을 받게 되는 사람

(2) 효력 발생의 엄격성 측면

① 유언서는 엄격한 방식과 요건이 요구됩니다. 따라서 민법에서 정한 방식과 요건에 부합되지 않으면 무효가 될 수 있습니다. 유언은 자필증서, 녹음, 공정증서, 비밀증서, 구수증서, 즉 5가지 방식에 의해서만 해야 합니다. 예를 들어, 컴퓨터를 통해 한글파일로 작성된 유언서는 자필이 아니고 증인이 없으므로 무효입니다. 실제 자필증서 유언은 유언자 사망 이후 효력 관련 분쟁이 상당수 발생하고 있습니다. 그리고 자필증서 유언을 제외하고 유언서를 작성하거나 유언서를 변경하기 위해서는 1명 또는 2명의 증인이 필요하고, 공정증서 유언(유언공증)을 제외하고 유언서는 법원의 유언서 검인* 절차를 거쳐야 합니다. 그러나 ② 유언대용신탁은 위탁자와 신탁회사 등 수탁자 간의 합의만으로 계약이 성립하고, 약관 이외 계약서상의 문구와 방식도 특별한 제한이 없습니다. 뿐만 아니라 증인없이 계약할 수 있고, 증인없이 신탁계약 내용을 변경할 수 있으며, 더더욱 법원의 유언서 검인 절차도 필요하지 않습니다.

(3) 확인의 용이성 → 재산 집행(수취)의 신속성

① 유언서를 남긴 유언자가 본인 이외의 어떤 누구에게도 유언서의 존재나 유언서의 보관 장소 등을 말하지 않고 사망할 경우에 상당기간 유언집행자＊, 수유자, 상속인들은 유언서의 존재와 유언서의 내용을 알지 못하는 경우가 있습니다. 때로는 유언서를 찾지 못해 유언자의 유산을 상속인들 간에 협의를 통해 분할하는 경우도 있습니다. 공정증서유언의 경우에는 유언서를 법적보관기간까지 공증사무소에서 보관한다고 하지만, 만약 공증사무소가 폐쇄되었거나 법적보관기간이 지난 후에는 유사한 문제가 발생할 수도 있습니다. 즉, 수유자가 유언자의 유증 관련 재산을 실제 받는 데까지는 꽤 오랜 시간이 걸릴 수 있습니다. 그러나 ② 유언대용신탁에서 신탁회사 등 수탁자는 사망통지인으로부터 위탁자의 사망 사실을 확인한 후, 원칙적으로 사후수익자에게 신탁계약의 수익자가 되었음을 통지해야 합니다. 뿐만 아니라 사후수익자가 위탁자의 신탁계약서를 확인할 수 없더라도 **안심상속 원스톱 서비스**＊ 신청을 통해 위탁자의 특정금전신탁 사실을 확인할 수 있으며, 신탁된 부동산의 주소를 사후수익자가 알고 있다면 등기사항전부증명서 확인 등을 통해 부동산이 누구에게 신탁되어 있는지 확인이 가능합니다. 즉, 사후수익자는 신탁회사 등 수탁자로부터 신속·정확하게 신탁재산을 받아갈 수 있습니다.

(4) 오류 수정 및 위조·변조·분실의 위험

① 유언서는 공정증서 유언을 제외하고 유언서에 요구되는 민법상의 엄격한 요건, 절차, 형식을 충족하지 못한 채 보관될 수 있습니다. 그리고 유언서 보관 중에 위조·변조·분실 등의 위험이 항상 존재합니다. 반면, ② 유언대용신탁은 계약상의 하자와 오류를 위탁자 생존 시까지 언제든지 변경할 수 있음은 물론, 유언대용신탁 계약서는 신탁재산이 부동산인 경우에는 신탁원부*로 등기되어 있고, 금전 및 증권 등의 경우에는 신탁회사 등 수탁자의 전산시스템 및 별도 금고에 안전하게 보관하기 때문에 위조·변조·분실의 위험이 적습니다.

(5) 상속재산분할금지의 실효성

① 유언서로써 유언자는 본인의 상속재산에 대해 그 분할방법을 정하거나 본인 사망일로부터 최대 5년까지 상속재산분할을 금지할 수 있습니다(민법 제1012조). 그럼에도 불구하고 유언서에 기재된 상속재산분할

금지의 내용을 부동산등기부 등 공적장부에 등기·등록할 방법이 없으므로 결국 이를 상속인들에게 강제할 수 없습니다. ② 유언대용신탁에서 위탁자는 수탁자와의 신탁계약을 통해 신탁재산의 관리 방법이나 처분 시기, 수익자의 수익권 행사 시점 등을 정할 수 있습니다. 예를 들어 신탁계약을 통해 위탁자 사망 후 신탁재산을 사후수익자인 자녀에게 바로 지급하지 않도록 설정할 수 있습니다. 위탁자 사망 시점에 만약 수익자가 미성년자라면 성년이 되는 시점까지 신탁재산 지급을 유보할 수도 있습니다. 즉, 유언대용신탁의 위탁자는 신탁계약을 통해 신탁재산의 지급 시기와 조건 등을 제한없이 정할 수 있습니다. 뿐만 아니라 이를 '신탁원부'의 형식으로 부동산등기부 등 공적장부에 등기·등록할 수 있어 강제력과 대항력을 갖출 수 있습니다.

3. 유언서가 유리한 점

(1) 보수와 수수료

① 유언서 중 자필증서 유언은 비용이 전혀 발생하지 않습니다. 공정증서 유언의 경우에도 유언서 작성 전 상담수수료 등을 제외하면 재산가액에 따라 다르지만 최대 300만원입니다. 그러나 ② 유언대용신탁은 보수가 발생하는데 일반적으로 신탁을 설정할 때의 보수, 신탁재산을 관리 및 운용함에 따른 보수, 위탁자 사후 신탁재산 집행에 따른 보수 등이 있으며 수익자 등 신탁관계인이 이를 부담해야 합니다. 게다가 신탁보수 등에 부가가치세가 붙는 경우도 있고, 신탁재산이 부동산 등 등기·등록해야 하는 재산이라면 등기·등록에 필요한 비용도 추가로 발생할 수 있습니다.

(2) 소유권 관련 공시성 및 비밀성 측면

① 유언서상의 유언은 유언자가 사망할 때 비로소 효력이 발생하므로 유언자가 사망 전까지는 재산의 소유권 변동이 없습니다. 또한, 유언자의 유언서 관리 소홀 등으로 유언자 이외에 제3자가 미리 보거나, 악의로 훔쳐가지 않는 이상, 유언자의 유언 내용과 보관 장소, 유증 관련 재산, 수유자 등을 유언자 이외에는 알 수가 없습니다. 그러나 ② 유언대용신탁에서 만약 신탁재산이 부동산인 경우 부동산의 소유자가 위탁자에서 신탁회사 등 수탁자로 변경됩니다. 이에 따라 등기사항전부증명서 또는 등기소·등기국에 가서 신탁원부를 발급받는다면 누구든지 신탁계약의 내용을 확인할 수 있습니다. 주식인 경우에는 신탁회사로 명의개서*되고, 주주명부 또는 주식 등 변동상황명세서, 금융감독원의 Dart 공시자료 등을 통해 누구나 신탁 사실을 확인할 수 있습니다.

* 명의개서 : 주식의 처분(신탁 포함), 양도, 상속, 증여 등이 있는 경우에 양수인이나 수탁자, 상속인, 수증자 등의 이름과 주소를 회사의 주주명부에 기재하여 주주의 명의를 변경하는 것

(3) 가족관계 또는 신분상의 법률행위

유언자가 유언으로 할 수 있는 것들이 법적으로 정해져 있고 이를 유언법정주의라고 합니다. 유언으로 할 수 있는 사항은 '친생부인, 인지, 재단법인 설립 및 재산출연행위, 유증, 신탁설정, 미성년자의 후견인 지정, 상속재산분할방법의 지정, 상속재산분할금지, 유언집행자의 지정 또는 위탁'입니다.

즉, 유언은 친생부인(부 또는 모 일방이 혼인관계 중 출생한 자녀와 친자

관계임을 부인하는 것), 인지(생부나 생모가 혼인 외의 출생자를 자기의 자녀로 인정하는 것)와 같은 가족관계 또는 신분상의 법률행위를 할 수 있는데 반해 유언대용신탁에서 위탁자와 수탁자는 친생부인이나 인지와 같은 신분상의 법률행위를 수행할 수 없습니다.

2
유류분과 유언대용신탁

고객 질문 **Question**

인터넷을 찾아보니 유언대용신탁을 하게 되면 유류분, 유류분 산정 기초재산에서 제외된다고 하는데 사실인가요?

결론 및 답변 **Answer**

1. 유류분과 유류분 산정 기초재산

유류분이란 고인이 된 피상속인의 의사와는 관계없이 피상속인의 유산 중에서 유족(법정상속인* 중 유류분권리자)들이 받을 수 있는 최소한의 비율을 말합니다. 사유재산제도를 취하고 있는 우리나라에서는 피상속인이 본인의 재산을 자유롭게 처분하거나 유증할 수 있는 것이 원칙입니다. 그러나 민법에서는 피상속인과 밀접한 관계가 있던 법정상속인들의 생활 보장과 공평 등을 고려하여 유류분 권리자들에게 상속재산의 일정 비율을 취득할 수 있도록 하고 있는데, 이를 유류분권 또는 유류분 권리라고 합니다.

유류분 권리자는 법정상속인 중에서 피상속인의 자녀 등 직계비속, 배우자, 부모 등 직계존속입니다. 유류분 비율은 '직계비속과 배우자는 법정상속분*의 2분의 1'이고, '직계존속은 법정상속분의 3분의 1'입니다.

유류분 권리는 유류분 산정 기초재산에서 유류분 비율을 곱하여 계산합니다. 유류분 권리자는 유류분 권리에 미치지 못한 부분에 대해 상대방 또는 법원에 그 반환을 청구할 수 있습니다. 이를 '유류분반환청구'라고 합니다. 유류분반환청구는 ① 반환하여야 할 증여 또는 유증한 사실을 안 때로부터 1년 이내, ② 피상속인의 상속이 개시된 때로부터 10년 이내에 해야 하며 기간 경과 시 시효가 소멸합니다.

따라서 '유류분 산정 기초재산'이 매우 중요한데 유류분 산정 기초재산은 ① 피상속인이 상속개시시점에 가지고 있던 재산의 가액과 ② 사전증여재산가액을 더하고 ③ 채무를 전액 차감하여 계산합니다. 이하의 표를 통해 세법의 상속재산과 민법의 유류분 산정 기초재산의 계산방식을 꼼꼼히 비교해보시기 바랍니다. 특히, 사전증여재산의 포함 기간과 가액 평가 시기에 주목하시기 바랍니다.

세법의 상속재산 vs 민법의 유류분 산정 기초재산

구분	세법(상속재산)	민법(유류분 산정 기초재산)
상속재산· 유류분 산정 기초재산 계산식	피상속인의 본래 재산 + 간주상속재산 　(보험금, 퇴직금, 신탁) + **사전증여재산** 　(10년 이내, 5년 이내) + 추정상속재산 - 채무 등	피상속인 명의의 재산 + **사전증여재산**(특별수익) 　(1979년부터 증여분, 1년 이내) - 채무
사전증여재산 포함 기간	① **상속인에게 증여 : 사망일 前 10년 이내** ② 이외 증여 : 사망일 前 5년 이내	① **상속인에게 증여 : 기한없이 모두 포함**(1979년부터 증여분) ② 이외 증여 : 사망일 前 1년 이내(단, 증여자 및 수증자가 유류분 권리자의 권리 침해를 알지 못했을 것)
사전증여재산 가액·평가 기준일	**'증여시점'의 시가** (시가가 없다면 상속세·증여세법상 보충적 평가액 적용)	**'사망시점'의 시가** * 사전증여된 '현금' 평가 예시 : 증여 당시부터 상속개시일까지 물가변동률을 반영하여 계산

※ 사전증여재산 : 민법상 특별수익으로 가정함.

2. 유류분관련 최근 헌법재판소 결정 내용

2024년 4월 25일 헌법재판소의 유류분관련 결정이 있었습니다(민법 제1112~1116조, 제1118조 등 위헌법률심판제청사건 등(2020헌가4 등)). 헌법 재판소의 이번 결정은 크게 4가지로 요약되며 향후 상속재산분할 및 사전증여와 관련하여 많은 변화가 일어날 것으로 예상됩니다.

첫째, 피상속인과 밀접한 관계가 있던 유가족들의 기본적인 생활 보장 및 공평 등을 감안하여 만들어진 **유류분 제도는 합헌**으로 결정되었습니다. 피상속인의 직계비속과 배우자가 동일한 유류분 비율을 적용받는 것 등 유류분 비율의 일률성은 재판 비용의 증가 등 사회적 혼란을 막고자 필요하므로 합헌으로 결정되었습니다. 뿐만 아니라 피상속인이 행한 증여를 유류분 산정 기초재산에 산입하는 부분도 합헌으로 결정되었습니다.

둘째, 기존 민법에 따르면 유류분을 주장할 수 있는 **유류분권리자**는 배우자, 자녀 등 직계비속, 부모 등 직계존속, **형제자매**였습니다. 그런데 헌법재판소는 피상속인의 **형제자매**는 피상속인의 상속재산 형성에 기여 등이 인정되지 않는다고 판단하였고 피상속인의 형제자매에게 유류분 권리를 인정한 기존 민법 조항은 **위헌**으로 결정했습니다. 예를 들어 부모도 배우자도 자식도 없는 A씨가 있다고 가정하겠습니다. A씨는 B, C, D라는 형제자매가 있었으나 왕래와 교류가 없었습니다. 그래서 A씨는 본인 재산 모두를 유언 또는 유언대용신탁을 통해 사회복지단체에 기부하기로 하고 사망하였습니다. 기존 민법에 따르면 A씨의 형제자매인 B, C, D는 유류분권리자로서 사회복지단체를 상대로 유류분반환청구를 진행할 수 있었습니다. 그러나 헌법재판소의 이번 결정으로 인해 B, C, D는 더이상 유류분권리자가 아니므로 사회복지단체를 상대로 유류분반환청구의 소를 진행할 수 없습니다.

셋째, 상속인이 피상속인의 상속재산을 받기 위해서는 상속결격사유가 없어야 합니다. 예를 들어 피상속인을 살해하거나 사망토록 이르게 한 사람, 피상속인의 유언서를 파기, 은닉, 훼손한 사람은 피상속인의 상속인이 될 수 없습니다. 그런데 현행 민법에 따르면 피상속인에게 패륜적 행위를 일삼은 사람도 유류분 권리를 주장할 수 있도록 하고 있습니다. 결국, 헌법재판소는 **패륜적 행위를 일삼은 상속인에 대한 유류분 인정**은 국민의 법 감정에 위배되며, **유류분 상실 제도를 두고 있지 않은 현행 민법**에 대해 헌법불합치 결정을 내렸습니다. 이에 따라 국회 등 관계 부처는 2025년 말까지 해당 민법 조항을 개정해야 합니다.

넷째, 현행 민법에서는 피상속인을 특별히 봉양한 상속인과 피상속인의 재산 형성에 특별히 기여한 상속인에게 '기여분'이라고 하여 법정상속분보다 더 많은 상속재산을 받아갈 수 있도록 하고 있습니다. 그러나 현행 민법에서는 유류분 부족액을 계산할 때 기여분을 고려하지 않습니다. 결국, 헌법재판소는 피상속인을 오랜 기간 특별히 부양하거나 재산 형성에 특별히 기여한 상속인의 권리 보장이 충분치 않은 현행 민법에 대해 헌법불합치 결정을 내렸습니다. 이에 따라 국회 등 관계 부처는 2025년 말까지 해당 민법 조항을 개정해야 합니다.

 헌법재판소 유류분관련 결정 요약과 유류분반환청구 소송 건 추이

형제자매의 유류분 규정
(민법 제1112조 제4호)

"상속재산 형성에 대한 기여나 상속재산에 대한 기대가 거의 인정되지 않음에도 유류분권을 부여하는 것은 타당한 이유를 찾기 어렵다"

위헌 전원일치

즉시 효력 정지

고인 자녀·배우자·부모의 유류분
(민법 제1112조 제1호~제3호)

"패륜적인 행위를 일삼은 상속인의 유류분을 인정하는 것은 일반 국민의 법감정과 상식에 반한다"

헌법 불합치 전원일치

2025년 12월 31일까지 개선 입법 필요

기여분에 관한 제1008조의2를 유류분에 준용하는 규정을 두지 않은 입법부작위
(민법 제1118조)

"기여상속인은 비기여상속인의 유류분반환청구에 응해 증여재산을 반환해야 하는 부당·불합리한 상황 발생"

헌법 불합치 전원일치

2025년 12월 31일까지 개선 입법 필요

유류분반환청구소송 민사본안(1심) 증가 추이

단위: 건
출처=법원행정처

590 (2012년)
1,233 (2017년)
2,035 (2023년)

3. 유류분과 유언대용신탁의 관계

우선, 수원지방법원 성남지원 1심 판결(성남지원 2020.1.10. 선고 2017 가합408489 판결)에서는 '신탁재산이 유류분반환청구의 대상이 되는 증여인지 여부에 대해서 유언대용신탁의 신탁재산이 위탁자에서 수탁자로 소유권이 이전된 것은 수탁자가 위탁자에게 신탁재산에 대한 대가를 지급한 바 없다는 점에서 무상이전에 해당하고, 민법 제1113조, 제1114 조에 의해 유류분 산정의 기초로 산입되는 증여는 본래적 의미의 증여계약에 한정되는 것이 아니라 무상처분을 포함하는 의미로 폭넓게 해석되는 바 (중략) 다만, 이 사건의 신탁계약의 ① 수탁자는 신탁회사로서 상속인이 아니고, ② 신탁계약 및 소유권 이전은 상속이 개시된 2017. 11.11.보다 1년 전에 일어났으며, ③ 수탁자인 ○○은행이 이 신탁계약으로 유류분 부족액이 발생하리라는 점을 알았다고 볼 증거가 없으므로, 이 신탁계약은 민법 제1114조에 따라 산입될 증여에 해당하지 않아 유류분 산정의 기초가 될 수 없다'고 판시하였습니다. 이 판례는 유류분과 유언대용신탁과의 관계를 말해주는 첫 번째 판례로써 의미가 있습니다.

다만, 이 판례가 1심 판결이라는 점에 유념할 필요가 있겠고, 2심의 항소심 재판부는 유류분반환청구를 한 원고 측에게 유류분 부족액이 발생하지 않는다고 보았으며, 특히 신탁재산이 유류분 산정 기초재산에 포함되는지 안되는지 해당 여부를 판단하지 않았습니다(수원고등법원 2020.10.5. 선고 2020나11380 판결). 그리고 원고가 대법원에 상고하지 않아 사건이 종결되었습니다.

반대로 창원지방법원 마산지원 1심 판결(마산지원 2022.5.4. 선고 2020 가합100994 판결)에서는 '신탁재산을 통한 이익을 향유할 권리 및 그 처분권한은 수탁자인 △△증권이 아니라 수익권의 형태로 위탁자인 망인에게 귀속되어 있었다고 보는 것이 타당하므로, 유언대용신탁 계약체결을 곧바로 △△증권에 대한 이 사건 신탁재산의 증여로 볼 수는 없다. (중략) 유언대용신탁이 망인의 사망 1년 전에 이루어졌으므로 망인과 △△증권이 유류분권리자에게 손해를 가할 것을 알고 증여를 하였다는 것이 입증되지 않는 한 유류분 산정의 기초가 되는 재산액에 포함되지 않게 되는 결과가 되는데 (중략) 이는 민법 제1118조, 제1008조의 취지를 고려하면 (중략) 공동상속인들 사이의 공평을 잃을 수 있고 유류분 제도를 잠탈할 우려가 있다'고 판시하여 유언대용신탁의 신탁재산을 유류분 산정 기초재산에 포함시켰습니다.

즉, 각 하급심에서의 상반된 판결이 존재하고, 성남지원 판결에 기초하여 신탁관계자들에게 유리하게 해석한다고 할지라도 2심 상급심에서는 유언대용신탁의 신탁재산이 유류분 산정 기초재산에 포함되는지 안되는지 결과적으로 판단을 하지 않았으며, 대법원 판례가 존재하지 않기 때문에 유류분과 유언대용신탁의 법리적 관계는 결과적으로 매듭지어지지 않았습니다. 향후 유류분과 유언대용신탁 관련 대법원 판결, 유류분 관련 헌법재판소 결정, 민법 개정사항 등을 지켜봐야 할 것으로 생각합니다.

4. 사위, 며느리, 손주한테 미리 증여하면 유류분을 피할 수 있을까?

원칙적으로 사위, 며느리, 손주들에게 증여한 재산은 공동상속인이 아닌 제3자에게 증여한 재산입니다. 따라서 피상속인의 상속개시일 전 1년 이내에 증여한 재산 또는 당사자 쌍방(증여자와 수증자)이 유류분권리자에게 손해를 가할 것을 알고 증여한 재산만 유류분 산정 기초재산에 포함됩니다. 또한 손해를 가할 것을 알고 증여한 부분의 입증 책임은 유류분 권리를 주장하는 자에게 있습니다.

대법원은 상속분의 산정에 있어 원칙적으로 그 상속인의 직계비속, 배우자가 유증 또는 증여를 받은 경우에는 그 상속인이 유류분권리자의 부족 부분의 반환의무를 지지 않는다고 하였습니다. 그러나 "다만 증여 또는 유증의 경위, 증여나 유증된 물건의 가치, 성질, 수증자와 관계된 상속인이 실제 받은 이익 등을 고려하여 실질적으로 피상속인으로부터 상속인에게 직접 증여된 것과 다르지 않다고 인정되는 경우, 상속인의 직계비속, 배우자에게 이루어진 증여나 유증도 특별수익으로서 이를 고려할 수 있다고 함이 상당하다"고 판시한 바 있습니다(대법원 2007. 8. 28.자 2006스3, 4).

실제 하급심에서도 대체적으로 사위, 며느리, 손주에게 증여한 경우 ① 아들 또는 딸과 같은 주소에서 경제적 공동체를 이루며 생활하는지, ② 사위, 며느리, 손주에게 별도로 재산을 증여할만한 특별한 유인이나 동기가 있었는지, ③ 사위, 며느리, 손주에게 증여한 금액의 액수가 얼마였는지(세금 등을 아끼기 위한 목적이 아니었는지) 등 '실질적으로 상속인에게 증여한 것과 동일한지 여부'를 두고 각각 판단하고 있습니다.

종합해보면 사위, 며느리, 손주들에게 증여한 재산이 제반 사정 등을 고려할 때 실질적으로 상속인인 아들 또는 딸에게 직접 증여된 것과 동일하게 볼 수 있다면 유류분 산정 기초재산에 포함될 수 있으므로 반드시 유의해야 합니다.

3
1인 가구의 증가와 유언대용신탁

고객 질문 Question

평생 독신으로 살아 온 저에게는 여러 형제들이 있지만 왕래가 없습니다. 그나마 여태껏 저를 봉양해 준 건 막내 조카(A씨)입니다. 막내 조카(A씨)에게 저의 모든 재산을 주고 싶은데 가능한가요?

결론 및 답변 Answer

1. 우리나라의 1인 가구

통계청 자료에 따르면 2023년말 기준 우리나라의 1인 가구는 총 782만 9,305가구입니다. 이는 우리나라 총 가구수 2,207만 3,158가구 중에서 35.5%를 차지하며 해마다 증가하고 있고, 이 속도라면 2035년경에는 약 40%에 이를 전망이라고 합니다. 즉, 핵가족화, 비혼, 만혼, 인구 고령화 등이 맞물리면서 1인 가구가 주류가 되어 가고 있습니다.

1인 가구수와 비중 현황표

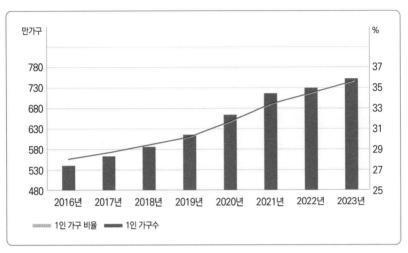

※ 출처 : 통계청(KOSIS) 2023년 말 기준

1인 가구의 경우 소득과 자산이 충분하지 않고, 질병에 걸리거나 부양 등이 필요한 상황이라면 사회적인 문제가 될 수 있습니다. 그러나 개인의 선택으로 혼자 사는 것은 필히 존중받아야 하며 부양하거나 책임져야 할 대상이 없기 때문에 사생활을 간섭받지 않으면서 본인의 소득을 온전히 자신과 본인 자산에 투자할 수 있습니다.

2023년 말 기준 우리나라 65세 이상의 시니어 1인 가구는 213만 8천 가구에 이릅니다. 재산승계 관점에서 보면 축적한 자산을 사후에 가족들에게 줄 것인지, 아니면 기부할 것인지, 국가나 사회에 환원할 것인지, 앞으로 많은 고민이 필요할 것 같습니다. 이때 신탁이 도움을 드릴 수 있습니다.

2. 유언대용신탁을 통한 고민 해결

고객님이 생전에 어떠한 조치도 취하지 않고 돌아가시는 경우, 고객님의 형제자매들이 민법상 선순위 법정상속인*이 될 것입니다. 만약, 고객님의 형제자매들이 고객님보다 먼저 돌아가시는 경우에도 형제자매들의 자녀들이 대습상속인*이 되어 고객님을 봉양하고 있는 막내 조카(A씨)는 상속의 후순위가 되거나 대습상속인 중의 한 명이 될 수밖에 없을 것입니다.

현 상태에서 상속인들 간의 협의분할형태*로는 고객님의 의도대로 막내 조카(A씨)에게 모든 재산을 주는 것이 힘들어 보입니다. 즉, 고객님이 의도대로 막내 조카(A씨)에게 본인의 모든 재산을 넘겨주고 싶다면 유언대용신탁을 활용하는 것이 바람직해 보입니다.

---

* 민법 제1000조(상속의 순위)와 민법 제1003조(배우자 상속순위)를 종합한 고객님 사망 시 법정상속인 순위
  1. 피상속인의 직계비속, 배우자 ·· (없음)
  2. 피상속인의 직계존속, 배우자 ·· (없음)
  3. 피상속인의 형제자매 ···································· (→ 형제자매가 상속 1순위)
  4. 피상속인의 4촌 이내의 방계혈족 ···················· (→ 조카는 상속 2순위)

* 민법 제1001조(대습상속) 전조 제1항 제1호와 제3호의 규정에 의하여 상속인이 될 직계비속 또는 형제자매가 상속개시 전에 사망하거나 결격자가 된 경우에 그 직계비속이 있는 때에는 그 직계비속이 사망하거나 결격된 자의 순위에 갈음하여 상속인이 된다.

* 민법 제1006조(공동상속과 재산의 공유) 상속인이 수인인 때에는 상속재산은 그 공유로 한다.

* 민법 제1013조(협의에 의한 분할) ① 전조(제1012조 유언에 의한 분할방법 지정, 분할금지)의 경우 외에는 공동상속인은 언제든지 그 협의에 의하여 상속재산을 분할할 수 있다. (이하 생략)

유언대용신탁은 고객님이 신탁회사 등 수탁자와 신탁계약을 하고, 고객님의 모든 재산을 수탁자에게 맡긴 후 돌아가시기 전까지는 고객님이 대부분의 권리와 이익을 누리시다가 향후 돌아가시게 되면 신탁된 재산을 사후수익자인 막내 조카(A씨)에게 줄 수 있는 신탁입니다(다만, 신탁 설정에 따른 신탁보수와 등기대행수수료, 각종 세금 등이 발생할 수 있습니다).

 유언대용신탁 구조도

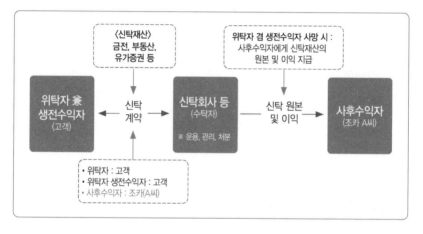

4
부양의무와 상속권상실청구제도

고객 질문 Question

최근 언론에서 구하라법이 통과되었다고 하는데 어떤 내용일까요? 자녀에 대한 부모의 부양의무가 강화되었다고 하는데 맞는 내용일까요?

결론 및 답변 Answer

먼저 드라마 '더 글로리'를 살펴보겠습니다. 주인공 문동은(이하, 딸)의 친모는 학교폭력의 희생양인 딸의 고통을 철저히 모른 척했습니다. 딸에게 학교폭력을 가한 가해자와 그 부모들로부터 돈을 받고 합의서까지 써주고 잠적했습니다. 이후 홀로 피나는 노력을 통해 딸은 초등학교 교사가 되었습니다. 이때 친모가 다시 등장했습니다. 친모는 딸의 집을 무단으로 침입하여 술판을 벌이거나 딸에게 욕설을 퍼부었습니다. 심지어 딸이 가르치는 초등학생의 학부모들로부터 촌지를 받는 등 나쁜 짓을 일삼았고 결국 딸의 집에 불까지 질렀습니다.

드라마 '더 글로리'의 기존 스토리를 좀 비틀어 보겠습니다. 딸이 학교폭력의 가해자들에게 복수하려다가 실패하여 사망했다고 가정해 보겠습니다. 그러면 어떻게 되었을까요? 딸의 재산은 누구에게 갈까요? 딸은 미혼이고 자녀도 없습니다. 아버지도 일찍 돌아가셨기 때문에 바로 '살아있는 친모'입니다. 왜냐하면 친모가 우리나라 민법상 선순위 상속인이기 때문입니다.

5년 전 안타깝게 세상을 떠난 가수 故 구하라 씨가 있습니다. 故 구하라 씨에게는 오빠가 한 명 있었고, 두 남매가 아주 어렸을 때 엄마는 집을 나갔습니다. 아버지는 생활비를 벌기 위해 할머니와 고모 손에 두 남매를 맡겼습니다. 이후 구하라 씨가 사망하자 약 20년 만에 엄마가 나타났습니다. 엄마는 그녀의 장례식장에 변호사를 대동하고 나타났다고 합니다.

우리나라와 일본에서 활동한 구하라 씨의 재산은 약 150억원 정도였습니다. 민법상 상속순위에 따라 엄마는 구하라 씨의 재산 약 40%를 상속받았다고 합니다. 당시 구하라 씨의 오빠는 자녀를 키우지도 않은 엄마가 그녀의 재산을 상속받는 것은 이해할 수 없다며 반발했습니다. 그러나 법원은 사망한 구하라 씨에게 배우자나 자녀가 없으므로 민법상 상속순위에 따라 엄마에게 상속권이 있다고 판단했습니다.

지난 2024년 8월 28일, 소위 '구하라법'이라고 하는 민법 일부 개정 법률안(이하, 상속권상실청구제도)이 국회를 통과하였습니다. 이 제도의 핵심은 피상속인인 자녀의 부모가 ① (자녀가 미성년자일 때) 부양의무를 중대하게 위반하였거나, ② 중대한 범죄 행위를 저질렀거나, ③ 심히 부당한 대우를 한 경우 부모의 상속권을 제한하는 것입니다.

상속권상실청구제도는 ① 피상속인인 자녀가 생전에 공정증서 유언(유언공증)으로 상속권상실의사를 표현하고 본인 사망 후 유언집행자로 하여금 가정법원에 청구토록 할 수 있습니다. 또는 ② 피상속인의 공동상속인 또는 공동상속인이 부재할 경우 상속권 상실 선고로 인해 상속인이 될 사람이 청구할 수도 있습니다(상속인이 되었음을 안 날로부터 6개월 이내).

이번 개정 민법은 2026년 1월 1일부터 시행이지만 2024년 4월 25일 이후 상속이 개시되는 경우로서 상속권상실사유가 있는 건에도 적용합니다. 상속권상실청구제도의 자세한 내용은 아래 민법 제1004조의2(상속권 상실 선고)를 참고하시기 바랍니다.

* 민법 제1004조의2(상속권 상실 선고)
① 피상속인은 상속인이 될 사람이 피상속인의 직계존속으로서 다음 각 호의 어느 하나에 해당하는 경우에는 제1068조에 따른 공정증서에 의한 유언으로 상속권 상실의 의사를 표시할 수 있다. 이 경우 유언집행자는 가정법원에 그 사람의 상속권 상실을 청구하여야 한다.
1. 피상속인에 대한 부양의무(미성년자에 대한 부양의무로 한정한다)를 중대하게 위반한 경우
2. 피상속인 또는 그 배우자나 피상속인의 직계비속에게 중대한 범죄행위(제1004조(상속의 결격)의 경우는 제외한다)를 하거나 그 밖에 심히 부당한 대우를 한 경우
② 제1항의 유언에 따라 상속권 상실의 대상이 될 사람은 유언집행자가 되지 못한다.
③ 제1항에 따른 유언이 없었던 경우 공동상속인은 피상속인의 직계존속으로서 다음 각 호의 사유가 있는 사람이 상속인이 되었음을 안 날부터 6개월 이내에 가정법원에 그 사람의 상속권 상실을 청구할 수 있다.
1. 피상속인에 대한 부양의무(미성년자에 대한 부양의무로 한정한다)를 중대하게 위반한 경우
2. 피상속인에게 중대한 범죄행위(제1004조의 경우는 제외한다)를 하거나 그 밖에 심히 부당한 대우를 한 경우
④ 제3항의 청구를 할 수 있는 공동상속인이 없거나 모든 공동상속인에게 제3항 각 호의 사유가 있는 경우에는 상속권 상실 선고의 확정에 의하여 상속인이 될 사람이 이를 청구할 수 있다.
⑤ 가정법원은 상속권 상실을 청구하는 원인이 된 사유의 경위와 정도, 상속인과 피상속인의 관계, 상속재산의 규모와 형성 과정 및 그 밖의 사정을 종합적으로 고려하여 제1항, 제3항 또는 제4항에 따른 청구를 인용하거나 기각할 수 있다.

⑥ 상속개시 후에 상속권 상실의 선고가 확정된 경우 그 선고를 받은 사람은 상속이 개시된 때에 소급하여 상속권을 상실한다. 다만, 이로써 해당 선고가 확정되기 전에 취득한 제3자의 권리를 해치지 못한다.

⑦ 가정법원은 제1항, 제3항 또는 제4항에 따른 상속권 상실의 청구를 받은 경우 이해관계인 또는 검사의 청구에 따라 상속재산관리인을 선임하거나 그 밖에 상속재산의 보존 및 관리에 필요한 처분을 명할 수 있다.

⑧ 가정법원이 제7항에 따라 상속재산관리인을 선임한 경우 상속재산관리인의 직무, 권한, 담보제공 및 보수 등에 관하여는 제24조부터 제26조까지를 준용한다.

[시행일 : 2026.1.1.]

5
재산의 소유권과 부동산신탁

Question

오랫동안 거래해 온 공인중개사가 말하기를, 제가 가진 부동산을 신탁하게 되면 소유권이 신탁회사 등 수탁자로 바뀐다고 하는데 사실인가요?

결론 및 답변 **Answer**

공인중개사가 말한 내용이 맞습니다. 다른 재산을 신탁할 때도 동일하지만, 특히 위탁자가 본인이 소유한 부동산을 관리, 운용, 처분, 개발할 목적으로 신탁을 설정하게 되면 해당 부동산의 소유권은 신탁회사 등 수탁자로 이전됩니다. 이 점이 신탁 설정을 검토하는 고객들이 가장 꺼려하는 대목이며, 신탁보수 이외에 등기 관련 수수료가 발생하는 부분이기도 합니다.

신탁된 부동산의 소유권을 수탁자로 이전하는 것은 신탁법 제4조 제1항 '등기 또는 등록할 수 있는 재산권에 관하여는 신탁의 등기 또는 등록을 함으로써 그 재산이 신탁재산에 속한 것임을 제3자에게 대항할 수 있다'와 신탁법 제37조 제1항 '수탁자는 신탁재산을 수탁자의 고유재산과 분별하여 관리하고 신탁재산임을 표시하여야 한다'에 근거합니다. 그리고 소유권 이전 절차는 부동산등기법에 따릅니다.

수탁자에게 재산의 소유권을 이전한다는 것과 수탁자의 신탁재산임을 등기를 통해 표시한다는 것이 오로지 나쁜 점만 있는 것은 아닙니다. '신탁재산의 독립성'이라는 장점도 있습니다. ① 일부 예외 사항을 제외하고 수탁자로 소유권이 이전된 신탁재산에 대해서는 위탁자의 채권자가 강제집행, 담보권 실행 등을 위한 경매, 보전처분 등을 할 수 없으며, 정부나 지방자치단체가 국세 등 체납처분을 할 수 없습니다(신탁법 제22조 제1항). ② 신탁회사 등 수탁자가 파산하거나 망하더라도 신탁재산은 수탁자의 파산재단을 구성하지 않으며, 회생절차의 관리인에 의해 채무자의 재산이나 개인회생재단을 구성하지 않습니다(신탁법 제24조).

그리고 부동산등기법 제81조 제3항에 따라 등기기록의 일부로 간주되는 신탁원부 작성 시 신탁계약서 자체를 첨부하는 관계로 부동산이 신탁재산인 유언대용신탁에서 위탁자가 사망할 경우 사후수익자가 해당 부동산의 수익권을 가지게 되고, 제3자에게 대항할 수 있으므로 효율적이고 신속한 재산승계가 이뤄질 수 있습니다.

다만, 신탁등기가 마쳐진 부동산을 대상으로 임대차계약을 체결하려는 사람은 반드시 등기사항전부증명서뿐만 아니라 신탁원부*를 함께 확인하여 적법한 임대차 권한을 갖는 자와 임대차계약을 체결해야 합니다.

신탁된 부동산에 대해 신탁원부를 확인하지 않아 임대차 권한이 없는 위탁자 등과 임대차계약을 체결하여 임차보증금을 반환받지 못하는 등 다수의 피해 사례가 발생하였습니다. 이에 따라 최근 대법원은 사회적으로 큰 문제가 된 신탁부동산 전세사기에 대한 대책으로 '신탁주의사항 등기제도'를 2024년 12월 21일부터 시행하였습니다.

 신탁주의사항 등기제도[등기사항전부증명서(예시)]

【갑 구】 (소유권에 관한 사항)				
순위번호	등기목적	접수	등기원인	권리자 및 기타사항
2	소유권이전	2019년 3월 5일 제350호	2019년 2월 14일 매매	소유자 김위탁 ○○○○○○ - ○○○○○○○ 서울특별시 서초구 서초로 111 거래가액 금 800,000,000원
3	소유권이전	2025년 1월 7일 제1004호	2025년 1월 6일 신탁	수탁자 ○○ 은행 ○○○○○○ - ○○○○○○○ 서울특별시 중구 소공로 222
	신탁			신탁원부 제2025-5호
3-1	신탁주의사항			이 부동산에 관하여 임대차 등의 법률행위를 하는 경우에는 등기사항증명서 뿐만 아니라 등기기록의 일부인 신탁원부를 통하여 신탁의 목적, 수익자, 신탁재산의 관리 및 처분에 관한 신탁 조항 등을 확인할 필요가 있음 2025년 1월 7일 부기

유언대용신탁 등 위탁자가 신탁설정하는 경우

[등기사항전부증명서(예시)]

【갑 구】(소유권에 관한 사항)				
순위 번호	등기목적	접수	등기원인	권리자 및 기타사항
2	소유권이전	2019년 1월 9일 제670호	2019년 1월 8일 매매	소유자 김위탁 ○○○○○○-○○○○○○○ 서울특별시 서초구 서초로 111 거래가액 금 200,000,000원
3	소유권이전	2022년 3월 4일 제1004호	2022년 3월 3일 신탁	수탁자 ○○은행 ○○○○○○-○○○○○○○ 서울특별시 중구 소공로 222
	신탁			신탁원부 제2022-25호

 장애인신탁(자익신탁) 등 증여 및 신탁설정이 결합된 경우

[등기사항전부증명서(예시)]

【갑 구】(소유권에 관한 사항)				
순위 번호	등기목적	접수	등기원인	권리자 및 기타사항
2	소유권 이전	2012년 3월 6일 제204호	2012년 3월 5일 매매	소유자 김위탁 ○○○○○○-○○○○○○○ 서울시 서초구 서초로 111 거래가액 금 300,000,000원
3	소유권 이전	2022년 3월 4일 제1003호	2022년 3월 3일 증여	소유자 김수익 ○○○○○○-○○○○○○○ 서울시 서초구 서초로 333
4	소유권 이전	2022년 3월 4일 제1004호	2022년 3월 3일 신탁	수탁자 ○○ 은행 ○○○○○○-○○○○○○○ 서울시 중구 소공로 222
	신탁			신탁 신탁원부 제2022-25호

위탁자가 신탁기간 중 해지하는 경우 등[등기사항전부증명서(예시)]

【갑 구】(소유권에 관한 사항)

순위번호	등기목적	접수	등기원인	권리자 및 기타사항
2	소유권 이전	2012년 3월 6일 제204호	2012년 3월 5일 매매	소유자 김위탁 ○○○○○○-○○○○○○○ 서울시 서초구 서초로 111 거래가액 금 300,000,000원
3	소유권 이전	2022년 3월 4일 제1004호	2022년 3월 3일 신탁	수탁자 주식회사 ○○은행 ○○○○○○-○○○○○○○ 서울시 중구 소공로 222
	신탁			신탁원부 제2022-25호
4	소유권 이전	2024년 9월 13일 제3004호	2024년 8월 30일 신탁재산의 귀속	소유자 김위탁 ○○○○○○-○○○○○○○ 서울시 서초구 서초로 111
	3번 신탁등기 말소		신탁재산의 귀속	

 위탁자가 신탁기간 중 사망하는 경우 등[등기사항전부증명서(예시)]

【갑 구】(소유권에 관한 사항)

순위번호	등기목적	접수	등기원인	권리자 및 기타사항
2	소유권 이전	2012년 3월 6일 제204호	2012년 3월 5일 매매	소유자 김위탁 ○○○○○○-○○○○○○○ 서울시 서초구 서초로 111 거래가액 금 300,000,000원
3	소유권 이전	2022년 3월 4일 제1004호	2022년 3월 3일 신탁	수탁자 주식회사 ○○은행 ○○○○○○-○○○○○○○ 서울시 중구 소공로 222
	신탁			신탁원부 제2022-25호
4	소유권 이전	2024년 9월 13일 제3004호	2024년 8월 30일 신탁재산의 귀속	소유자 김수익 ○○○○○○-○○○○○○○ 서울시 서초구 서초로 333
	3번 신탁등기 말소		신탁재산의 귀속	

신탁원부 : 등기관이 신탁등기의 사항을 기록한 공적장부
(부동산등기법 제81조)

신 탁 원 부

신탁원부 제 25 호

위탁자　　김 위 탁

수탁자　　○○은행

제　　　　호

신청대리인 법무사 김법무

신청서 접수	20○○년 ○월 ○일
	제　　　　호

1	위탁자의 성　　명 주　　소	
2	수탁자의 성　　명 주　　소	
3	수익자의 성　　명 주　　소	
4	신탁관리인의 성　　명 주　　소	
5	신　　탁 조　　항	〈별지와 같음〉 ※ 통상적으로 신탁계약서 전문을 별지로 첨부함.

6
종합부동산세와 부동산신탁

2024년에 납부한 종합부동산세와 재산세를 합쳐보니 3,000만원이나 되었습니다. 어떤 컨설턴트가 이야기하기를 주택을 신탁하면 종합부동산세와 재산세를 줄일 수 있다고 하는데 사실일까요?

결론 및 답변 Answer

단도직입적으로 말씀드리면 컨설턴트가 한 이야기는 사실이 아니며, 주택 등 부동산을 신탁해도 종합부동산세와 재산세를 줄일 수 없습니다.

1. 현행 세법(지방세 포함)

첫 번째, **종합부동산세**의 경우에는 ① 납세의무자의 과세대상 주택의 부동산 가액을 합산하는 개인별 과세 체계를 따르고 있긴 하지만, ②

2021년부터 바뀐 종합부동산세 제7조*에 따라 신탁회사 등 수탁자 명의로 소유권이 이전된 주택이라고 하더라도 신탁을 설정하는 위탁자가 납세의무자이며, 위탁자가 주택을 소유한 것으로 간주하기 때문에 세금을 줄일 수 없습니다.

> *종합부동산세법 제7조(납세의무자) (중략)
> ②「신탁법」제2조에 따른 수탁자(이하 '수탁자'라 한다)의 명의로 등기 또는 등록된 신탁재산으로서 주택(이하 '신탁주택'이라 한다)의 경우에는 제1항에도 불구하고 같은 조에 따른 위탁자(「주택법」제2조 제11호 가목에 따른 지역주택조합 및 같은 호 나목에 따른 직장주택조합이 조합원이 납부한 금전으로 매수하여 소유하고 있는 신탁주택의 경우에는 해당 지역주택조합 및 직장주택조합을 말한다. 이하 '위탁자'라 한다)가 종합부동산세를 납부할 의무가 있다. 이 경우 위탁자가 신탁주택을 소유한 것으로 본다.

두 번째, 재산세는 ① 개별 부동산 단위로 세금을 과세하기 때문에 신탁을 설정해서 신탁회사 등 수탁자로 주택의 소유권을 이전한다고 해도 세금 자체에 변동이 없습니다. 또한, ② 2021년부터 바뀐 지방세법 제107조*에 따라 신탁회사 등 수탁자로 등기된 주택도 신탁을 설정하는 위탁자가 납세의무자이며, 위탁자가 주택을 소유한 것으로 간주하기 때문에 세금을 줄일 수 없습니다.

> *지방세법 제107조(납세의무자) ① 재산세 과세기준일 현재 재산을 사실상 소유하고 있는 자는 재산세를 납부할 의무가 있다. 다만, 다음 각호의 어느 하나에 해당하는 경우에는 해당 각호의 자를 납세의무자로 본다. (중략)
> ② 제1항에도 불구하고 재산세 과세기준일 현재 다음 각호의 어느 하나에 해당하는 자는 재산세를 납부할 의무가 있다.
> 5.「신탁법」제2조에 따른 수탁자(이하 이 장에서 '수탁자'라 한다)의 명의로 등기 또는 등록된 신탁재산의 경우에는 제1항에도 불구하고 같은 조에 따른 위탁자(「주택법」제2조 제11호 가목에 따른 지역주택조합 및 같은 호 나목에 따른 직장주택조합이 조합원이 납부한 금전으로 매수하여 소유하고 있는 신탁재산의 경우에는 해당 지역주택조합 및 직장주택조합을 말하며, 이하 이 장에서 '위탁자'라 한다). 이 경우 위탁자가 신탁재산을 소유한 것으로 본다.

종합부동산세 및 재산세 납세의무자 변경 사항

신탁재산에 대한 **종합부동산세 및 재산세 납세의무자**	
개정 전(2020년까지)	**개정 후(2021년~현행)**
신탁법에 따른 '신탁회사 등 수탁자'	**위탁자**
재산세 체납 시 체납처분 : 수탁자	재산세 체납 시 체납처분 : 위탁자 ※ 위탁자가 재산세 또는 종합부동산세 체납 시 신탁회사(수탁자)에게 물적납세의무 부여

　　종합부동산세, 재산세 납세의무자가 신탁법에 따른 신탁회사 등 수탁자였던 2020년까지는 신탁계약을 통해 수탁자에게 맡긴 주택은 위탁자가 보유한 주택에서 제외되었기 때문에 종합부동산세를 절세하려는 사람들이 많았고, 신탁계약이 활발하게 이뤄졌습니다. 그러자 과세당국은 신탁을 활용하여 종합부동산세를 회피하는 사례를 방지하려는 목적으로 2021년부터 신탁재산에 대한 **종합부동산세 및 재산세의 납세의무자**를 위탁자로 변경하였으며, 동시에 위탁자가 재산세, 종합부동산세를 납부하지 않을 경우 신탁회사 등 수탁자에게 물적납세의무를 부여하였습니다(지방세법 제119조의2, 종합부동산세 제7조의2).

2. '위탁자 지위 변경'을 통한 조세 회피 의심 사례

　　필자는 신탁 관련 책을 여러 권 출간한 사람으로 현장에서 직접 실무를 하다 보니 민사신탁*을 활용한 조세 회피 의심 사례를 자주 듣습니다. 이 중에서 업계를 떠들썩하게 했던 신탁법 제10조 위탁자 지위 이전*과 종합부동산세 및 재산세 납세의무자 조항을 결합한 조세 회피 의심 사례를 소개해 드리려고 합니다.

본인이 법률 및 신탁전문가라고 자처했던 A씨가 있었습니다. A씨는 신탁과 신탁의 구조를 활용하면 다주택자들의 종합부동산세를 줄일 수 있다고 주장하면서 다수의 고객들에게 해당 내용을 홍보 및 마케팅하였 는데, 내용은 아래와 같습니다.

A씨는 위탁자의 지위는 제3자에게 이전할 수 있다는 신탁법 제10조 와 신탁된 부동산인 주택의 납세의무자는 위탁자에게 있다는 종합부동 산세·재산세 납세의무자 법령을 활용하여 ① 주택을 신탁하여 위탁자 가 된 갑(甲, 다주택자)이 ② 위탁자의 지위를 제3자인 을(乙, 무주택자)에 게 이전하는 경우 ③ 최종 위탁자인 을(乙, 무주택자)이 주택을 보유한 것으로 보아 주택에 대한 재산세, 종합부동산세를 부담하게 되고, ④ 다주택자 갑(甲)은 재산세, 종합부동산세를 줄일 수 있다고 홍보 및 마케 팅을 하였습니다.

A씨의 마케팅을 믿고 **실제 이를 실행한 무주택자 을(乙)**은 위탁자 지위 를 종전 위탁자인 다주택자 갑(甲)으로부터 을(乙) 본인이 이전받았으므 로 재산세를 부과하는 ○○구청 담당자에게 주택에 대한 재산세를 본인 을(乙)에게 고지해 달라고 요청하였습니다. 이렇게만 진행된다면 다주

택자인 종전 위탁자 갑(甲)은 재산세는 물론 종합부동산세 다주택자 중과세에서 빠질 수도 있었겠지만, ○○구청에서는 신탁된 부동산의 종전 위탁자인 갑(甲)에게 재산세를 부과하였습니다. ○○구청의 논거는 지방세기본법 제17조와 국세기본법 제14조의 실질과세원칙에 있었습니다.

* 지방세기본법 제17조(실질과세)
① 과세의 대상이 되는 소득·수익·재산·행위 또는 거래가 서류상 귀속되는 자는 명의(名義)만 있을 뿐 사실상 귀속되는 자가 따로 있을 때에는 사실상 귀속되는 자를 납세의무자로 하여 이 법 또는 지방세관계법을 적용한다.
② 이 법 또는 지방세관계법 중 과세표준 또는 세액의 계산에 관한 규정은 소득·수익·재산·행위 또는 거래의 명칭이나 형식에 관계없이 그 실질내용에 따라 적용한다.

* 국세기본법 제14조(실질과세)
① 과세의 대상이 되는 소득, 수익, 재산, 행위 또는 거래의 귀속이 명의(名義)일 뿐이고 사실상 귀속되는 자가 따로 있을 때에는 사실상 귀속되는 자를 납세의무자로 하여 세법을 적용한다.
② 세법 중 과세표준의 계산에 관한 규정은 소득, 수익, 재산, 행위 또는 거래의 명칭이나 형식과 관계없이 그 실질 내용에 따라 적용한다.
③ 제3자를 통한 간접적인 방법이나 둘 이상의 행위 또는 거래를 거치는 방법으로 이 법 또는 세법의 혜택을 부당하게 받기 위한 것으로 인정되는 경우에는 그 경제적 실질 내용에 따라 당사자가 직접 거래를 한 것으로 보거나 연속된 하나의 행위 또는 거래를 한 것으로 보아 이 법 또는 세법을 적용한다.

2심 서울고등법원(2022누37976, 제3행정부 2022.11.24. 선고*)은 ○○구청의 손을 들어주었습니다. 뿐만 아니라 2023년 경기도는 신탁재산의 위탁자 지위 이전관련 취득세 등 지방세 전수조사를 실시하였고, 조사 결과 신탁계약 후 위탁자 지위를 이전하면서 일반적인 거래가격의 100분의 1밖에 안 되는 낮은 가격으로 거래한 것처럼 위장해 세금을 과소신고 및 납부하거나, 위탁자 지위를 이전했지만 취득세 신고를 하지 않는 무신고 건 등 130건을 적발하여 취득세 등 지방세를 약 46억 원 추징하였습니다.

* 서울고등법원 2022누37976 재산세 부과처분 취소 (국승) [제3행정부 2022.11.24. 선고]
(중략) 조세회피목적에서 비롯된 경우에는 그 명의에도 불구하고 실질에 따라 납세의무자를 판단함이 타당한 점, 위탁자 지위 이전 계약 내용에 따르면 이전 대가가 10만원에 불구하고, 양도인인 원고들이 언제든지 계약을 해제할 수 있으며, 계약해제의 경우 양수인이 원고들에게 위 10만원 및 연 12%의 이자를 가산하여 반환하도록 하고 있어 부동산의 실질 가치를 전혀 반영하지 못하고 있고, 이 사건 각 부동산으로 인한 수익도 계속 원고들이 향유하는 점 등을 고려하면, 원고들의 위탁자 지위 이전은 실질적인 양도 없이 오로지 종합부동산세 등 조세회피의 목적을 위하여 형식상 위탁자 지위를 이전한 것으로 가장하였다고 봄이 타당하므로, 실질적인 위탁자인 원고들이 여전히 재산세 납세의무를 부담함.

7
치매와 수익자연속신탁

고객 질문 **Question**

저는 80세 남성으로 3년 전 대장암 말기 진단을 받았습니다. 2년 넘게 병원에서 치료를 받다가 현재는 집에서 요양을 하고 있습니다. 저의 아내는 77세로 6년 전 뇌출혈 수술을 받았는데 1년 전 치매진단을 받았고 CDR 2(중등도치매)입니다. 두 명의 자식 중에서 큰 녀석은 왕래가 뜸하고, 둘째가 우리 부부와 가깝게 살며 저와 저의 아내를 3년 넘게 간병 및 봉양하고 있습니다. 따라서 제가 먼저 죽게 되면 현재 살고 있는 아파트와 제가 보유한 현금은 아내가 쓸 수 있게 하고, 아내가 사망한 뒤에는 해당 아파트와 잔여 현금을 우리 부부를 위해 고생한 둘째가 가져갈 수 있게 하고 싶은데 가능할까요?

1. 치매와 치매진단

통계청 자료에 따르면 우리나라는 2017년 10월 고령사회로 진입하였습니다. 고령사회란 UN기준에 따라 총인구에서 65세 이상인 사람들(이하, 시니어)이 차지하는 비율이 14%를 넘는 국가나 사회를 의미합니다. 2024년 말 기준 우리나라 시니어 인구는 약 994만 명입니다. 국립중앙의료원 중앙치매센터에서는 현재 우리나라 시니어들의 치매 발병률은 약 10%이며, 향후 2050년경에 이르면 시니어들의 치매 발병률은 약 15%에 달할 것으로 전망했습니다.

현대의학으로 치매를 완벽히 치유할 수는 없다고 합니다. 다만, 유수의 의학 전문가들은 치매를 조기에 발견하여 의사들의 조언과 처방에 따라 적절히 치료한다면 치매의 진행을 더디게 할 수 있고, 치매 증상을 개선할 수 있다고 합니다. 따라서 건강검진을 주기적으로 받는 것처럼 시니어 분들은 정기적으로 치매진단을 받아 보시는 것이 좋을 것 같습니다.

치매진단은 통상 3단계를 거칩니다. '1단계는 선별검사(MMSE-DS, 인지선별검사(CIST))'라고 하는데 인지기능 저하 여부를 간단하고 신속하게 측정하는 대표적인 검사입니다. 우리나라 보건소(치매안심센터, 치매지원센터 등)에서는 만 60세 이상의 분들에게 해당 검사(인지선별검사(CIST))를 무료로 지원하고 있습니다.

만약, 1단계 선별검사에서 'MMSE-DS 총점 23점 이하인 인지기능장애, 인지저하'로 판정되는 경우 보건소와 협약된 병원(일정 소득 이하시 검사비 지원)이나 신경과 등 병원에 가서 '2단계 진단검사(CDR, GDS 등)'를 받을 수 있습니다. 대표적으로 CDR(Clinical Dementia Rating)* 검사는 치매 전문의가 실시하는 치매척도검사로써 여러 평가 항목(기억, 오리엔테이션, 판단 및 문제 해결, 커뮤니티, 가정 및 취미)을 통해 치매의 단계 및 정도를 판단하는 검사입니다. CDR 검사를 받으면 통상 CDR 0~3등급 사이에서 평가됩니다. 'CDR 0'은 정상을 의미하고, 'CDR 0.5'는 경증인지장애(불확실, 가벼운 인지장애), 'CDR 1'은 경도치매, 'CDR 2'는 중등도치매, 'CDR 3'은 고도(중증)치매라고 합니다(CDR 4는 심각한 치매, CDR 5는 치매 말기).

 보건소·치매안심센터의 인지선별검사 결과 요약지(예시)

인지선별검사 결과 요약지

성명		성별	□남 ■녀
등록번호		학력(년)	년
주민등록 생년월일	19 년 월 일 만 세	실제 생년월일	19 년 월 일 만 세
검사 일자	2024년 월 일	검사기관	서울특별시 치매안심센터
평가자			

문항번호	문항내용	문항별 점수
1	지남력	3 / 5
2	주의력	2 / 3
3	시공간기능	2 / 2
4	집행기능	3 / 6
5	기억력	6 / 10
6	언어기능	2 / 4

총점		18 / 30
결과	■정상	인지기능이 입니다. 건강한 인지기능을 유지하실 수 있도록 평소에 치매예방수칙을 준수하시고, 치매안심센터의 안내에 따라 정기적으로 치매조기검진을 받으시기 바랍니다.
	■인지저하	인지기능이 다소 저하되어 있습니다. 인지저하라도 모두 치매로 인한 것은 아니니 너무 염려하지 마시고, 치매안심센터의 안내에 따라 치매진단검사를 받으시기 바랍니다.
종합소견		

* 검사결과는 실제 생년월일을 기준으로 판정함

2024년 월 일
서울특별시 구치매안심센터

 CDR 단계

CDR 0.5	CDR 1	CDR 2	CDR 3
경증인지장애	**치매 1단계 (경도 치매)**	**치매 2단계 (중등도 치매)**	**치매 3단계 (고도 치매)**
정상적인 노화와 치매의 사이 단계, 인지기능이 떨어져도 사회적, 작업적, 개인적 기능의 저하는 없는 경우	치매 발병 후 1~3년, 작업적 기능의 유지와 운전, 물건 사기, 요리 등 일상생활이 어려워짐.	치매 발병 후 2~10년, 사회적인 판단에 장애, 씻기, 옷 입기 등 일상 생활에 필요한 동작도 어려워짐.	치매 발병 후 5~12년, 지적 능력의 심각한 손상, 일상생활 능력이 현저히 감퇴, 뇌가 신체조절을 못하게 됨.

* CDR 척도 : Clinical Dementia Rating의 약자로 임상치매척도

2단계 진단검사에서도 치매가 의심되는 경우라면 '3단계 감별검사(혈액검사, 요검사, 뇌 영상 검사 등)'를 진행할 수 있습니다. 특히, 뇌 영상 검사(MRI, CT, SPECT, PET)는 뇌세포 부위 이상과 위축 상태 등을 직접 확인할 수 있기 때문에 알츠하이머 치매 등 치매 원인을 구별하는데 특히 도움이 된다고 합니다.

2. 수익자연속신탁을 통한 고민 해결

수익자연속신탁을 통해 고객님의 의도를 실현할 수 있습니다. 수익자연속신탁(신탁법 제60조)이란 위탁자인 고객님이 사망하는 경우 아내와 둘째 자녀가 순차적으로 신탁재산의 수익권을 취득하거나 소유권을 이전받는 신탁을 말합니다.

자세히 설명드리면 ① 고객님(남편)은 위탁자 겸 생전수익자로서 부동산인 아파트와 현금을 신탁재산으로 하여 수탁자(신탁회사 등)와 신탁을 설정하고, ② 위탁자(남편) 사망 시 1차 연속수익자를 아내로 지정하여 위탁자가 향후 사망하게 되면 아내가 해당 아파트에 계속 거주할 수 있게 하고, 이자 등을 받을 수 있게 하며, ③ 1차 연속수익자인 아내가 사망할 경우에는 2차 연속수익자인 둘째 자녀가 신탁재산의 소유권(아파트 소유권, 잔여 현금 등)을 이전받는 형태로 설계한다면 고객의 고민을 해결할 수 있습니다.

추가적으로, 만약 둘째 자녀가 희망할 경우 본인 사망 시 본인의 법정상속인들에게 해당 재산이 이전될 수 있도록 추가적인 설계도 가능합니다. 다만, 부모 사망에 따라 첫째 자녀가 아내와 둘째 자녀를 상대로 유류분반환청구소송을 진행할 수도 있습니다.

 수익자연속신탁 구조도

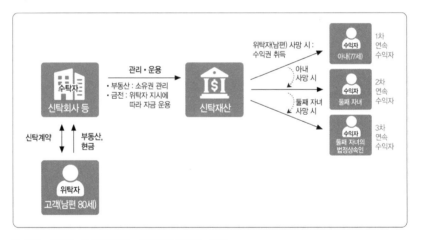

※ 출처 : 오영걸, 「신탁법(2판)」, 홍문사(2023년), 39면

8
증여세 절세와 장애인신탁

저는 중증장애인 자녀(시각장애, 등록장애인 中 중증장애인, 만 24세, 여성)가 있습니다. 부모의 도움 없이도 장애를 가진 우리 딸이 독립적으로 잘 살아갈 수 있게 도와주고 싶은데 방법이 없을까요?

결론 및 답변 _Answer_

부모의 도움 없이도 장애인 자녀가 독립적으로 살아갈 수 있도록 하기 위해, 장애인 자녀가 평생토록 살 집과 생활비를 만들어주고 싶다면 '장애인신탁'을 활용해 보세요.

1. 등록장애인과 세법상 장애인

우리나라에서 장애인은 크게 ① **장애인복지법**(보건복지부 고시 포함)에 따라 신청, 심사 등의 절차를 거쳐 '등록된 장애인(이하, **등록장애인**)'과 ② 세법 등 각종 법령에 근거하여 등록장애인 수준의 권리가 발생하는 '**세법상 장애인**(소득세법 시행령 제107조에 따른 중증환자 등)'으로 구분할 수 있습니다.

정부는 장애인에게 체계적이고 일관된 복지서비스를 구축하고 제공하기 위해 장애전문심사기관과 연계하여 장애인 등록 신청자의 정확한 장애상태를 평가하고 심사하며, 심사결과에 따라 정해진 기준에 부합하는 신청자를 장애인으로 등록하고 있습니다. 이렇게 정부에 등록된 장애인을 소위 등록장애인이라고 합니다. 등록장애인은 ① 장애의 정도가 심한 장애인(장애등급제 폐지 전 1~3급으로, 이하 중증장애인)과 ② 장애의 정도가 심하지 않은 장애인(장애등급제 폐지 전 4~6급으로, 이하 경증장애인)으로 구분하고 있으며, 2023년도 말 기준 통계청 국가통계포털자료에 따르면 우리나라의 등록장애인은 263만 3,262명(남자 152만 4,697명, 여자 110만 8,565명)입니다.

세법상 장애인은 ① 장애인복지법 기준 등록장애인뿐만 아니라, ② 「장애아동복지지원법」에 따라 발달재활서비스를 지원받고 있는 사람, ③ 「국가유공자 등 예우 및 지원에 관한 법률」에 따른 상이자 및 이와 유사한 사람으로 근로능력이 없는 사람, ④ 항시 치료를 요하는 중증환자를 말합니다(소득세법 시행령 제107조).

2. 장애인신탁이란

　장애인이 부모 등 타인으로부터 재산을 단순히 증여받았다고 해서 특별한 증여세 혜택이 있는 것은 아닙니다. 그러나 장애인신탁을 활용할 때는 증여세를 아낄 수 있습니다. 타인으로부터 ① 증여받은 금전·유가증권·부동산을 ② 신탁회사에게 신탁하고 ③ 신탁에서 발생하는 이익을 수익자인 장애인 본인이 전부 지급받는 경우, ④ 증여받은 재산가액에서 최대 5억원을 한도로 증여세 과세가액에 산입하지 않는 신탁을 장애인신탁(자익신탁)이라고 합니다. 2020년 1월 1일 이후부터는 타인이 신탁회사에 신탁하여 수익자를 장애인으로 하는 신탁(타익신탁)도 장애인신탁에 포함하였습니다. 장애인신탁에서 장애인이란 장애인복지법상 등록장애인을 비롯하여 소득세법 시행령 제107조에 따른 장애인, 즉 세법상 장애인*입니다.

> * 장애인신탁 가입대상 : 세법상 장애인으로서 소득세법 시행령 제107조에 따른 장애인을 말하며, 신탁설정일을 기준으로 ① 장애인복지법 기준 등록장애인, ②「장애아동복지지원법」 제21조 제1항에 따른 '발달재활서비스를 받고 있는 사람', ③「국가유공자 등 예우 및 지원에 관한 법률」에 따른 '상이자 및 이와 유사한 자로서 근로능력이 없는 사람', ④ 항시 치료를 요하는 '중증환자(소득세법 시행규칙에 따른 장애인증명서상 장애기간 이내에 있는 사람)'

장애인신탁 활용 시 증여세 절세액

(단위 : 원)

구분 (증여금액)	증여세 납부세액		장애인신탁 증여세 절세액	비고
	일반증여	장애인신탁 활용		
5천만원	–	–		
1억원	4,850,000	–	4,850,000	
2억원	19,400,000	–	19,400,000	* 수증자 : 성년 자녀, 국내 거주자
3억원	38,800,000	–	38,800,000	
4억원	58,200,000	–	58,200,000	* 증여세 과세가액 불산입과 직계 비속 증여재산 공제(5천만원)
5억원	77,600,000	–	77,600,000	
5억 5천만원	87,300,000	–	87,300,000	
6억원	101,850,000	4,850,000	97,000,000	* 10년 이내 기증여 없음.
7억원	130,950,000	19,400,000	111,550,000	
8억원	160,050,000	38,800,000	121,250,000	* 신고세액공제만 적용
9억원	189,150,000	58,200,000	130,950,000	
10억원	218,250,000	77,600,000	140,650,000	
10억 5천만원	232,800,000	87,300,000	145,500,000	

3. 장애인신탁에서 자익신탁

자익신탁은 위탁자와 수익자가 동일인인 신탁을 말하는데 장애인신탁에서 자익신탁은 증여자로부터 금전, 유가증권, 부동산을 증여받은 세법상 장애인이 위탁자가 되어 신탁회사에게 증여받은 재산을 신탁하고 장애인 본인을 수익자로 하는 신탁을 말합니다. 그리고 ① 「자본시장법」에 따른 신탁회사에게 재산을 신탁해야 하고, ② 신탁에서 발생되는 이익의 전부를 수익자인 장애인이 받아야 하며, ③ 신탁기간이 장애인이 사망할 때까지로 되어 있거나, 장애인이 사망하기 전에 신탁기간이 끝나는 경우에는 신탁기간을 장애인이 사망할 때까지 계속 연장하는 조건을 모두 충족해야 합니다.

 자익신탁 구조의 장애인신탁

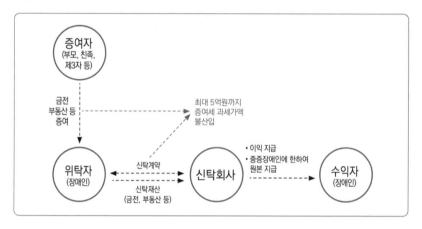

* 중증장애인(어느 하나에 해당하면 됨)
  ① 장애인복지법과 장애인고용촉진 및 직업재활법상 등록장애인 중 중증장애인(舊 1~3급)
  ② 5·18민주화운동 관련 보상 등에 관한 법률 기준 장해등급 3등급 이상으로 지정된 사람
  ③ 관련 법에 따라 고엽제후유의증환자로서 경도장애 이상의 장애등급 판정을 받은 사람

4. 장애인신탁에서 타익신탁

타익신탁은 위탁자와 수익자가 동일인이 아닌 신탁을 말하는데, 장애인신탁에서 타익신탁은 타인이 위탁자로서 신탁회사에게 본인 재산을 신탁하고 수익자를 세법상 장애인으로 하는 신탁을 말합니다. ① 「자본시장법」에 따른 신탁회사에게 재산을 신탁해야 하고, ② 신탁에서 발

생되는 이익의 전부를 수익자인 장애인이 받아야 하며(단, 장애인이 사망한 후의 잔여재산에 대해서는 그렇지 않음), ③ 수익자인 장애인이 사망하기 전에 신탁이 해지 또는 만료되는 경우에는 잔여재산이 그 장애인에게 귀속되어야 하고, ④ 수익자인 장애인이 사망하기 전까지는 수익자를 변경할 수 없으며, ⑤ 장애인이 사망하기 전에 위탁자가 사망하는 경우에는 위탁자의 지위가 그 장애인에게 이전되는 요건을 모두 충족해야 합니다.

 타익신탁 구조의 장애인신탁

9
신탁재산의 귀속과 장애인신탁

고객 질문 **Question**

장애인신탁의 장점은 잘 알겠습니다. 그런데 자익신탁인 장애인신탁은 장애인이 사망할 때까지 신탁계약을 유지해야 하는데, 만약 장애인이 사망하게 되면 해당 신탁재산은 누구한테 돌아갑니까?

결론 및 답변 **Answer**

자익신탁(위탁자와 수익자가 동일인인 신탁) 구조의 장애인신탁을 상담하면서 가장 많이 듣는 질문입니다. 이는 장애인신탁에만 국한되는 것이 아니라 모든 자익신탁에서 발생할 수 있는 상황입니다.

자익신탁을 설정한 후 위탁자 겸 수익자가 사망하여 신탁이 종료될 때 위탁자 겸 수익자에게 민법상 법정상속인이 존재하지 않을 경우 신탁재산은 신탁법 제101조에 따라 ① 신탁계약으로 '잔여재산수익자 또는 귀속권리자'를 설정해 놓았다면 이들이 1순위가 되고, ② 수익자와 귀속권리자가 그 수익권을 포기한다면 '위탁자와 그 상속인'이 2순위가 되며, ③ 위탁자와 그 상속인마저 존재하지 않는다면 '국가'가 3순위로 수익권을 취득합니다. 따라서 자익신탁 구조의 장애인신탁에서는 신탁계약 등 신탁 설정 시 잔여재산수익자 또는 귀속권리자를 지정해 놓아야 합니다.

 신탁재산의 귀속 순위

1. 귀속권리자 또는 잔여재산수익자 (신탁행위로 설정 시)	→	2. 위탁자와 그 상속인 (수익자 및 귀속권리자 포기 시)	→	3. 국가

10
신혼·혼인 예정 자녀와 증여신탁

고객 질문 **Question**

대전광역시에서 현재 물리학 석사과정 중인 아들이 내년(2025년)에 결혼한다고 합니다. 최근 뉴스를 보면 결혼할 때 재산을 좀 더 물려줄 수 있다고 하는데 어떤 내용인가요?

결론 및 답변 **Answer**

1. 혼인에 따른 증여재산 공제금액 신설

2024년에 개정된 세법 사항 중 단연코 세간의 주목을 받은 사항은 '혼인에 따른 증여재산 공제금액 신설'입니다.

'증여재산 공제금액'이란 증여세 계산에 있어서 국내 거주자가 타인으로부터 증여받은 증여재산가액에서 일정 금액을 공제하는 것으로, 수증자별 증여재산 공제금액 이내로 재산을 증여받을 때는 증여세가 발생하지 않습니다. 2023년까지는 성년 자녀가 혼인을 앞두고 있거나, 혼인을 했다고 하더라도 부모가 자녀에게 재산을 물려주게 되면 10년간 최대 5,000만원까지만 증여재산 공제금액을 적용하였습니다.

'혼인에 따른 증여재산 공제금액 신설(상속세 및 증여세법 제53조의2)' 조항은 2024년부터 직계존속인 부모가 혼인을 앞두고 있거나(혼인신고일 기준 2년 전부터), 혼인을 한(혼인신고일 이후 2년 이내) 국내 거주자인 자녀에게 재산을 물려주는 경우 직계비속 증여재산 공제금액(5천만원)과는 별개로 증여재산 공제금액을 최대 1억원까지 더 늘려주겠다는 것을 골자로 합니다. 이렇게 되면 혼인신고일 전후 2년 이내 자녀 본인과 배우자(예정 배우자)가 각각 부모로부터 최대 1억 5천만원(신혼 부부 합산 3억원)을 증여받아도 증여세가 발생하지 않게 됩니다.

그리고 혼인신고일 전 미리 재산을 증여받고 혼인 관련 증여재산 공제금액을 적용받은 자녀가 만약 혼인을 할 수 없는 불가피한 상황(법령상 정당한 사유)이 생기는 경우 사유발생일이 속한 달의 말일부터 3개월 이내에 부모에게 증여받은 재산을 반환하면 처음부터 증여가 없었던 것으로 보는 내용도 있습니다.

혼인관련 증여재산 공제금액 신설에 따른 증여세 비교

총 증여금액 [총 증여가액]	~2023년	2024년~ [혼인 증여재산 공제금액 적용 시]	
	증여세 합계액 [①]	증여세 합계액 [②]	절세액 [①-②]
5천만원	0	0	0
1억원	485만원	0	485만원
1억 5천만원	970만원	0	970만원
2억원	1,940만원	485만원	1,455만원

※ 수증자 : 세법 요건에 해당하는 혼인한(혼인 예정) 국내 거주자, 상기 증여 이외에 10년 이내 기증여 없음, 증여재산공제와 신고세액공제만 적용

2. 타익신탁 중에서 원본증여신탁 활용

타익신탁이란 신탁을 설정하는 위탁자(예 부모)와 원본 또는 신탁재산에서 발생하는 수익을 수취할 수익자(예 혼인을 앞둔 자녀)가 동일인이 아닌 신탁을 말합니다. 수익자는 원본수익자와 이익수익자로 구분할 수 있는데 신탁재산 원본을 받을 권리가 있는 사람을 원본수익자라 하고, 신탁재산에서 발생하는 수익을 받을 권리가 있는 사람을 이익수익자라 합니다.

세금 측면에서 보면 위탁자가 타익신탁을 설정할 때는 증여세가 발생하지 않고 신탁계약 이후 수익자가 실제 신탁재산 원본 또는 수익을 받을 때 증여 및 증여세 납세의무가 발생합니다. 따라서 원본만 증여하는 신탁(이하, 원본증여신탁)을 통해, 수익자인 자녀가 실제 혼인신고를 할 때를 신탁계약 종료일(만기일)로 하여 신탁 종료 시점에 위탁자인 부모는 자녀에게 재산을 증여할 수 있습니다.

① 혼인 예정 자녀를 둔 부모는 ② 상속세 및 증여세법상 성년 수증자의 증여재산 공제금액(10년 간 5천만원)과 혼인 관련 증여재산 공제금액(최대 1억원) 이내의 재산을 ③ 수탁자에게 맡겨 신탁을 설정하면서 ④ 신탁재산 자체를 받아 갈 원본수익자를 혼인 예정 자녀로 하고(이익수익자는 위탁자 부모), ⑤ 혼인신고 예정일을 신탁 기간 종료일(만기일)로 하면 혼인 신고일 2년 전후로 유연하게 자녀에게 재산을 증여할 수 있습니다.

 원본증여신탁 구조도

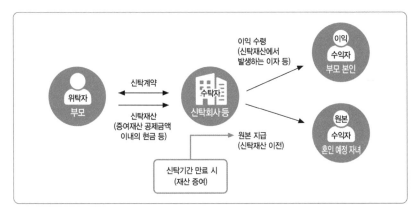

3. 원본증여신탁만의 장점

➕ **추가 질문** 그러면 신탁을 활용하지 않고 재산의 소유자인 부모가 재산을 가지고 있다가 추후에 증여하는 것과 무슨 차이가 있나요? 신탁만의 장점이 있을까요?

➕ 추가 답변 세금 차이는 없습니다. 그런데 신탁을 활용하면 원본수익자(수증자인 자녀)의 권한이 강화됩니다. 위탁자(예 부모)가 신탁을 설정하면서 원본수익자(예 자녀)를 지정해 두었다면, ① 위탁자(예 부모)가 증여할 마음이 없어져서 신탁을 해지하고 위탁자 본인 소유로 다시 가져가고 싶을 때에는 원칙적으로 원본수익자(예 자녀)의 동의를 받아야 합니다. 뿐만 아니라 ② 신탁기간 만료 시 또는 위탁자 사망 시에 해당 신탁재산은 원본수익자(예 자녀)에게 소유권이 이전됩니다. 즉, 신탁을 해놓지 않았다면 부모님의 변심으로 증여 자체가 이뤄지지 않을 수도 있고, 부모 사망 시 해당 재산은 상속인들 간의 협의를 통해서 소유권이 이전·분할됩니다.

11
신탁회사 등 수탁자의 파산과 재산보존

유언대용신탁 등 재산승계신탁은 장기계약인데 만약 신탁회사 등 수탁자가 망하거나 다른 회사와 합병하면 어떻게 되나요? 신탁재산을 돌려받을 수 있는 건가요?

결론 및 답변 Answer

신탁법 제24조는 이렇게 쓰여져 있습니다. '신탁재산은 수탁자의 파산재단, 회생절차의 관리인이 관리 및 처분 권한을 갖고 있는 채무자의 재산이나 개인회생재단을 구성하지 아니한다.' 이를 학술적 용어로 '신탁재산의 독립성 또는 신탁재산의 도산격리(파산으로 부터 절연된 상태)'라고 합니다.

신탁회사 등 수탁자가 파산하는 경우 ① 파산한 종전 수탁자의 임무는 종료됩니다(신탁법 제12조 제1항). 종전 수탁자의 임무가 종료되면 ② 수탁자의 청산인 등은 새로운 수탁자(이하, 신수탁자)나 신탁재산관리인이 신탁사무를 처리할 수 있을 때까지 신탁재산을 보관하고, 신탁사무 인계에 필요한 행위를 하며, 수익자에게 그 사실을 즉시 통지합니다(신탁법 제12조 제4항). ③ 만약, 신수탁자가 선임되지 않거나 다른 수탁자가 존재하지 않으면 법원은 신탁재산관리인을 선임합니다(신탁법 제18조). 최종적으로 ④ 신수탁자가 선임되면 신탁재산관리인의 임무는 종료되고 신수탁자는 환취권*을 행사하여 파산재단으로부터 신탁재산을 배제한 뒤 주어진 권한과 임무 범위 내에서 신탁사무를 처리합니다(신탁법 제19조, 채무자회생법 제407조의2 제1항).

> *환취권 : 채무자인 종전 수탁자에게 속하지 않는 재산(예 신탁재산)을 파산재단으로부터 배제할 수 있는 절차법적 권리

만약, 신탁회사 등 수탁자가 다른 법인과 합병하게 될 경우 합병으로 설립된 법인이나 합병 후 존속하는 법인은 계속 수탁자로서의 권리와 의무를 가집니다(신탁법 제12조 제5항). 즉, 신탁회사 등 수탁자 등이 파산하거나 다른 회사와 합병하게 되더라도 시간이 좀 걸리겠지만, 선임된 신수탁자 또는 합병으로 설립된 법인이 종전 수탁자가 관리하던 신탁재산을 인수인계받고 신탁사무를 처리합니다. 결론적으로 안심하셔도 됩니다.

주요사항

Q&A

'신탁이란
위탁자가 믿고 맡길 수 있는 수탁자에게
재산의 소유권을 이전하면서 임무를 부여하고,
수탁자는 위탁자가 지정한
수익자의 이익 또는 특정목적을 위해
그 임무를 충실히 수행하는 일련의 과정'

12
신탁시장의 규모와 재산승계신탁의 성장성

신탁이란 무엇입니까? 국내 신탁시장의 규모는 어떻게 됩니까? 재산승계신탁은 향후 어떻게 변화될까요?

결론 및 답변 **Answer**

신탁이란 위탁자가 믿고 맡길 수 있는 수탁자에게 재산의 소유권을 이전하면서 임무를 부여하고, 수탁자는 위탁자가 지정한 수익자의 이익 또는 특정목적을 위해 그 임무를 충실히 수행하는 일련의 과정을 말합니다.

신탁의 기본 구조도

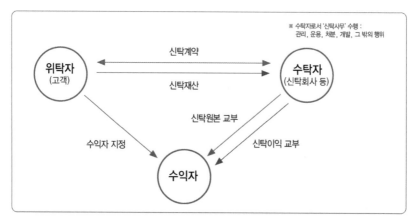

다만, 수탁자가 영리목적으로 신탁사업(이하, 신탁업)을 영위하기 위해서는 자본시장법에 따라 주식회사로서, 일정 금액 이상의 최저자기자본(50억원~250억원)을 갖추고 인적·물적요건 등을 구비하여 최종적으로 금융위원회의 인가(겸영 인가 포함)를 받아야 합니다. 현재는 부동산신탁사 및 은행·증권사·보험사 등 겸영신탁사(이하, 신탁회사)가 있습니다.

최근 6년간 신탁회사의 총 수탁고 추이를 통해 신탁시장의 성장성을 엿볼 수 있을 것 같습니다. 2018년 말 기준 신탁회사들의 총 수탁고는 873조 5천억원이었으나 2024년 11월 말 기준 약 1,386조 7천억원으로 약 6년 만에 약 513조 2천억원이 증가하였고, 매년 약 9%씩 꾸준히 성장하고 있는 시장이라고 할 수 있습니다.

국내 신탁회사 총수탁고 추이

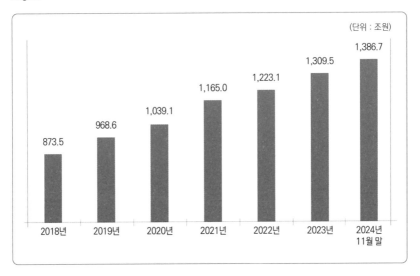

(단위 : 조원)

- 2018년 873.5
- 2019년 968.6
- 2020년 1,039.1
- 2021년 1,165.0
- 2022년 1,223.1
- 2023년 1,309.5
- 2024년 11월 말 1,386.7

※ 출처 : 금융투자협회 종합통계서비스

　그럼에도 아직까지 신탁을 잘 모르는 분들이 많습니다. 여러 이유가 있겠지만 '금융투자업규정 제4-93조 제10호'와 금융투자협회 '특정금전신탁 업무처리 모범규준 - Ⅴ. 홍보에 관한 사항'에 따라 신탁의 단순 정보, 유언대용신탁, 자사주신탁 등을 제외하고 금융위원회로부터 신탁업 인가를 받은 회사의 임직원은 불특정다수의 고객들을 대상으로 특정금전신탁을 적극적으로 권유, 광고, 홍보 등을 할 수 없는 것이 가장 큰 원인입니다.

V. 홍보에 관한 사항

15. 기본원칙

신탁업자의 임직원 등은 신탁계약의 체결을 권유함에 있어 규정 제4-93조 제10호에 따라 불특정다수의 투자자를 대상으로 특정한 신탁계약(신탁업자가 신탁재산의 구체적인 운용방법을 미리 정하여 위탁자의 신탁재산에 대한 운용방법 지정이 사실상 곤란한 신탁계약)에 대하여 정보통신망을 이용하거나 안내 설명서를 비치하거나 배포하는 등의 방법으로 홍보행위를 할 수 없다. 다만, 아래의 경우에는 그러지 아니한다.

(1) 관계법령등에서 요구하는 자료 또는 정보를 제공하는 행위

(2) 신탁계약의 체결 권유 없이 단순 정보를 제공하는 행위
    (예시) 신탁종류(금전신탁, 재산신탁 등)에 대한 단순한 설명 등

(3) 유언대용신탁, 공익신탁, 장애인신탁 등 신탁재산의 운용방법을 특정하지 않고 신탁을 안내하는 행위

(4) 시행령 제106조 제5항 제1호에 따른 자사주신탁을 안내하는 행위

16. 홍보 시 유의사항

신탁업자의 임직원 등은 신탁계약의 체결을 목적으로 불특정 다수를 상대로 홍보행위를 하고자 하는 경우 아래의 사항을 유의하여야 한다.

(1) 관계법령 등에서 정하고 있는 투자광고 규제를 준수할 것
    (참고) 금소법 제22조

(2) 신탁재산을 집합하여 운용하는 것처럼 표시하지 않을 것
    (참고) 시행령 제109조 제3항 제6호

(3) 인터넷 홈페이지 등에서 구체적인 종목을 표시하거나, 그 유형을 표시하지 않을 것
    (예시) 브라질국채로 고객께서 운용가능, CP로 만기매칭하여 운용하는 신탁, 채권형신탁, ELT 등의 표시 불가

그러나 앞으로 많은 것들이 바뀔 것입니다. 2022년 10월 13일 금융위원회(이하, 금융위)에서는 '종합재산관리 및 자금조달기능 강화를 위한 신탁업 혁신 방안'을 발표하였습니다. 미국, 일본, 영국 등 주요국에서는 가족·가계 재산의 운용·관리·이전(상속, 증여) 등 종합재산관리 수단으로서 신탁을 널리 활용하고 있는 반면, 우리나라의 경우에는 투자 중심의 금전신탁, 개발사업과 담보대출 목적의 부동산신탁 위주로만 발전하여 신탁 본연의 기능(자산관리, 재산승계, 후견지원 등)을 활용하지 못하고 있는 것으로 금융위원회는 진단하였고, 이를 개선하고자 신탁업 혁신 방안이 나왔습니다.

현재는 신탁을 계약한 고객이 본인 및 신탁재산 관련 의료·헬스케어서비스(병원 등), 법률·세무자문서비스 등 비금융서비스를 받고 싶을 때는 일일이 자신의 필요에 따라 스스로 발품을 팔고, 개별적으로 계약하고 수수료 등 비용을 지불해야 했습니다. 향후 신탁업 혁신 방안에 따라 제도가 개선될 경우 고객은 신탁회사를 종합서비스플랫폼으로 활용하여 병원, 요양병원, 법무법인, 회계법인, 세무법인, 동물병원 등으로부터 원하는 서비스를 종합적으로 제공받을 수 있게 될 것입니다. 단, 이렇게 바뀌려면 자본시장법 등 관련 법 개정이 필요한데 개선 작업이 진행 중에 있습니다.

신탁업 혁신 방안 요약(기대 효과)

※ 출처 : 금융위원회, '신탁업 혁신 방안(2022.10.13.)'

13
재산승계신탁의 계약 및 관리 프로세스

고객 질문 **Question**

유언대용신탁 등 재산승계신탁을 신탁회사와 계약하려고 하는데, 어떤 절차를 거치나요?

결론 및 답변 **Answer**

신탁회사별로 신탁 상담, 업무 처리, 계약 프로세스는 상이할 수 있습니다. 그리고 각 단계를 담당하는 주무부서, 담당자, 업무 숙련도, 전문성 등은 차이가 발생할 수 있습니다. 그럼에도 불구하고 이하의 절차를 거쳐 상담, 계약 검토, 계약 진행, 사후관리 등이 이뤄집니다.

1. 1단계(고객님의 신탁 설정 목적 확인)

고객님의 신탁 설정 목적이 무엇인지 확인해야 합니다. 고객님뿐만 아니라 신탁업무담당자도 알아야 합니다. 재산승계신탁을 검토하시는 고객님들의 주된 니즈는 상속, 증여, 기부, 자산관리, 투자, 절세 등으로 요약될 수 있습니다.

2. 2단계(고객님의 정보 파악)

고객님의 정보를 공유해야 합니다. 고객 정보 수집 동의 등을 거쳐서 위탁자인 고객님의 연령, 재산, 소득, 가족, 장애, 정신적 건강상태, 투자경험, 투자위험 감수 능력, 투자성향 등의 정보를 신탁업무담당자는 파악해야 합니다.

3. 3단계(신탁 권유)

신탁 권유 동의 등을 거쳐 고객님과 신탁업무담당자는 유선·대면상담(각종 질의 응답)을 진행하며 추가적으로 신탁부서 전문가들과 심층상담이 진행될 수도 있습니다. 상담 등을 진행하고 위탁자인 고객님이 신탁계약을 진행하겠다고 결심하시는 경우 4단계부터의 절차가 이어집니다.

4. 4단계(신탁회사 내부 프로세스 전개)

신탁업무담당자는 부동산 등 신탁재산의 신탁가액을 정밀히 평가하고, 신탁될 수 있는 재산인지 여부를 판단합니다(예 농지, 가압류된 부동산, 위반건축물 등 확인). 신탁 가능한 재산이라고 판단되는 경우 정형화된 계약서에 특약을 추가하거나 비정형 계약서의 초안을 마련합니다. 이때 신탁회사 내부적으로 계약서 등의 법률 검토가 이뤄지고 품의 등의 내부 합의 절차를 거칩니다.

5. 5단계(계약내용 안내 및 설명, 합의, 계약 체결)

신탁업무담당자는 신탁회사 내부 절차가 완료된 계약서의 내용을 위탁자에게 설명합니다. 신탁 목적, 신탁재산의 운용 또는 관리 방법, 계약변경 절차, 수익자 지정 및 변경 방법, 신탁관계자(위탁자/수탁자인 신탁회사/수익자)의 권한과 책임 주체 및 범위, 신탁보수 및 수수료, 중도해지 또는 일부해지 절차, 특정금전신탁의 경우 운용자산, 투자에 따른 위험, 위험등급 등을 안내합니다. 위 내용을 설명들은 위탁자는 계약을 할 것인지 하지 않을 것인지 최종적으로 의사를 표시하며, 신탁회사와의 합의를 통해 계약을 체결합니다(계약서/약정서/설명서/운용자산설명서 작성 및 교부, 녹취 등 진행).

6. 6단계(신탁회사의 '신탁재산 분별관리 의무' 수행)

신탁법 제4조 및 제37조에 따라 금전의 경우에는 특정금전신탁으로 명시된 신탁상품을 통해 재산을 관리 및 운용하고, 부동산은 신탁회사로 소유권 이전 및 신탁등기가 이뤄지며, 주식 등 유가증권의 경우에는 주주명부 변경 등 명의개서가 이뤄집니다.

7. 7단계(신탁회사의 신탁사무 수행)

신탁법 제2조와 제31조에 따라 신탁회사는 신탁 목적에 맞게 신탁재산을 관리, 운용, 처분 등의 신탁사무를 수행하고, 신탁관계자의 동의를 거쳐 계약변경 등의 업무를 처리하며, 신탁부동산의 임대차 계약 동의서 또는 확인서 등을 발급합니다. 신탁재산과 신탁계약 관련 일체의 서류를 정해진 기간 동안 보관하고, 수익자에게 원본 또는 이익을 지급합니다. 원천징수, 타인신탁재산수탁명세서 제출, 장애인신탁 원금인출 명세서 제출 등 원천징수·세무처리 의무자로서의 역할을 수행하고, 정기적으로 운용보고서 등을 발송합니다. 이러한 업무 수행에 따라 신탁회사는 보수 또는 수수료를 신탁재산에서 차감하거나 수익자로부터 받습니다.

8. 8단계(신탁재산의 집행과 신탁 종료)

신탁법 제59조, 제60조, 제101조에 따라 신탁회사는 위탁자의 사망, 신탁 기간 만료 등 신탁 목적 달성(신탁 종료 사유 발생)에 따라 신탁재산을 수익자에게 집행 및 이전하거나, 중도해지 또는 해제 시 위탁자에게 신탁재산을 반환합니다. 이때 신탁 종료에 따른 약정된 보수 또는 수수료를 정산합니다. 요약된 사항은 이하 도표를 참고하시기 바랍니다.

재산승계신탁 계약·관리 프로세스

1단계 고객님의 신탁 설정 목적 확인
· 주된 니즈 : 상속, 증여, 자산관리, 투자, 절세 등

2단계 고객님의 정보 파악(고객 정보 수집 동의 절차 필요)
· 위탁자인 고객님의 연령, 재산, 소득, 가족, 장애, 정신적 건강상태, 투자경험, 투자위험 감수
  능력, 투자성향, 금융소비자 구분 등

3단계 권유(권유 동의 절차 필요)
· 고객님과 미팅(각종 질의 응답), 상담 진행(1회 이상), 신탁회사 전문가들과 심층상담 진행

4단계 신탁회사 내부 프로세스 진행
· 신탁가액 평가, 신탁재산 적정성 여부 검토(예 가압류된 부동산, 재건축인 아파트, 농지 등)
· 고객별 또는 비정형 계약서(특약) 및 약정서 초안 작성, 정형화된 계약서 등에 특약 추가
  → 내부적 : 계약서, 약정서 관련 내부 법률 검토 및 내부 합의 절차 진행(예 품의)

5단계 계약내용 안내 및 설명, 합의, 계약 체결
· 신탁 계약내용 안내 : 신탁 목적, 신탁재산 운용 또는 관리 방법, 계약변경 절차, 수익자 지정 및
  변경 방법, 신탁관계자(위탁자/신탁회사/수익자)의 권한과 책임 주체 및 범위 안내, 신탁보수 및
  수수료, 중도해지 또는 일부해지 절차 안내 등
  ※ 특정금전신탁의 경우 : 운용자산, 투자에 따른 위험, 위험등급 등 안내
· 고객님의 의사 확인 및 합의
  → 계약 체결(계약서, 약정서, 설명서, 운용자산설명서 교부 및 확인)

6단계 신탁회사의 '신탁재산 분별관리 의무' 수행   * 신탁법 제4조 및 제37조
· 부동산 : 신탁회사로의 소유권 이전 및 신탁등기
· 주식, 채권 등 유가증권 : 주주명부 변경, 명의개서 등

7단계 **신탁회사의 신탁사무 수행**　　　　　* 신탁법 제2조 및 제31조

• 신탁재산의 관리·운용·처분·개발 등, 계약변경, 임대차 계약 동의서 및 각종 확인서 발급 등
• 재산 및 서류 보관, 수익자에게 원본 또는 이익 지급, 세무 관련 업무(원천징수 등), 정기적 운용보고서 발송(특정금전신탁)

8단계 **신탁재산의 집행과 신탁 종료**　　　　　* 신탁법 제59조, 제60조, 제101조

• 위탁자 사망 등 신탁목적 달성에 따른 신탁재산의 집행, 해지 등에 따른 신탁 종료(보관된 재산 또는 서류의 반환, 신탁 종료에 따른 약정된 보수 및 수수료 등 정산)

14
상속재산관련 각종 소송 유형

Question

최근 상속재산분할심판청구, 유류분반환청구 등 상속재산관련 소송이 늘어
났다고 하는데 사실일까요?

결론 및 답변 **Answer**

결론부터 말씀드리면 사실입니다. 상속재산관련 소송의 유형은 크게
4가지가 있습니다. 상속재산분할심판청구, 상속회복청구, 유언효력(무효)
확인청구, 유류분반환청구입니다. 특히 상속재산분할심판청구소송과 유
류분반환청구소송의 경우 해마다 꾸준히 증가하고 있습니다. 앞으로는
상속·증여 등 재산승계시 절세 전략에만 집중할 것이 아니라 가족분쟁
을 줄이는 방법도 함께 고려되어야 할 것입니다.

상속 분쟁관련 소송 건수

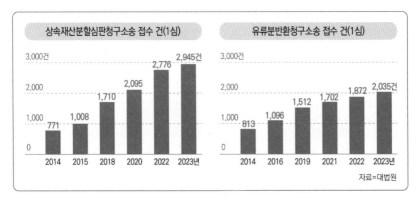

1. 상속재산분할심판청구

상속재산관련 대표적인 소송으로 **상속재산분할심판청구**가 있습니다.
피상속인이 사망하여 상속이 개시되면 공동상속인들은 법정상속분대로
피상속인의 상속재산을 분할하든지 아니면 상속재산분할협의를 해야
합니다. 이때 공동상속인들 사이에 분할협의가 원만하게 이루어지지 않
을 경우 상속인 중 한 사람 또는 여러 사람이 나머지 상속인 전원을 상
대방으로 하여 가정법원에 심판분할을 청구할 수 있습니다. 이를 상속
재산분할심판청구라고 합니다(민법 제1013조).

상속재산분할심판청구를 통해 상속재산을 **심판분할**하기 위해서는 반
드시 조정이라는 과정을 거쳐야 합니다. 조정이 성립하지 않은 경우에만
가정법원의 심판분할절차가 진행됩니다. 가정법원이 심판분할할 때는 상
속재산뿐만 아니라 공동상속인들의 '**특별수익**(수증자·특별수익자의 수증재산
또는 유증재산)'등이 함께 고려됩니다. 이후 공동상속인들 중 피상속인의

상속재산형성에 특별한 기여가 있거나 피상속인을 특별히 부양한 상속인은 기여분을 청구할 수 있습니다(민법 제1008조의2).

2. 상속회복청구

우선 상속회복청구권이란 정당한 상속인의 상속권이 참칭상속인으로 인해 그 권리가 침해된 경우 정당한 상속인 또는 그 법정대리인이 침해의 회복을 위해 갖게 되는 청구권을 의미합니다. 여기서 참칭상속인이란 스스로를 상속인이라고 참칭(분수에 넘치는 칭호를 멋대로 이르는 것)하면서 피상속인의 상속재산 전부 또는 일부를 점유하고 있는 사람을 말합니다(예: 후순위 상속인, 상속결격자). 정당한 상속인 또는 그 법정대리인은 참칭상속인으로 인해 상속권 침해를 안 날부터 3년, 침해행위가 있은 날부터 10년 이내 상속회복청구의 소를 민사법원에 제기할 수 있습니다(민법 제999조).

3. 유언효력(무효)확인청구

유언 중 공정증서 유언(유언공증)을 제외한 자필증서·녹음·비밀증서·구수증서 유언의 경우 유언대로 재산을 집행하기 전에 반드시 법원의 '검인'절차를 밟아야 합니다. 검인이란 가정법원이 유언서의 존재 및 내용을 인정하기 위한 일련의 절차를 말합니다. 보통 검인은 유언서의 보관자 또는 최초로 유언서를 발견한 자가 청구합니다. 이를 청구하면 청구인을 비롯한 이해관계인들이 법원에 출석하여 검인절차를 함께 합니다. 이때 법원은 유언의 원본증서를 확인하고 유언자의 필적 여부를 검토하며 상속인 전원의 목록 및 이해관계인 전원의 가족관계증명서 등 관련 서류를 확인합니다. 그리고 법원은 그 결과를 검인조서에 기록합니다. 이러한 검인절차는 대략 2~3개월 정도가 소요됩니다.

그러나 검인은 단지 유언서나 유언녹음의 위·변조, 훼손 등이 있는지를 확인하고 이를 막아 유언을 확실하게 보존하기 위한 일종의 검증절차인 것이지, 유언의 효력을 인정해 주는 절차가 아닙니다. 그러므로 검인절차를 문제없이 밟았다고 할지라도 추후 상속인들은 유언의 효력을 따지는 소송을 민사법원에 청구할 수 있습니다. 이를 유언효력(무효)확인청구라고 합니다.

유언에 이의가 있는 사람은 '유언자인 피상속인의 의사능력의 부재, 유언철회의 증거, 새로운 유언서의 발견' 등의 문제를 제기하며 유언무효확인청구의 소를 제기할 수 있습니다. 반대로 유언대로 재산을 집행을 하고자 하는 사람은 이에 반대하는 상속인을 상대로 유언효력확인청구의 소를 제기할 수 있습니다. 만약 유언이 무효가 되면 상속인들은 피상속인의 상속재산을 법정상속분에 따라 나눠 갖게 됩니다.

4. 유류분반환청구

민법에서는 피상속인과 밀접한 관계가 있던 가족들의 생활 보장과 공평 등을 고려하여 피상속인의 법정상속인 중 유류분권리자에게 피상속인의 재산 중 일정 비율을 취득할 수 있도록 규정해 놓고 있습니다. 이를 유류분 또는 유류분권이라고 합니다.

유류분권리자는 유류분에 미치지 못한 부분, 즉 **유류분 부족액**에 대해 상대방 또는 민사법원에 그 반환을 청구할 수 있습니다. 이를 **유류분반**

환청구라고 합니다. 유류분반환청구의 소는 ① 반환하여야 할 증여 또는 유증한 사실을 안 때로부터 1년 이내, ② 피상속인의 상속이 개시된 때로부터 10년 이내에 제기해야 하며 기간 경과 시 시효가 소멸합니다.

 ## 유류분 부족액 계산 구조

유류분 부족액=[유류분 산정의 기초 재산액(A)×당해 유류분권리자의 유류분의 비율(B)]-당해 유류분권리자의 특별수익액(C)-당해 유류분권리자의 순상속분액(D)

A=적극적 상속재산+증여액-상속채무액
B=피상속인의 직계비속과 배우자는 그 법정상속분의 1/2(직계존속 : 법정상속분의 1/3)
C=당해 유류분권리자의 수증액+수유액
D=당해 유류분권리자가 상속에 의하여 얻는 재산액-상속채무 분담액

15
유언공증, 종신보험과 유언대용신탁

고객 질문 **Question**

유언대용신탁이 유언공증과 종신보험과 비교하여 어떤 장점이 있을까요?

결론 및 답변 **Answer**

1. 유언대용신탁과 유언공증

필자는 유언대용신탁이 재산승계신탁의 꽃이라고 표현합니다. 유언대용신탁에서 위탁자는 일반적인 신탁과 달리 수익자, 사후수익자를 언제든지 지정 및 변경할 수 있으며, 본인 생전에는 수익자를 겸하면서 수익권을 행사하여 이익 등을 향유할 수 있습니다. 유언대용신탁은 금융투자와 재산관리에 전문화된 신탁회사 등 수탁자로부터 맞춤형 서비스를 받을 수 있으며, 우리나라의 그 어떠한 재산승계제도 및 시스템보다도 계약서에 근거하여 더 신속하고 더 효과적으로 신탁재산을 가족이나 제3자, 공익법인 등에 이전할 수 있습니다.

고객님뿐만 아니라 많은 사람들이 유언대용신탁과 공정증서 유언(이하, 유언공증)을 비교합니다. 먼저 유언공증이 유언대용신탁보다 나은 점은 ① 재산가액이 큰 경우 비용과 수수료 측면에서 유리할 수 있고, ② 유언대용신탁과 달리 등기 및 등록을 요하지 않으므로 비밀성 유지에 효과적이며, ③ 토지 지목상 농지나 투기과열지구에서 재개발·재건축이 진행되고 있는 부동산 등 신탁이 불가능하거나 제한된 재산도 유언이 가능하다는 점입니다. 그러나 그 이외에는 **유언대용신탁이 훨씬 현대적(계약 중심)이고 효율적(신탁재산의 집행)이며 체계화(재산관리)** 되어 있습니다.

 유언대용신탁의 장점

구분	유언대용신탁	유언공증
재산의 강제집행 등	일부 예외를 제외하고 신탁재산은 강제집행, 보전처분, 체납처분 불가	유언자의 채권자 등에 의해 강제집행 가능
금전 재산의 운용	재산관리에 전문화된 신탁회사 등 수탁자가 맞춤형 관리 및 운용	유언자 본인이 직접 관리 및 운용
증인	필요 없음.	2명 필요(증인이 유언 내용을 알 수 있음)
위탁자/유언자 사망 시 재산 집행	신탁회사 등 수탁자	유언집행자, 포괄적 수유자, 단독상속인
재산 집행 절차와 속도	사후수익자의 청구에 의해 수탁자가 신탁재산 이전(비교적 빠름)	유언집행자 또는 수유자가 유언공증서를 찾지 못하는 경우 상당한 시일 소요
금융기관 계좌에 있는 재산 (예적금, 상장주식 등)	• 법정상속인의 전원 동의 필요 없음 • 신탁계약서에 근거하여 사후 수익자에게 신탁재산 이전	• 금융기관 관행 : 상속인 전원 합의서(동의서) 요구 및 제출 시 재산 이전 • 일부 시중은행 : 유언공증서에 기재된 유언집행자에게만 재산 이전

구분	유언대용신탁	유언공증
내용 변경	위탁자와 수탁자 간의 합의하에 신탁계약서 내용만 수정 및 변경 (증인 불필요)	전부 또는 일부 철회된 것으로 보고 새롭게 유언공증 필요(증인 필요)
기타사항	신탁계약서에 근거한 업무 처리	유언공증 이후 유언자가 유언에 배치되는 언행을 하거나 추가 유언 시 효력 상실

 유언공증의 장점

구분	유언대용신탁	유언공증
보수 및 수수료	신탁회사가 수탁자인 상사신탁 : 기본보수, 개별보수, 집행보수 발생	재산가액의 0.15% 수준 (최대 300만원, 단, 상담료 별도)
등기 및 등록 (재산의 소유권 변동)	• 부동산 : 수탁자로 소유권 이전, 등기 → 신탁등기 • 증권 : 수탁자로 명의개서, 명의 변경 → 제3자가 알 수 있음.	불필요
제한사항	농지 신탁 불가, 가압류 및 가등기된 부동산 제한, 재개발 및 재건축 물건 제한, 주택임대사업자로 등록된 아파트 제한 등	제한 없음.

2. 유언대용신탁과 종신보험

유언대용신탁과 종신보험은 유사한 측면이 있고, 계약관계자의 사망에 따른 재산의 이전 문제를 다루고 있다는 점이 가장 큰 공통점입니다. 다만, 유언대용신탁은 위탁자 사망 시 신탁재산의 원본 또는 이익 자체가 사후수익자에게 이전되는데 반해, 종신보험은 피보험자 사망 시 보험계약자가 납부한 보험료의 총액보다 더 많은 사망보험금이 보험금수익자에게 지급된다는 점이 가장 큰 차이입니다.

종신보험은 고객이 보험계약자로서 금전(보험료)을 보험회사에 납부하고, 각종 사업비 등 수수료를 제외한 순보험료를 예정이율 또는 공시이율로 부리하거나 펀드에 투자합니다. 이후 보험사고의 대상자인 피보험자가 사망하면 사망보험금을 보험금수익자(배우자, 자녀 등)에게 지급하는 보험상품입니다.

유언대용신탁과 종신보험은 상호 보완적인 성격이 있습니다. 우선, 종신보험의 계약자는 보험료라는 금전만 보험회사에 맡길 수 있지만 유언대용신탁의 신탁재산은 금전뿐만 아니라 유가증권, 부동산 등 다양합니다. 만약, 위탁자가 신탁재산으로 부동산, 비상장주식 등을 맡겼다면 위탁자 사망 시 사후수익자는 신탁재산인 부동산, 비상장주식 등을 이전받겠으나 상속세 등 세금과 각종 비용이 발생할 수 있습니다. 이러한 때 종신보험의 사망보험금으로 세금과 각종 비용을 충당하면 매우 효과적입니다. 각구조도와 세부적인 사항은 이하의 도표를 참고하시기 바랍니다.

유언대용신탁과 종신보험의 구조도

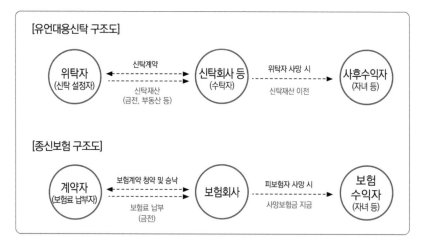

[유언대용신탁 구조도]

위탁자 (신탁 설정자) ◀┈┈ 신탁계약 ┈┈▶ 신탁회사 등 (수탁자) ┈┈ 위탁자 사망 시 ┈┈▶ 사후수익자 (자녀 등)
신탁재산 (금전, 부동산 등)
신탁재산 이전

[종신보험 구조도]

계약자 (보험료 납부자) ◀┈┈ 보험계약 청약 및 승낙 ┈┈▶ 보험회사 ┈┈ 피보험자 사망 시 ┈┈▶ 보험 수익자 (자녀 등)
보험료 납부 (금전)
사망보험금 지급

 유언대용신탁과 종신보험 비교

구분	유언대용신탁	종신보험
계약 목적	위탁자가 지정한 사후수익자에게 신탁재산 이전 및 승계	사망보험금을 통한 유가족의 생계 유지 및 상속세 재원 마련
연령 제한	정신적 건강상태만 양호하다면 제한 없음.	최대 75~85세 (회사별·상품별 차이 발생)
위탁자 또는 피보험자의 자격	정신적 건강상태, 후견인 존재 확인(행위능력자가 계약 시 효력 발생)	연령, 신체적 건강상태, 정신적 건강상태 등 언더라이팅 실시
계약 시 이전할 수 있는 재산(신탁재산)	금전, 유가증권, 금전, 부동산, 부동산에 관한 권리, 동산, 무체재산권	금전
위탁자 또는 피보험자 사망 시 지급 재산	실적배당원칙에 의거하여 사망시점의 신탁재산의 원본 또는 이익	사망보험금

구분	유언대용신탁	종신보험
금전의 운용	MMF, RP, 정기예금, 채권, 펀드, ETF, ELS 등 다양	예정이율 또는 공시이율로 부리, 펀드 등에 투자 (변액보험)
기본보수 (계약체결보수)	종신보험보다 저렴.	유언대용신탁 대비 비쌈.
강제집행 등	일부 예외를 제외하고 신탁재산은 강제집행, 보전처분, 체납처분 대상에서 제외	사망보험금은 보험금수익자의 고유재산으로 강제집행 금지*

* 소액사망보험금 : 채권자의 압류 등 강제집행이 금지된 압류방지채권
* 보험계약자와 보험금수익자가 다른 사람일 때, 보험계약자의 채권자가 보험금수익자의 보험금에 질권 설정 등 강제집행을 할 수 없음(보험금은 보험금수익자의 고유재산).

16
보험과 신탁의 결합, 보험금청구권신탁

고객 질문 **Question**

최근 생명보험회사의 보험설계사로부터 보험금청구권신탁을 활용하면 종신보험을 유익하게 활용할 수 있다는 이야기를 들었습니다. 어떤 내용일까요?

결론 및 답변 **Answer**

1. 보험금청구권신탁의 개요

보험금청구권신탁은 자본시장법 시행령이 개정되면서 2024년 11월 12일부터 허용된 신탁입니다. 보험금청구권신탁이란 보험계약상 피보험자의 사망으로 발생하는 일반사망보험금에 대한 청구권이 신탁계약상 신탁재산이 되는 것을 말합니다. 보험금청구권신탁은 피보험자에게 발생할 수 있는 위험의 인수와 대비를 목적(Hedge)으로 하는 생명보험의 장점과, 수탁자가 신탁재산을 신탁목적에 맞게 관리하고 신탁재산의 효율적인 지급·집행 처리 등이 가능한 신탁의 장점을 결합한 것이라고 볼 수 있습니다.

2. 보험금청구권신탁이 가능한 보험계약

보험금청구권신탁을 할 수 있는 보험계약은 이하 7가지의 요건을 모두 만족해야 합니다. ① 생명보험계약 중 주계약 일반사망보험금이 발생하는 종신보험 또는 정기보험이어야 합니다(손해보험사 상품 불가, 특약에 따른 사망보험금 발생 계약 불가). ② 보험계약자와 피보험자는 동일인이어야 합니다. ③ 신탁계약 당시 보험계약대출(약관대출)이 없어야 합니다. ④ 보험계약자 겸 피보험자가 신탁계약의 위탁자이어야 합니다. ⑤ 보험금수익자는 보험계약자 겸 피보험자의 배우자·직계비속·직계존속이어야 합니다. ⑥ 종신보험·정기보험의 주계약 일반사망보험금은 3,000만원 이상이어야 합니다. ⑦ 금융위원회가 정하는 보험계약의 요건을 갖추어야 합니다.

> * 자본시장법 시행령 제109조(불건전 영업행위의 금지)
> ①~② 현행과 같음
> ③ ---- 1. ~ 9. 현행과 같음
> (신설)
> 10. 법 제103조 제1항 제3호(금전채권)의 재산을 수탁함에 있어서 다음 각 목의 요건을 모두 갖추지 아니한 보험계약의 보험금청구권을 수탁하는 행위
> 　가. 보험계약자의 사망을 보험사고로 하는 생명보험계약(상법 제730조에 따른 생명보험계약을 말하며 주계약에 부가된 특별약관 계약은 제외한다)으로서 보험금이 금융위원회가 정하여 고시하는 금액 이상일 것
> 　　* 일반사망보험금 3,000만원 이상
> 　나. 보험약관에 따른 보험계약대출이 허용되지 않거나 신탁계약 체결 당시 보험계약대출이 없을 것
> 　다. 보험계약자 및 피보험자가 신탁의 위탁자와 동일인일 것
> 　라. 보험수익자가 보험계약자 본인 또는 보험계약자의 배우자, 직계비속, 직계존속 중에서 지정되어 있을 것
> 　마. 그 밖에 수익자 보호 및 건전한 거래질서 유지를 위하여 필요한 사항으로서 금융위원회가 정하여 고시하는 보험계약의 요건

3. 보험금청구권신탁의 요건

　보험금청구권신탁은 이하 5가지의 요건을 모두 만족해야 합니다. ① 위탁자와 수익자가 다른 타익신탁이어야 합니다. ② 신탁계약의 수익자는 위탁자의 배우자·직계비속·직계존속으로 지정되어야 합니다. ③신탁계약의 내용이 「상법」 제733조에 따른 보험계약자의 권리를 침해하지 않아야 합니다(예: 보험계약자는 수익자를 변경할 수 있는 권리를 갖는다 등). ④ 신탁계약 이후 보험계약대출이 발생하는 경우 해당 신탁계약은 무효가 된다는 내용이 신탁계약서에 명시되어야 합니다. ⑤ 금융위원회가 정하여 고시하는 내용에 부합하여야 합니다.

＊ 자본시장법 시행령 개정안 제109조(불건전 영업행위의 금지)
　①~② 현행과 같음
　③ ---- 1. ~ 9. 현행과 같음
　10 (신설)
　10의 2. 법 제103조 제1항 제3호(금전채권)의 재산을 수탁함에 있어서 보험금청구권을 신탁재산으로 하는 경우 신탁계약에서 다음 각 목의 어느 하나에 해당하는 행위
　　가. 보험계약자의 배우자, 직계비속, 직계존속 외의 자를 신탁계약의 수익자로 지정하는 행위
　　나. 신탁계약의 내용이 「상법」 제733조에 따른 보험계약자의 권리를 침해하는 행위
　　다. 보험계약대출이 발생하는 경우 신탁계약이 무효가 됨을 신탁계약에 명시하지 않는 행위
　　라. 그 밖에 수익자보호 및 건전한 거래질서 유지를 위하여 필요한 사항으로서 금융위원회가 정하여 고시하는 행위

보험금청구권신탁의 구조도(약식)

1단계	2단계
보험계약 + 신탁계약	신탁을 통한 사망보험금 관리 및 지급

순서 ① : 보험계약
- 생명보험 주계약에서 **사망보장**(손해보험/특약 불가)
- 보험계약자=피보험자(동일인)
- 보험수익자 : 보험계약자의 배우자, 자녀, 부모
- 보험계약대출이 없을 것
 	
순서 ② : 신탁계약
- **보험금청구권**(금전채권)을 신탁업자(수탁자)에게 수탁
- 신탁계약의 위탁자=보험계약자
- 신탁수익자 : 위탁자의 배우자, 자녀, 부모
- 보험계약대출이 있으면 무효
- 상법상 보험계약자의 권리 보호
	순서 ③ : 보험금 수령(수탁자)
	- 피보험자 사망시 수탁자인 신탁업자가
	  사망보험금 수령
	
	순서 ④ : 재산관리 및 지급
	- 수탁자인 신탁업자가 해당 사망보험금을 신탁
	  목적에 맞게 관리
	- 신탁수익자가 미성년인 경우 :
	  성인이 될 때까지 교육비, 생활비 지급(분할 지급)
	- 신탁수익자가 치매, 장애인일 때 :
	  병원비, 간병비, 생활비 등을 지급(분할 지급)

4. 보험금청구권신탁의 활용 사례

홍길동 씨(60세)에게는 장애인 자녀(30세, 소득 없음, 지적장애의 정도가 심한 장애인)가 한 명 있습니다. 향후 최대 20년까지는 본인이 장애인 자녀를 케어할 수 있지만 본인 사망 후에는 어떻게 해야할 것인지 걱정이 된다고 합니다. 홍길동 씨는 5년 전 본인을 보험계약자 겸 피보험자로 하는 종신보험을 가입하였습니다. 홍길동 씨 사망 시 사망보험금은 1억 5천만원이 나온다고 합니다. 그리고 사망보험금을 받을 사람은 장애인 자녀로 지정해 놨습니다.

그럼에도 불구하고 홍길동 씨는 여러 걱정을 했습니다. '내가 죽고 나서 우리 애가 사망보험금을 타인의 도움 없이 찾아쓸 수 있을까? 사망보험금이 1억원이 넘는데 우리 애가 사기 등을 당해 타인에게 뺏기지는 않을까?'라고 말입니다.

홍길동 씨의 고민은 보험금청구권신탁으로 해결이 가능합니다. 홍길동 씨는 종신보험의 보험금청구권을 신탁재산으로 하여 신탁회사와 보험금청구권신탁을 설정합니다. 그리고 신탁계약의 수익자를 장애인 자녀로 지정합니다. 향후 홍길동 씨가 사망하게 되면 보험금청구권을 신탁받은 신탁회사가 보험회사로부터 사망보험금을 수령하고 관리합니다. 그리고 신탁계약상 정해진 내용대로 수익자인 장애인 자녀에게 재산을 지급합니다. 예를 들어, 일시금 중 절반은 상속세 납부 등의 목적으로 일단 지급하고 나머지 금액은 10년 동안 나눠줄 수 있습니다. 또는 위탁자 사후 5년 단위로 나눠서 줄 수도 있고, 일시금이 아닌 매월 정기적인 금액으로 분할지급도 가능합니다. 뿐만 아니라 이자만 지급하다가 의료비, 간병비, 추가 생활비가 발생했을 때에만 목돈 형태로 지급할 수도 있습니다.

장애인 자녀가 있을 때 보험금청구권신탁의 활용 방법을 앞서 설명하였으나 가족 중에 미성년자, 치매환자, 국내 비거주자 등 타인의 도움이 필요한 상황이라면 동일하거나 유사한 구조로 보험금청구권신탁을 활용할 수 있습니다.

17
증여와 상속의 결합, 유언대용신탁

Question

저는 수도권에 2주택을 소유하고 있습니다. A아파트는 시가 10억원(유사매매사례가)이고, B아파트는 시가 7억원(유사매매사례가, 조정대상지역, 전용면적 85㎡)입니다. 작년에 결혼한 큰아들(만 37살)에게 B아파트를 한꺼번에 증여하려고 하니 예상되는 증여세와 취득세 등 비용이 너무 많아 B아파트의 일부 지분 20%는 지금 증여하고, 10년 단위마다 20%씩 증여하되, 만약 중간에 제가 사망하면 나머지 지분 전부를 큰아들에게 주고 싶은데 가능한가요?

결론 및 답변 **Answer**

1. 아파트 지분 20% 증여 시 세금

유언대용신탁으로 이를 해결할 수 있습니다. 그럼에도 불구하고 아들에게 현재 B아파트의 지분 20%를 증여하였을 때 증여세 및 증여 취득세 등을 계산하고, 향후 20%씩 추가 증여 시 발생할 예상 비용도 고려해야 합니다.

B아파트 지분 20% 증여 시 : 증여세 및 증여 취득세 등

(단위 : 원)

구분		금액	상세 설명
증여세	증여세 과세가액	140,000,000	• 채무, 비과세, 가산액 없음. • 시가 7억원×지분 20%=1.4억원
	- 증여재산공제	50,000,000	• 10년 이내 동일인에게 기증여 없음.
	= 과세표준	90,000,000	
	× 세율	10%	• 과세표준 1억원 이하 10%
	= 산출세액	9,000,000	
	- 신고세액공제	270,000	• 증여세 자진신고 시 산출세액의 3%
	= 증여세 납부세액	8,730,000	
증여 취득세 등	시가인정액	140,000,000	• 유사매매사례가 7억원×지분 20% = 1.4억원
	× 취득세 등	3.8%	• 1세대 2주택 이하인 자가 소유주택 을 배우자, 직계존비속에게 증여한 경우 취득세 : 3.5% • 전용면적 85㎡ 이하 농어촌특별세 : 없음. • 지방교육세 : 0.3%
	= 증여 취득세 등	5,320,000	• 증여 취득세 등 이외의 국민주택채권 할인액, 증여재산 등기에 따른 등기 대행수수료 미고려
취득 관련 총 세금		14,050,000	• 신탁 설정에 따른 신탁보수 미고려

2. 유언대용신탁의 활용

일반적으로 유언대용신탁(신탁법 제59조)을 설정하게 되면 고객님이 위탁자가 되고, 큰아들이 사후수익자가 됩니다. 원칙적으로 사후수익자인 큰아들은 위탁자인 고객님이 사망할 때까지 수익자로서의 권리 행사를 못합니다.

그러나 유언대용신탁의 구조와 설계는 신탁법 제59조 제2항 단서*에 따라 신탁행위(신탁계약 등)로 달리 정할 수 있으므로 큰아들을 생전 수익자 겸 잔여재산수익자*로 정한다면 B아파트 지분 20%씩을 생전 증여 형태로 큰아들에게 줄 수 있고, 위탁자인 고객님 사망 시 큰아들은 잔여재산수익자로서 신탁재산 잔여지분 전부를 받아갈 수 있습니다.

> *신탁법 제59조(유언대용신탁) (중략) ② 제1항 제2호의 수익자는 위탁자가 사망할 때까지 수익자로서의 권리를 행사하지 못한다. 다만, 신탁행위로 달리 정한 경우에는 그에 따른다.
>
> *잔여재산수익자 : 신탁법 제101조 제1항에 따라 신탁 종료(위탁자의 사망) 시 신탁의 잔여재산을 귀속받는 자

 유언대용신탁 구조도 : 생전 증여와 상속 결합형

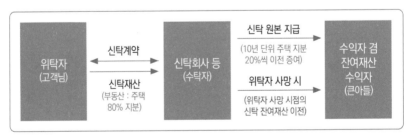

18
세대를 건너뛴 상속과 유언대용신탁

Question

저는 경기도 ○○시에 살고 있습니다(여자, 80세). 저의 남편은 1년 전부터 요양병원에 있고, 자녀는 아들 1명(58세)으로 결혼하였으며 손녀(22세, 대학생)가 있습니다. 저는 남편과 함께 공동사업하면서 재산을 불렸고 현재 제가 가진 재산은 시가 50억원 정도입니다(경기도 소재 상가 40억원, 서울시 소재 아파트 10억원).

남편이 1년 넘게 요양병원에 있음에도 불구하고 아들과 며느리는 거의 신경 쓰지 않았습니다. 최근에는 아들 부부가 남편과 저의 재산에만 욕심을 갖는 것 같습니다. 그나마 손녀가 한 달에 2~3번씩 찾아오며 저희를 위로하며 도와주고 있습니다. 그래서 남편의 재산은 어쩔 수 없지만, 저의 재산만큼은 유언대용신탁을 통해 정리해 두고 싶습니다.

우선 ① 아들한테 50억원 전체를 물려줬을 때와 ② 아들한테는 서울시 소재 아파트(10억원), 손녀에게는 경기도 소재 상가(40억원)를 물려줬을 때의 세금 차이를 예상해주시기 바라며, 그리고 제가 사망하여 아들에게 재산을 주더라도 아들이 몇 년 동안은 서울시 소재 아파트를 사용하거나 팔지 못하도록 조치해 두고 싶습니다.

결론 및 답변 **Answer**

1. 아들에게만 상속 vs 아들과 손녀에게 상속

2024년 말 현재 재산가액 기준 ① 아들에게만 50억원을 상속(상속세)하고, 상속된 재산이 온전히 다시 손녀에게 재상속(재상속 상속세)되는 경우에는 약 23억 6,400만원의 합산 세금이 예상됩니다. ② 아들한테 10억원, 손녀에게 40억원을 상속하였을 때, 손녀에게 상속되는 재산은 세대를 건너뛰어 물려주는 것이므로 세법상 30%가 할증과세가 되지만 그렇다고 하더라도 약 19억 1천만원의 세금이 예상됩니다. 즉, 고객님의 재산을 최종적으로 손녀가 물려받게 된다고 가정할 경우, 세대를 생략하여 상속하는 플랜(②)이 약 4억 5,400만원의 세금을 절약할 수 있는 것으로 예상되었습니다.

 아들에게만 상속 vs 아들과 손녀에게 상속

(단위 : 원)

구분	아들에게만 상속	손녀에게 일부 상속	비고
ㄱ. 총 상속재산	5,000,000,000	5,000,000,000	= ⓐ+ⓑ
ⓐ 아들에게 상속	5,000,000,000	1,000,000,000	
ⓑ 손녀에게 상속	-	4,000,000,000	
ㄴ. 상속공제	1,000,000,000	1,000,000,000	= MIN(①+②, ③)
① 기타의 인적공제	500,000,000	500,000,000	증여재산공제 무시
② 배우자상속공제	500,000,000	500,000,000	
③ 상속공제종합한도	5,000,000,000	1,000,000,000	= ㄱ-ⓑ
ㄷ. 과세표준	4,000,000,000	4,000,000,000	= ㄱ-ㄴ
ㄹ. 산출세액	1,540,000,000	1,540,000,000	10~50%
ㅁ. 할증과세	-	369,600,000	= ㄹxⓑ/ㄱx30%
ㅂ. 납부세액	1,540,000,000	1,909,600,000	= ㄹxㅁ

구분	아들에게만 상속	손녀에게 일부 상속	비고
ㅅ. 재상속 시 상속세	824,000,000	–	1차 상속세 차감된 재산
ㅇ. 두 세대 총 상속세	2,364,000,000	1,909,600,000	= ㅂ+ㅅ

※ 참고 자료 : 한종희, 「스토리텔링 상속·증여세」, 혜지원(2019년), 144면
※ 단, 질의한 고객의 남편이 현재 요양병원에 있고 고객보다 먼저 사망하게 될 수도 있으므로 배우자상 속공제는 받지 못할 수도 있습니다.

2. 유언대용신탁의 활용 : 세대 생략 상속과 수익권 유보* 플랜

세금 예상액을 토대로 유언대용신탁은 이렇게 설계할 수 있을 것 같습니다. ① 위탁자는 고객님으로 하고, ② 위탁자 사망 시 경기도 소재 상가의 사후수익자는 손녀로 하며, ③ 위탁자 사망 시 서울시 소재 아파트의 사후수익자는 아들로 하되, 위탁자 사망일로부터 5년이 되는 시점에 사후수익자인 아들이 수익권을 행사*할 수 있도록(소유권을 이전받을 수 있도록) 설계한다면 고객님의 니즈에 부합할 것으로 판단됩니다.

---

* 신탁법 제56조(수익권의 취득)
　① 신탁행위로 정한 바에 따라 수익자로 지정된 자(제58조 제1항 및 제2항에 따라 수익자로 지정된 자를 포함한다)는 당연히 수익권을 취득한다. 다만, 신탁행위로 달리 정한 경우에는 그에 따른다.
　② 수탁자는 지체 없이 제1항에 따라 수익자로 지정된 자에게 그 사실을 통지하여야 한다. 다만, 수익권에 부담이 있는 경우를 제외하고는 신탁행위로 통지시기를 달리 정할 수 있다.
* 유보(留保) : 법률 용어로서 일정한 권리나 의무 따위를 뒷날로 미루어 두거나 보존하는 일

유언대용신탁을 활용한 세대 생략 상속과 수익권 유보 플랜

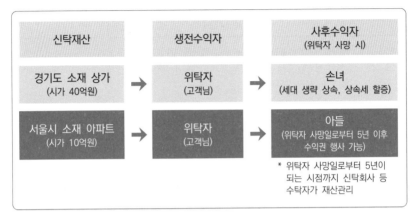

3. 위탁자 사망 후 신탁부동산을 손녀가 받을 때 세법상 유의사항

① 상속세를 재차 살펴보겠습니다. 위탁자인 할머니 사망 시 유언대용신탁의 신탁부동산은 사망한 할머니의 **상속재산입니다**(상증법 제2조 제1항 라~마). 위탁자의 사망으로 인해 신탁부동산을 받았거나 받을 수익자인 손녀는 세법상 수유자입니다(상증법 제2조 제5항 다). 따라서 할머니의 총상속재산 중 받은 재산의 비율에 따라 손녀는 세법상 수유자로서 **상속세를 납부해야 합니다**(상증법 제3조의2 제1항). 또한 손녀는 민법상 선순위 상속인이 아니며 세대를 건너뛰어 재산을 받은 것이므로 계산된 **상속세 산출세액에 30%를 가산하게 됩니다**(상증법 제27조, 손녀가 만약 미성년자이면서 재산가액이 20억원을 초과하는 경우 40% 가산).

② **취득세를** 살펴보겠습니다. 이번 사례와 유사한 조세심판원 심판례가 있어 소개하며 결론부터 말씀드리겠습니다. 위탁자인 할머니 **사망 시**

민법상 선순위 상속인인 아들이 생존해 있다면 신탁부동산을 받은 손녀는 민법상 상속인이 아니므로 부동산가액에 무상(증여)취득세율 3.5%를 적용한 취득세를 부담하게 됩니다(상속취득세율 2.8%를 취득세로 부담하는 것이 아님).

조세심판원 심판례 : 조심 2023지4100(2023.12.27.)

1. 사건 배경
   (중략) 할아버지 홍길동은 2020년 5월 26일 서울특별시 ○○구 ○○○ 대 415.4㎡ 토지 및 위 지상 6층 건축물에 관하여 손자 홍손주와 자녀 홍자식을 사후수익자로 하는 유언대용신탁을 체결하였다. (중략) 위탁자인 할아버지 홍길동이 2022년 11월 29일에 사망하자, 손자 홍손주는 2023년 4월 24일 신탁되었던 부동산 3분의 2의 지분을 취득하고 취득세 ○○○원, 지방교육세 ○○○원, 농어촌특별세 ○○○원 합계 ○○○원을 신고·납부하였다. (중략) 손자 홍손주는 위탁자인 할아버지 홍길동 씨의 사망으로 신탁된 부동산을 취득하는 것은 증여가 아닌 상속 취득이라고 주장하였다. 이 견해에 따라 취득세율 또한 무상취득(3.5%)이 아닌 상속으로 인한 취득세율(2.8%)이 되어야 한다고 주장하면서 이미 신고·납부한 취득세 등의 환급을 구하는 경정청구를 하였으나, 처분청은 2023년 8월 4일 이를 거부하였다. (이하 생략)

2. 조세심판원의 판단 : 처분청의 처분은 정당하다
   (중략) 「지방세법」 제7조 제7항은 '신탁재산의 상속'을 상속에 포함하도록 규정하고 있는데, 이는 법문 그대로 신탁재산을 '상속'받는 경우를 의미할 뿐만 아니라, 상속인이 아닌 자가 신탁재산을 '상속'받는다는 것은 그 자체로 모순이므로 이러한 경우는 상정할 수도 없다. (중략) 2020년 세법개정을 통해 국세에서는 유언대용신탁을 상속재산에 포함하여 상속세를 부과하도록 개정이 되었으나 「지방세법」은 유언대용신탁을 상속으로 보도록 개정한 사실이 없다. (중략) 처분청이 이 부동산을 상속이 아닌 무상으로 취득한 것으로 보아, 취득세 등을 부과한 처분은 정당하다. (이하 생략)

19
유류분을 고려한 유언대용신탁

저는 80세 남성으로 1988년에 첫 번째 부인(이하, 전처)과 이혼하였습니다. 전처 사이에는 두 명의 딸이 있습니다. 1994년 두 번째 부인(이하, 배우자)과 재혼하였고 배우자 사이에는 아들이 있습니다. 재혼한 이후에도 배우자와 두 딸들은 최근까지 관계가 나쁘지 않았습니다.

저는 1년 전에 가족들과 상의하지 않고 제가 갖고 있던 서울시 소재 상가(시가 30억원, 부속토지 포함, 이하, 증여재산)를 배우자에게 증여하였습니다. 이 사실을 3개월 전에 알게 된 두 딸들은 불만을 갖게 되었고 저의 나머지 재산 60억원(정기예금 20억원, 서울시 소재 아파트 시가 30억원, 부산시 소재 토지 시가 10억원)을 지금 당장 증여해 달라고 요구하고 있습니다. 제가 살아있을 때까지는 두 딸들의 요구를 거절하거나 묵과할 수 있으나 제가 죽고 나면 가족 간의 불화가 생겨 법정소송이 이어질 수도 있을 것 같아 걱정됩니다. 이것만큼은 최대한 피하고 싶습니다.

1. 사전증여재산과 유류분 산정 기초재산

우선, 유류분 관련 자세한 사항은 "2. 유류분과 유언대용신탁(22페이지)"을 참고하여 주시기 바랍니다. 여기서는 사전증여재산에 대한 내용을 세법의 상속재산가액 계산과 비교하여 재차 설명드리겠습니다.

먼저, 상속세 및 증여세법에서는 재산을 증여한 증여자가 사망(이하, 피상속인)하는 경우 상속재산가액 계산 시 ① 법정상속인에게 증여한 재산은 상속개시일(사망일) 이전 10년 이내에 증여한 재산을 포함하고, 법정상속인이 아닌 사람에게 증여한 재산은 상속개시일(사망일) 이전 5년 이내에 증여한 재산을 포함합니다. ② 상속재산가액에 포함되는 사전증여재산의 가액은 '증여시점의 시가'가 원칙입니다.

그러나 민법상 유류분 산정 기초재산을 계산할 때는 사전증여재산이 특별수익*이 된다는 전제하에 ① 피상속인이 법정상속인에게 증여한 재산은 대법원 판례(대법원 1996.2.9. 선고 95다17885 판결)에 따라 유류분 제도를 시행한 1979년부터 증여한 재산은 기한에 관계없이 모두 포함시키고, 법정상속인이 아닌 사람에게 증여한 재산은 선의*일 경우에만 상속개시일(사망일) 이전 1년 이내의 것만 포함시킵니다. ② 유류분 산정 기초재산에 포함되는 사전증여재산의 가액은 '상속개시시점의 시가'입니다(대법원 2015.11.12. 선고 2010다104768 판결).

> *특별수익 : 피상속인으로부터 생전에 증여받은 사실이 있거나 유증을 받은 사실이 있다면 가족들의 형평성을 고려하여 그 재산이 상속인에게 가야 할 상속재산의 일부를 미리 준 것으로 보는 것
> *선의 : 증여자와 수증자가 유류분 권리자의 유류분 권리 침해 또는 손해 사실을 알지 못한 경우

상속재산가액 또는 유류분 산정 기초재산에 포함되는 '사전증여재산'

구분	세법(상속재산)	민법(유류분 산정 기초재산)

상속재산·유류분 산정 기초재산 계산식	피상속인의 본래 재산
	+ 간주상속재산
	  (보험금, 퇴직금, 신탁)
	+ 사전증여재산
	  (10년 이내, 5년 이내)
	+ 추정상속재산 – 채무 등
		피상속인 명의의 재산
		+ 사전증여재산
		  (1979년부터 증여분, 1년 이내)
		– 채무

사전증여재산 포함 기간	① **상속인에게 증여 : 사망일 前 10년 이내** ② 이외 증여 : 사망일 前 5년 이내	① **상속인에게 증여 : 기한없이 모두 포함**(1979년부터 증여분) ② 이외 증여 : 사망일 前 1년 이내(단, 증여자 및 수증자가 유류분 권리자의 권리 침해를 알지 못했을 것)
사전증여재산 가액·평가 기준일	**'증여시점'의 시가** (시가가 없다면 상속세·증여세법상 보충적 평가액 적용)	**'사망시점'의 시가** * 사전증여된 '현금' 평가 예시 : 증여 당시부터 상속개시일까지 물가변동률을 반영하여 계산

* 사전증여재산 : 민법상 특별수익으로 가정

2. 유류분을 감안한 유언대용신탁 설계

고객님의 니즈에 부합하게 유언대용신탁을 설계하려면 몇 가지의 가정과 전제 조건이 필요합니다. ① 고객님이 배우자보다 먼저 돌아가신다고 전제하겠습니다. ② 유류분 산정 기초재산은 고객님의 상속개시일 현재 시가로 계산합니다. 그러나 고객님이 언제 사망할지 아무도 모르는 일입니다. 즉, 향후 부동산의 가격 변동, 정기예금의 이율 또는 물가상승률 변동을 정확히 추정할 수 없기 때문에 부득이하게 현재 시점의 가격 90억원을 유류분 산정 기초재산으로 설정합니다. ③ 고객님이 배우자에게 증여한 재산은 특별수익으로 가정하겠습니다. ④ 고객님이 배우자에게 증여한 재산 이외에 법정상속인에게 사전증여한 재산은 없다고 전제하겠습니다.

고객님을 위한 유언대용신탁 설계 구조는 이렇게 됩니다. ① 고객님은 신탁회사 등 수탁자와 신탁을 설정하고 위탁자 겸 생전수익자가 됩니다. ② 신탁재산은 정기예금(20억원), 서울시 소재 아파트(30억원), 부산시 소재 토지(10억원)입니다. ③ 각 법정상속인(유류분 권리자)의 유류분 권리를 감안하여 위탁자인 고객님 사망 시 사후수익자를 두 딸과 아들로 지정합니다. ④ 위탁자 사망 시 두 딸들에게는 각각 정기예금과 부산시 소재 토지를 가져갈 수 있도록 하고, 아들에게는 서울시 소재 아파트를 받을 수 있게 합니다. ⑤ 이렇게 하면 유류분 권리자의 권리 침해, 즉 유류분 부족액이 발생하지 않도록 설계할 수 있습니다. 단, 신탁기간 동안 신탁재산별 가액이 변동하는 경우 유류분 권리에 맞게 재산 또는 수익권 비율 등을 정기적으로 조절해야 합니다.

 유류분을 감안한 유언대용신탁 설계 예시

유류분 산정 기초재산가액	법정 상속인 (법정상속비율)	법정 상속분	유류분 권리 (법정상속분의 2분의 1)	유언대용신탁 설계 예시 (신탁재산 및 사후수익권 비율)	비고
90억원 (증여재산 30억원, 정기예금 20억원, 부산시 소재 토지 10억원, 서울시 소재 아파트 30억원)	배우자 (재산의 3분의 1)	30억원	15억원	– (증여재산 수령)	① 현재 기준 유류분 부족액 미발생 ② 단, 재산가액 변동에 따른 신탁재산 또는 사후수익권 비율 조정 필요
	맏딸 (재산의 9분의 2)	20억원	10억원	**15억원 수준** * 정기예금의 50% : 10억원 * 부산시 소재 토지 50% : 5억원	
	작은딸 (재산의 9분의 2)	20억원	10억원	**15억원 수준** * 정기예금의 50% : 10억원 * 부산시 소재 토지 50% : 5억원	
	막내아들 (재산의 9분의 2)	20억원	10억원	**30억원 수준** * 서울시 소재 아파트 100% : 30억원	

20
대를 잇는 후계 구도 수립과 수익자연속신탁

저는 2002년에 설립한 경비 및 경호전문업체 ##기업의 대표이사입니다(비상장기업, 지분 100% 소유, 남성, 80세). 아내는 2년 전에 저보다 먼저 세상을 떠났습니다. 저에게는 두 명의 자녀가 있습니다. 첫째(58세, 여성)는 미국 시민권을 획득하여 미국에서 살고 있으며, 둘째(55세, 남성, A)는 대기업을 다니다가 1년 전에 퇴사하였고 현재는 쉬고 있습니다. 친손자는 1명(30세)이고 △△증권에서 근무하고 있으며 2023년 여름에 결혼하였는데 몇 개월 후에 저는 증손주를 보게 됩니다.

이제는 저도 나이가 많아 사업을 운영하기가 조금 벅찹니다. 그러나 가족이 아닌 다른 사람에게는 기업을 넘겨주기 싫고, 기업 매출이 꾸준히 증가하고 있는 상황이라 사업을 청산하거나 다른 사람에게 양도하기도 싫습니다. 과거에는 제가 운영하는 회사에 큰 관심이 없던 둘째와 친손자가 이 사업에 관심을 보이고 있습니다. 특히, 친손자는 아직 어려서 지금 당장 회사를 맡아 운영하는 것은 무리겠지만 명석한 녀석이라 이 일을 잘만 배우면 괜찮을 것 같습니다. 그리고 필요에 따라서는 먼 미래에 증손주가 기업을 맡을 수도 있겠죠?

1. 후계 구도 수립에 적합한 수익자연속신탁

수익자연속신탁(신탁법 제60조)은 생존한 배우자나 가족들의 안정적인 생활을 지속적으로 보장할 필요가 있거나, 기업 경영에 유능한 후계자를 조기에 확보하고, 가족 간의 분란을 최소화하면서 기업의 향후 후계 구도를 수립하는데 적합한 신탁입니다.

수익자연속신탁을 활용한다면 고객님 본인과 둘째 자녀, 친손자, 증손주로 이어지는 대를 잇는 기업 경영을 도모할 수 있습니다. 세부적으로 ① 고객님은 비상장주식을 신탁재산으로 하여 신탁회사 등 수탁자와 신탁을 설정하고, ② 고객님이 생존해 있을 때까지는 위탁자 겸 수익자로서 권리를 향유하다가(수탁자를 통해 의결권 행사, 이익수익자로서 배당금 수령 등), ③ 위탁자 겸 수익자인 고객님이 사망하는 경우에는 둘째 자녀를 수익자로, 둘째 자녀가 사망하는 경우에는 친손자가, 친손자가 사망하는 경우 증손주가 수익자가 되는 형태로 수익자연속신탁을 설계할 수 있습니다.

대를 잇는 기업 경영 구도 수립과 수익자연속신탁

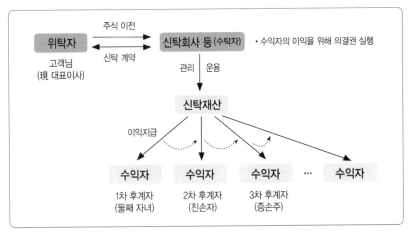

※ 출처 : 오영걸, 「신탁법(2판)」, 홍문사(2023년), 39면

2. 수익자연속신탁 설계 시 유의사항

먼저, 현행 자본시장법 제112조에 따라 신탁업 인가를 받은 신탁회사가 신탁재산인 주식을 인수할 경우 신탁회사는 보유 주식 중 의결권이 있는 발행주식 총수의 15%를 초과하여 의결권을 행사할 수 없습니다. 예를 들어, 신탁회사가 특정 주식회사의 주식 지분 50%를 갖고 있다고 하더라도 최대 15%까지만 의결권을 행사할 수 있습니다. 다만, 고객님이 운영하고 있는 기업은 고객님이 단독주주이므로 신탁회사와 신탁을 설정하여 의결권이 감소한다고 하더라도 문제가 발생하지 않습니다(단, 가업상속공제 등 가업승계 시 세제혜택을 받으려고 할 경우에는 추가적이고 면밀한 검토가 필요합니다).

또한, ① 신탁기간이 영원불멸토록 이어질 수 없기 때문에 현실성을 고려하여 **신탁계약의 종료일**(예 50년, 증손주가 수익자가 되는 날 등)을 필히 **정해놓아야 할 것이고**, ② 고객님이 사망한 후 1차 후계자(둘째 자녀) 또는 2차 후계자(친손자)가 신탁기간 중에 주식을 전부 처분하게 되면 신탁 목적을 달성할 수 없기 때문에 **최종 수익자인 증손주 이외의 1차, 2차 후계자들은 이익수익자**(예 배당금만 수령)가 되는 것이 바람직하며, ③ 신탁을 설정한 고객님이 사망할 경우 위탁자가 없어지기 때문에 신탁계약의 유지관리 측면에서 위탁자의 지위를 물려받을 자와 절차 등을 **명확히 해놓아야 할 것입니다.**

21

증여한 뒤에도 자식들에게 대접받는 증여신탁

저는(63세, 남) 서울시 ○○구에서 부인과 함께 살고 있으며, 20년째 금형·사출 전문업체인 ○○중소기업을 운영하고 있습니다. 슬하에는 딸(32세)이 한 명 있습니다. 저는 사업을 하면서도 딸을 금지옥엽처럼 키웠습니다. 특히, 딸은 고등학교 및 대학교를 모두 영국에서 나왔고 2년 전 귀국과 함께 국내 굴지의 기업에 취직하였습니다.

최근 저희 부부는 고민이 생겼습니다. 왜냐하면 딸이 갑작스럽게 결혼을 하겠다고 소개한 예비 사위(33세) 때문입니다. 예비 사위는 4년 넘게 잘 다니던 금융회사를 1년 전에 그만두고 현재 온라인 쇼핑몰을 운영하고 있습니다. 그런데 예비 사위는 결혼하게 되면 지금하고 있는 일을 그만두고 새로운 사업을 크게 하고 싶다고 말했습니다. 그러면서 딸은 결혼 선물로 제가 소유한 경기도 소재 아파트를 증여해 달라고 합니다. 어떻게 하면 좋을까요?

1. 고객님의 세부적인 의도 파악

상담을 진행한 뒤 고객님의 재산 내역과 의도를 추가적으로 파악하였습니다. 이 고객님은 다주택자였습니다. 최근 종합부동산세, 재산세 등 보유세가 많이 나와 딸이 결혼하거나 독립하게 되면 '경기도 소재 아파트'를 증여해 주려고 이미 마음을 먹고 있었습니다.

그럼에도 불구하고 예비 사위가 마음에 들지 않을뿐더러 아파트를 증여하고 나면 이 아파트를 담보로 대출을 받아 예비 사위가 사업자금으로 쓸 것 같다는 생각이 자꾸 들어 ① 딸에게 아파트를 증여하더라도 본인이 일정 기간 관여할 수 있는 장치가 있었으면 좋겠다고 생각했고, ② 딸에게 아파트를 증여하더라도 딸이 당분간 처분할 수 없게끔 하고 싶고, ③ 소유권 및 소유권 지분을 예비 사위에게 넘기지 못하게 하거나 담보대출을 받을 수 없게 하고 싶다고 말했습니다.

2. 증여의 해제와 부담부증여

증여는 증여자와 수증자 사이의 계약입니다. 따라서 증여계약은 증여자 일방의 의사만으로 자유롭게 취소할 수 없는 것이 원칙입니다. 그러나 증여는 여타의 계약과 달리 가족관계 등 특수한 관계에 기초하여 충분한 고려 없이 이루어지는 경우가 적지 않습니다. 또한 증여자가 반대급부를 받지 않고 상대방인 수증자에게 재산을 이전해야 하는 의무만을 가집니다.

따라서 민법 제555조에 따라 **서면에 의하지 아니한 증여의 경우에는** 약정 또는 법정 해제사유가 없더라도 증여 당사자의 일방적인 의사표시에 의하여 증여를 해제할 수 있도록 하였습니다. 이는 증여자가 경솔하게 증여하는 것을 방지함과 동시에 증여자의 의사를 명확하게 하여 향후 당사자 간에 분쟁이 생기는 것을 막고자하는 목적입니다(대법원 1988.9.27. 선고 86다카2634 판결). **그러나 이미 증여가 이행된 부분에 대해서는 증여를 해제할 수 없습니다.** 즉, 수증자 앞으로 부동산 소유권이전등기를 해주었거나, 통장거래를 통해 금전을 수증자에게 이체해 주었다면 이미 증여가 이행된 것이므로 이에 대해서는 증여를 해제할 수 없습니다.

서면에 의한 증여의 경우에는 약정 또는 법정 해제사유가 있어야만 증여의 해제가 가능합니다. 이때 서면에 의한 증여란 증여계약서뿐만 아니라 증여자가 자신의 재산을 수증자에게 이전한다는 의사가 문서를 통해 확실히 알 수 있는 정도로 서면에 나타난 증여를 말합니다. 예를 들어 실질은 증여이지만 매매를 가장하여 매매계약서, 매도증서를 작성한 경우에도 서면에 의한 증여로 볼 수 있습니다(대법원 1988.9.27. 선고 86다카2634 판결). 서면에 의한 증여에 있어서 **법정해제사유는 무엇일까요?** 하나는 수증자의 망은행위이고, 또 다른 하나는 증여자의 재산상태변경입니다(민법 제556~557조). 그러나 **서면에 의한 증여의 경우에도 이미 증여가 이행된 부분에 대해서는 증여를 해제할 수 없다는 것입니다.** 즉, 부모와 자식이 증여계약서를 쓰고 자식 앞으로 부동산 소유권이전등기를 해주었거나, 통장거래를 통해 금전을 자식에게 이체해 주었다면 증여 이후부터 자식이 나 몰라라 하고 찾아오지도 않는다고 할지라도 이미 재산을 다 넘겨 버린 부모로서는 증여를 해제할 수 없습니다.

위와 같은 문제를 방지하기 위해서는 증여할 때 일명 **효도계약서**를 작성하여 수증자로 하여금 일정한 의무를 부담하도록 하여야 합니다. 이러한 증여를 민법에서는 **부담부증여**라고 하며 신탁업계에서는 해제조건부 증여로 부르기도 합니다.

부담부증여에 있어서 부담의무가 있는 상대방이 자신의 의무를 이행하지 않을 경우 비록 증여가 이미 이행되었다고 하더라도 그 계약을 해제할 수 있습니다. 즉, 수증자인 자녀에게 구체적으로 효도의무를 지워 효도계약서를 작성하고 증여를 한다면 수증자인 자녀가 그 효도의무를 이행하지 않을 경우 부모는 증여를 해제하여 증여한 재산을 되돌려받을 수 있습니다.

[판결] 대법원 **"효도각서 불이행… 받은 재산 돌려줘라"**

(출처 : 홍세미 기자, 법률신문, 2015.12.28)

'부모님을 잘 모시겠다'는 각서를 쓰고 부동산을 물려받은 아들이 약속을 저버리고 막말에 불효를 저질렀다면 재산을 다시 돌려줘야 한다는 대법원 판결이 나왔다. 2003년 12월 유모 씨는 아들에게 서울 OOO 한옥촌의 시가 20억원 상당의 2층 단독주택을 물려주며 '효도각서'를 받았다. 같은 집에 살며 부모를 잘 봉양하고 제대로 모시지 않으면 재산을 모두 되돌려 받겠다는 내용이었다. 유씨는 집 외에도 아들의 빚을 갚아주고 아들 회사를 위해 자신의 부동산을 내놓는 등 경제적 지원을 아끼지 않았다.

하지만 재산을 물려받은 아들의 태도는 돌변했다. 유씨 부부와 함께 살기는 했지만 함께 식사도 하지 않았다. 허리디스크를 앓는 모친의 간병도 따로 사는 누나와 가사도우미에게 맡겼다. 2013년 11월께 모친이 스스로 거동할 수 없게 되자 아들은 "요양원에 가시는게 어떻겠느냐"고 권유했다.

불효의 절정은 7개월 뒤 찾아왔다. 아들에게 크게 실망한 유씨가 따로 나가 살겠다며 집을 팔아 남은 돈으로 자신들이 살 새 아파트를 마련하겠다며 등기를 다시 이전해 달라고 요구하자, 아들은 "천년만년 살 것도 아닌데 아파트가 왜 필요하냐, 맘대로 한번 해 보시지"라며 막말을 퍼부었다. 결국 유씨는 딸의 집으로 이사한 뒤 아들을 상대로 부동산 소유권을 돌려달라는 소송을 냈다.

대법원 민사3부(주심 김신 대법관)는 유씨가 아들을 상대로 낸 소유권이전등기말소청구소송 (2015다236141)에서 원고승소 판결한 원심을 최근 확정했다. 재판부는 "유씨가 부동산을 넘긴 행위는 단순한 증여가 아니라 효도라는 의무이행을 전제로 한 '부담부증여'로 조건을 불이행하면 계약을 해제할 수 있다"고 밝혔다. 대법원 관계자는 "유씨의 아들이 쓴 각서에 '충실히 부양한다'는 문구가 들어있는데, 이는 부모 자식 간의 일반적인 수준의 부양을 넘어선 의무가 계약상 내용으로 정해졌다는 것"이라며 "재산을 증여받은 자녀가 그와 같은 충실한 부양의무를 다하지 못하면 부모가 증여계약을 해제하고 증여한 부동산을 다시 찾아올 수 있다는 취지의 판결"이라고 설명했다.

3. 해제조건부·부담부증여 계약과 증여신탁의 활용

'해제조건부·부담부증여 계약과 증여신탁을 복합적으로 활용'한다면 고객님이 원하는 바를 해결할 수 있습니다. 해제조건부·부담부증여 계약이란 증여자인 고객님이 수증자인 딸에게 재산을 증여할 때 효도 및 부양의 조건 등을 붙이는 것을 말하고, 수증자인 딸이 그 조건을 성실히 이행하지 않을 때는 증여계약을 해제하여 다시 증여자인 고객님에게 재산을 반환하는 것을 말합니다(민법 제556조*, 제557조, 제561조*에 근거).

* 민법 제556조(수증자의 행위와 증여의 해제) ① 수증자가 증여자에 대하여 다음 각호의 사유가 있는 때에는 증여자는 그 증여를 해제할 수 있다.
  1. 증여자 또는 그 배우자나 직계혈족에 대한 범죄행위가 있는 때
  2. 증여자에 대하여 부양의무 있는 경우에 이를 이행하지 아니한 때 (이하 생략)

* 민법 제561조(부담부증여) : 상대부담이 있는 증여에 대하여는 본절의 규정 외에 쌍무계약에 관한 규정을 적용한다.

* 부담부증여 관련 판례(대법원 1996.1.26. 선고 95다43358 판결) : (중략) 부담부증여에는 민법 제561조에 의하여 쌍무계약에 관한 규정이 적용되므로, 상대방이 부담의 내용인 의무를 이행하지 아니한 경우에는 부담부증여를 해제할 수 있는 바 (중략) 민법의 부담부증여는 부양의무 등 금전적 가치로 환산할 수 없는 무형의 부담도 인정 (이하 생략)

해제조건과 부담의 내용에는 여러 내용이 있을 수 있는데, 이번 사례를 대입하면 ① 아파트를 증여해 주지만 반드시 수증자인 딸이 신탁을 설정하여 신탁재산으로 유지해야 한다거나, ② 고객에게 정기적으로 용돈 또는 생활비를 지급해야 한다거나 등의 조건을 붙일 수 있겠습니다.

신탁을 설정하지 않고 재산을 증여하게 되면 수증자인 딸이 해당 재산을 처분하거나, 타인에게 소유권을 이전하거나, 담보대출을 받거나 마음대로 할 수 있는데 '신탁 설정을 조건으로 하는 해제조건부·부담부증여 계약에 따라 증여신탁을 설정'하면 고객님의 니즈를 일정 부분 해결할 수 있습니다.

증여신탁에서 ① 신탁을 설정하는 위탁자 겸 수익자는 아파트를 증여받은 딸이 되고, 증여자인 고객님을 신탁관리인*으로 지정합니다. ② 신탁기간 중에 딸이 신탁계약을 해지하려고 하거나, 신탁재산을 처분하려고 하거나, 담보대출을 받으려고 하거나, 타인에게 지분을 넘기려고 할 때 ③ 신탁계약의 신탁관리인인 고객님이 이에 동의하지 않으면 수탁자는 위탁자 겸 수익자에게 신탁재산의 소유권을 이전하지 않습니다. 즉, 신탁재산인 아파트와 관련하여 어떠한 권리 변경도 일어나지 않습니다. ④ 결국 신탁관리인인 고객님이 동의하거나, 신탁기간이 만료될 때에 비로소 딸은 신탁계약을 해지하거나 수익권을 실행하여 재산의 소유권을 수탁자로부터 이전받아 재산을 처분할 수 있거나, 담보대출을 받거나, 남편 등 타인에게 소유권을 이전할 수 있습니다.

> * 신탁법 제68조(신탁관리인의 권한) ① 신탁관리인은 수익자의 이익이나 목적신탁의 목적 달성을 위하여 자기의 명의로 수익자의 권리에 관한 재판상 또는 재산 외의 모든 행위를 할 권한이 있다. (이하 생략)

해제조건부·부담부증여 계약과 증여신탁의 활용

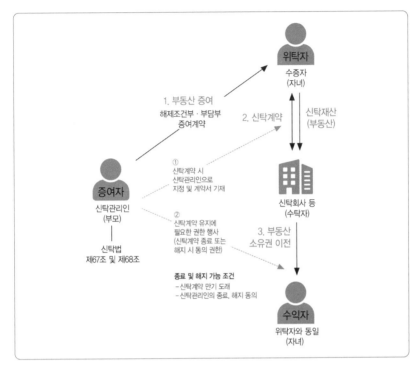

유의사항으로는 아파트를 증여받은 딸은 아파트를 증여받은 날이 속하는 달의 말일로부터 3개월 이내에 증여세를 신고·납부해야 합니다. 그리고 신탁 설정 시 신탁보수와 신탁등기에 따른 등기대행수수료 등 비용이 발생합니다. 그리고 증여계약일과 신탁계약일의 시차가 발생하면 고객님의 의도가 구현되지 않을 수도 있으므로 동일한 날짜에 이뤄지는 것이 적합해 보입니다(단, 先증여 後신탁). 실제 증여계약과 신탁계약이 동시에 이뤄졌을 때의 그 결과로서 등기사항전부증명서(예시) 자료를 첨부합니다.

해제조건부·부담부증여 계약과 증여신탁 설정 시
등기사항전부증명서(예시)

【갑 구】(소유권에 관한 사항)				
순위 번호	등기목적	접수	등기원인	권리자 및 기타사항
2	소유권 이전	2012년 3월 6일 제204호	2012년 3월 5일 매매	소유자 김위탁 ○○○○○○-○○○○○○○ 서울시 서초구 서초로 111 거래가액 금 300,000,000원
3	소유권 이전	2022년 3월 4일 제1003호	2022년 3월 3일 증여	소유자 김수익 ○○○○○○-○○○○○○○ 서울시 서초구 서초로 333
4	소유권 이전	2022년 3월 4일 제1004호	2022년 3월 3일 신탁	수탁자 ○○ 은행 ○○○○○○-○○○○○○○ 서울시 중구 소공로 222
	신탁			신탁 신탁원부 제2022-25호

22
목표 달성·동기 부여를 위한 이벤트형 신탁

저는 남편을 3년 전에 먼저 떠나 보냈고, 현재 경상남도 ○○시에서 부동산 임대업을 하고 있습니다. 해당 부동산은 2층짜리 근린생활시설로서 1층은 점포로 임대 중이며, 2층은 제가 거주하고 있습니다. 노후자금은 임대료로 충당하고 있으며, 최근 남편이 남겨준 임야를 팔아 2,000만원의 수익이 생겼습니다.

저에게는 2명의 자식이 있습니다. 딸(55세, 사위는 의사)과 아들(50세, 드라마 촬영 스태프로 근무) 모두 서울에 살고 있습니다. 딸은 부자라서 걱정이 안되는데, 아들은 대학로에서 오랫동안 연극을 해오다가 6년 전 ○○프로덕션의 촬영 스태프로 들어가서 일하고 있습니다.

외손주들은 모두 대학교를 졸업하고 취직한 상태입니다. 이에 반해, 늦게 결혼한 아들이 낳은 친손자는 현재 □□외국어고등학교에 재학(2학년)하고 있습니다. 친손자는 미국에 있는 대학교를 가고 싶어하지만 아들 내외는 경제적 사정이 충분치 않아 한국에 있는 대학교를 보내고 싶어합니다.

저는 고민이 생겼습니다. 임야를 판 돈 2,000만원을 제가 계속 갖고 있자니 이래저래 생활비 등으로 쓸 것 같고, 미성년자인 친손자에게 지금 증여하자니 아들 내외가 쓸 것 같아 걱정됩니다. 좋은 방법이 없을까요?

1. 이벤트(Event)형 신탁이란

'이벤트형 신탁'이라는 사전적·신탁법적 용어가 있는 것은 아닙니다. 신탁에 있어서 신탁재산의 원본 또는 이익을 받아갈 권리가 있는 자를 수익자라고 합니다. 수익자는 대표적으로 신탁재산에 대한 이전 청구권과 수급권을 가지게 됩니다. 다만, '수익자가 신탁재산에 대한 이전 청구권과 수급권을 행사할 수 있는 조건(이벤트), 시점 등을 신탁계약에서 별도로 정할 수가 있는데 이를 이벤트형 신탁'이라고 말할 수 있습니다.

2. 이벤트형 신탁을 활용한 고민 해결

고객님의 고민은 '이벤트형 신탁'을 통해 해결할 수 있습니다. 이벤트형 신탁의 프로세스는 이렇게 정리할 수 있을 것 같습니다. ① 고객님은 임야를 판 돈 2,000만원을 친손자에게 신탁 설정을 조건으로 하여 증여합니다. ② 증여자인 고객님, 친손자(수증자), 친손자의 친권자(아들 내외)와 함께 신탁을 설정합니다. ③ 신탁을 설정할 때 위탁자 겸 수익자를 친손자로 하며 친손자가 수익권을 행사할 수 있는 조건(이벤트 : 대학 입학)을 붙입니다. ④ 그리고 친손자 또는 위탁자의 친권자가 단독으로 신탁을 해지할 수 없도록 조치합니다. ⑤ 향후 친손자는 대학에 입학한 후 수탁자에게 재학증명서, 입학증명서를 제출한 뒤 수탁자로부터 온전히 신탁재산을 찾아 쓸 수 있습니다.

이벤트형 신탁 구조도

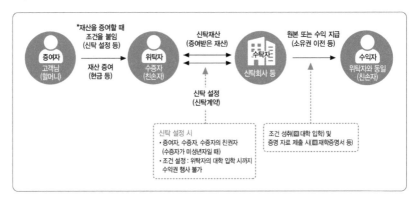

　　이벤트형 신탁에서 조건(이벤트)은 불법적이거나 비윤리적이거나 달성 불가능한 사항들을 제외하고, 대학 입학을 비롯하여 결혼, 학위 취득, 공무원 시험 합격 등 증여자와 수증자(위탁자 겸 수익자), 수탁자 간에 합의한 사항이라면 어떤 것이든 가능합니다.

23
상속증여세 절세를 위한 장애인보험과 장애인신탁

고객 질문 **Question**

저는(남, 60세) 올해 돌아가신 아버님으로부터 시가 13억원 상당의 재산을 상속받았습니다(현금 8억원, 주차장 용도의 토지 5억원). 저에게는 시각장애를 갖고 있는 아직 결혼하지 않은 딸이 있습니다(30세, 장애인복지법상 중증장애인, ○○복지재단에 근무). 딸이 저와 제 아내가 없어도 꿋꿋하게 잘 살아갈 수 있도록 안전장치를 만들어 주고 싶은데 좋은 방법이 없을까요?

결론 및 답변 **Answer**

상황에 따라서 달라질 수 있지만 고객님의 연령과 최근 우리나라 사람들의 기대수명 등을 고려하였을 때, 보험금수익자가 장애인인 보험과 장애인신탁을 잘 활용한다면 돌아가신 아버님으로부터 물려받은 재산 총 13억원(현금 8억원, 토지 5억원)을 장애인인 딸에게 증여세 없이 물려줄 수 있습니다.

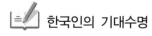

한국인의 기대수명

(단위 : 년, 세)

	1970	1980	1990	2000	2003	2013	2022	2023
남녀 전체	62.3	66.1	71.7	76.0	77.3	81.4	82.7	83.5
남자(A)	58.7	61.9	67.5	72.3	73.8	78.1	79.9	80.6
여자(B)	65.8	70.4	75.9	79.7	80.8	84.6	85.6	86.4
차이(B-A)	7.1	8.5	8.4	7.3	7.0	6.5	5.8	5.9

※ 출처 : 통계청, 「2023년 생명표, 2024년 12월 4일」

1. 현금 재산 : 보험금수익자가 장애인인 보험 활용

보험과 관련하여 상속세 및 증여세법 제34조, 제46조 및 동법 시행령 제35조에 따라 보험료의 실질적 납부자(보험계약자)와 보험금수익자가 다를 경우, 보험금수익자가 수령한 보험금에 대해서 증여세(혹은 상속세)를 신고 및 납부해야 합니다.

그러나 보험금을 수령하는 사람인 **보험금수익자가 세법상 장애인일 경우 장애인이 받은 보험금 중에서 연간 4,000만원까지는 증여세가 비과세*** 됩니다. 세법상 장애인에 대한 설명은 "8. 증여세 절세와 장애인신탁(55페이지)"을 참고하시기 바랍니다.

---

*상속세 및 증여세법 시행령 제35조(비과세되는 증여재산의 범위 등) (중략)

⑥ 법 제46조 제8호에서 '대통령령으로 정하는 보험의 보험금'이란 「소득세법 시행령」 제107조 제1항 각호의 어느 하나(등록장애인을 포함한 세법상 장애인)에 해당하는 자를 수익자로 한 보험의 보험금을 말한다. 이 경우 비과세되는 보험금은 연간 4천만원을 한도로 한다.

따라서 상속받은 현금 8억원에 대해서 ① 고객님 본인을 보험료 납부자(보험계약자) 겸 피보험자(보험사고의 대상자)로 하고, ② 장애인인 딸을 보험금수익자로 하는 즉시연금보험*에 가입하며, ③ 고객님은 일시납 보험료로 8억원을 납부하고, ④ 가입 후 다음 달부터 매년 4,000만원 이하의 연금을 최소 20년간 장애인인 딸이 지급받는다면 증여세없이 재산을 물려줄 수 있습니다. 뿐만 아니라 ⑤ 보험금수익자인 세법상 장애인에게 증여한 비과세 증여재산은 고객님이 사망하여 상속세를 계산할 때 증여시점에 관계없이 사전증여가액에서도 제외되므로 상속세를 절약할 수 있습니다(상속세 및 증여세법 제13조 제3항).

> *즉시연금보험 : 보험료를 한 번에 납입한 후 다음 달부터 가입자가 정한 기간 또는 사망할 때까지 매월 또는 매년 일정액의 연금을 받을 수 있는 상품으로, 피보험자 나이 45세부터 가입이 가능함.

 세법상 장애인이 보험금수익자인 보험

2. 토지 재산 : 장애인신탁 활용

장애인신탁은 상속세 및 증여세법 제52조의2에 따라 세법상 장애인인 딸이 고객님으로부터 부동산, 금전, 유가증권 등 증여받은 재산 중에서 신탁회사에 신탁한 재산 최대 5억원까지는 증여세 재산가액에 포함되지 않기 때문에 증여세를 절세할 수 있습니다.

따라서 ① 고객님이 보유한 **토지**(시가 5억원)를 딸에게 증여하고, ② 세법상 장애인인 딸이 신탁업 인가를 받은 신탁회사와 장애인신탁을 설정한 후 ③ 증여계약서 및 신탁계약서 등 구비서류를 갖춰 증여일이 속하는 달의 말일로부터 3개월 이내에 증여세 신고를 마친다면 증여세는 나오지 않을 것으로 판단됩니다. 뿐만 아니라 ④ 세법상 장애인인 딸에게 재산을 증여한 후 증여자인 고객님이 사망하는 경우, 증여시점에 상관없이 장애인신탁으로 설정된 증여재산은 고객님의 상속재산가액에 포함되지 않습니다(상속세 및 증여세법 제13조 제3항).

 장애인신탁(자익신탁)

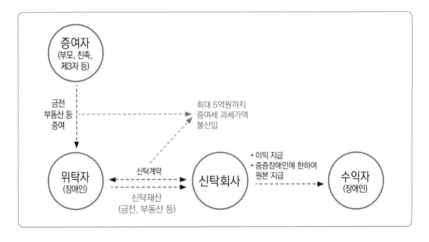

다만, 장애인신탁의 경우에는 여러 유의사항을 반드시 숙지하고 신탁을 설정해야 합니다. ① 장애인신탁(자익신탁)의 경우에는 장애인이 사망할 때까지 신탁계약을 유지해야 합니다. ② 증여재산 관련 수증자인 딸은 취득세, 재산세, 소득세 등을 부담해야 합니다. ③ 증여받은 재산으로 인해 국민기초생활보장수급자 또는 차상위계층에서 제외되어 국가 등으로부터 지급받는 급여, 보조금이 없어지거나 줄어들 수 있고, ④ 장애인복지법상 중증장애인이 받게 되는 장애인연금이 없어지거나 줄어들 수도 있으며, ⑤ 국민건강보험료 피부양자에서 제외되어 지역가입자로 전환되거나 건강보험료 등을 추가로 납부할 수도 있고, ⑥ 근로장려금 신청자격 기준에서 탈락할 수도 있으니 유념하시기 바라며, ⑦ 장애인신탁에서 원본(원금)을 인출할 수 있는 사람은 세법상 중증장애인에 한하며 그 용도와 금액이 정해져 있다는 것도 명심하시기 바랍니다.

 장애인신탁의 원본(원금)인출과 이익(이자)인출 관련

구분	원본인출(원금인출)			이익인출 (이자인출)
	항목 구분	인출 가능 여부 (언제부터)	한도 금액	
중증장애인 (舊 1~3급)	의료비, 간병비, 특수목적교육비	○ (2018년부터~)	증빙서류로 입증 되는 금액 한도 내	○
	월 생활비 150만원 이하	○ (2020년 2월부터~)	월 150만원 이하	
	이외 원금 인출	×		
경증장애인 (舊 4~6급)		×		○

* 원본·원금인출이 가능한 증증장애인(아래 어느 하나에 해당하는 사람)
① 장애인복지법과 장애인고용촉진 및 직업재활법상 등록장애인 중 중증장애인(舊 1~3급)
② 5·18민주화운동 관련 보상 등에 관한 법률 기준 장해등급 3등급 이상으로 지정된 사람
③ 관련 법에 따라 고엽제후유의증환자로서 경도 장애 이상의 장애등급 판정을 받은 사람

24
증여세 즉시 부과 사유와 장애인신탁

고객 질문 **Question**

장애인신탁 관련 3가지 질문이 있습니다. 장애인신탁(자익신탁)은 장애인이 사망할 때까지 신탁계약을 유지해야 한다고 들었습니다.

그래서 첫 번째 질문(1) 금전을 증여받아 장애인신탁을 설정했는데 해당 금전으로 부동산을 사려고 신탁계약을 부득이하게 해지해야 할 경우 증여세가 부과될까요? 두 번째 질문(2) 장애인신탁을 설정한 뒤에 재산을 수탁한 신탁회사가 분식회계 등 여러 이유로 영업정지를 당하는 경우 신탁계약을 부득이하게 해지해야 하는데 증여세가 부과될까요? 세 번째 질문(3) 아파트를 증여받아 장애인신탁을 설정했는데 해당 아파트가 재개발·재건축을 하게 된다면 어떻게 되나요? 증여세가 부과될까요?

결론 및 답변 Answer

1. 첫 번째 질문의 답변 : 신탁 해지 후 부동산을 사려고 하는 경우

세무서장은 장애인신탁(자익신탁)을 설정한 장애인이 다음 어느 하나 사유에 해당하면 사유발생일에 해당 재산을 일반적으로 증여받은 것으로 보아 증여세를 즉시 부과합니다. 그 사유로는 ① 신탁이 해지되거나 장애인이 사망하기 전에 신탁기간이 만료된 경우, ② 신탁기간 중에 수익자를 변경한 경우, ③ 신탁의 이익 전부 또는 일부가 수익자인 장애인이 아닌 다른 사람에게 귀속되는 경우, ④ 신탁의 원본이 감소한 경우입니다. 다만, 해지일 또는 만료일로부터 1개월 이내에 신탁에 다시 가입하는 경우에는 증여세를 부과하지 않으며 따라서 고객님은 기존의 장애인신탁을 해지하고, 해지일로부터 1개월 이내에 부동산을 구입하여 그 부동산을 다시 신탁한다면 증여세는 부과되지 않을 것입니다(상속세 및 증여세법 제52조의2 제4항).

2. 두 번째 질문 : 신탁회사가 영업정지 상태일 때 해지하는 경우

일반적으로 장애인신탁을 해지하고 1개월 이내에 재가입하지 않으면 세무서장은 증여세를 즉시 부과하지만, 대통령령이 정한 부득이한 사유(이하, 부득이한 사유)에 해당될 경우에는 증여세가 부과되지 않습니다. 부득이한 사유 중에 하나로서 '신탁회사가 관계 법령 또는 감독기관의 지시 또는 명령에 의하여 **영업정지, 영업폐쇄, 허가취소**되는 경우 기존의 장애인신탁을 해지하고 신탁해지일로부터 2개월 이내에 다른 신탁회사에 신탁을 재가입할 때는 증여세가 부과되지 않습니다(상속세 및 증여세법 시행령 제45조의2 제9항 제1호).

3. 세 번째 질문 : 신탁한 부동산이 재개발·재건축되는 경우

신탁된 부동산이 재개발·재건축되는 경우 해당 부동산은 도시 및 주거환경정비법 등 관계 법령에 따라 재개발 또는 재건축조합으로 소유권이 이전되어야 합니다. 따라서 불가피하게 신탁계약이 해지됩니다. 일반적으로 장애인신탁을 해지하고 1개월 이내에 재가입하지 않으면 세무서장은 증여세를 즉시 부과하지만 대통령령이 정한 부득이한 사유(이하, 부득이한 사유)에 해당될 경우에는 증여세가 부과되지 않습니다. 부득이한 사유 중에 하나로서 '도시 및 주거환경정비법에 따른 재개발사업, 재건축사업으로 인해 종전의 신탁을 중도해지하고 신규 건물의 준공인가일로부터 2개월 이내에 신탁에 재가입할 때는 증여세가 부과되지 않습니다(상속세 및 증여세법 시행령 제45조의2 제9항 제3호).

단, 주의하셔야 할 부분은 신탁된 부동산이 리모델링될 때입니다. 리모델링사업은 도시 및 주거환경 정비법이 아닌 주택법(주택법 제66~77조)에 따라 진행되는 사업입니다. 따라서 현행 법령상 리모델링 사업은 증여세를 부과하지 않는 부득이한 사유에 해당되지 않고, 고객님이 리모델링사업의 조합원으로서 리모델링 완료 후 새로운 주택을 받고자 한다면 그동안 부담하지 않았던 증여세가 부과될 것으로 판단됩니다.

장애인신탁 증여세 즉시 부과 사유와 법령상 부득이한 사유

구분	증여세 즉시 부과 사유	법령상 부득이한 사유(증여세 부과 배제 사유)
①	신탁을 해지하거나 신탁 기간이 만료된 경우로서 이를 연장하지 아니한 경우	• 해지일, 만료일 : 해당일로부터 1개월 이내 신탁에 재가입 시 예 2017년부터 다른 종류의 신탁 재가입 허용 (금전 ⇄ 부동산) • 법령, 감독기관의 지시 및 명령에 의거하여 영업정지, 영업폐쇄, 허가취소 등의 사유로 해지 : 해지일로부터 2개월 이내에 신탁에 재가입 시 • 재개발, 재건축, 소규모 재건축사업에 따른 사유로 해지 : 건축완료일(준공인가일)로부터 2개월 이내 재가입 시
②	신탁기간 중에 수익자를 변경하거나 증여재산가액 (신탁가액 원본·원금)이 감소하는 경우	• 신탁업자(신탁회사)가 재산을 운용하는 중에 재산가액이 감소하는 경우 • 중증장애인* 본인을 위한 의료비, 간병비, 특수 목적교육비, 월 150만원 이하의 생활비로 원본·원금이 인출되는 경우
③	신탁의 이익이 전부 또는 일부가 장애인 이외의 자에게 귀속되는 것으로 확인된 경우	

* 원본·원금 인출이 가능한 증증장애인(아래 어느 하나에 해당하는 사람)
① 장애인복지법과 장애인고용촉진 및 직업재활법상 등록장애인 중 중증장애인(舊 1~3급)
② 5·18민주화운동 관련 보상 등에 관한 법률 기준 장해등급 3등급 이상으로 지정된 사람
③ 관련 법에 따라 고엽제후유의증환자로서 경도 장애 이상의 장애등급 판정을 받은 사람

25
재개발·재건축 정비사업 프로세스와 부동산신탁

투기과열지구(서울시 서초구 소재)에서 재개발·재건축이 진행되고 있는 아파트를 소유하고 있는데, 부동산신탁을 설정할 수 있을까요?

결론 및 답변 **Answer**

신탁 설정이 제한적입니다. 자칫, 신탁을 잘못 설정하면 새로운 아파트를 받지 못하고 현금청산될 수 있습니다. 따라서 도시 및 주거환경정비법에 따른 재개발·재건축 프로세스를 꼼꼼히 살펴야 할 것입니다. 자세한 내용은 개괄식으로 설명하겠습니다.

1. 재개발·재건축의 개요

- 재개발·재건축 지역 : 주택이 노후되거나 안전상 문제가 있어 주거환경개선이 필요한 곳

- 재개발·재건축 사업의 진행 기간 : 통상적으로 15년 이상 소요
- 방법 : 조합설립방식, 공공 재개발, 신속통합기획 등

2. 재개발·재건축의 프로세스

1) 정비구역지정과 추진위원회 설립

(1) 정비구역지정 : 지정 요건 복잡, 재건축의 경우 주택이 지어진 지 30년 이상 경과한 지역

(2) 정비구역지정 이전의 선행 절차

① 아파트 등의 '안전진단절차'를 거쳐 재건축 여부 판단

② 재개발 : 노후 및 불량건축물이 정비구역 예정지 건축물의 3분의 2 이상 필요

③ 추가 고려 요소 : 주민동의율, 도로접도율, 세대밀도, 필지 수 등

(3) 추진위원회 구성

① 정비구역으로 지정된 후 구역 내 토지 소유자들의 과반수 이상의 동의 시

② 유의할 점 : 구역 내에서 여러 '추진위원회 준비 단체 난립' → 사업 지연의 한 요소

③ 추진위원회 주요 임무 : 조합설립 추진

2) 조합설립인가와 시공사 선정

(1) 조합설립의 필요한 '동의 요건' : 동의서 징구 기간에 따라 사업 속도가 판가름

① 재개발 : 토지 등 소유자 4분의 3 이상 & 토지면적 2분의 1 이상 토지 등 소유자 동의 시

② 재건축 : 토지 등 소유자 4분의 3 이상 & 토지면적 4분의 3 이상 토지 등 소유자 & 각 동별 토지 등 소유자 과반수 이상 동의 시

(2) 조합설립 후 '시공사 선정'

① 시공사의 역할 : '아파트 공사' + '(관행)조합에 운영자금 또는 사업자금 대여'

→ 조합원 & 조합 : 대형 건설사 선호(신뢰도 상승 & 안정적 자금 수급 가능)

② 시공사 선정 : 경쟁입찰방식을 통해 조합원총회에서 결정

3) 사업시행인가

(1) 사업시행계획

① 사업시행계획에 포함 사항 : 건축물 구조(높이 등)·용적률 등 건축계획, 정비기반시설 설치계획, 임대주택/소형주택 건설계획 등

② 해당 시점에서 '전체 세대 수, 층수, 평형의 종류, 평형별 세대 수 결정'

(2) '조합원의 분양신청' : 분양을 신청하지 않은 조합원은 '현금청산 대상자'가 됨.

4) 관리처분계획 및 관리처분계획 인가

(1) 조합원의 분양 내역 확정(단, 조합의 사정으로 분양내역이 일부 조정될 수 있음)

(2) 조합원 입장 : 해당 단계에서 '아파트 평형과 예상 분양가액' 확인 가능

→ 이에 불만이 있는 조합원은 관리처분계획 인가일로부터 90
일 이내에 조합을 상대로 소송 가능

5) 착공 및 준공, 이전 고시

(1) 이주 및 철거 : 관리처분계획 인가 후 '조합원, 세입자, 현금청산
대상자 등' 이주 실시

→ 미 이주 시 : 조합은 이주대상자를 상대로 소송(사업 지연 요소)

→ 철거

(2) 조합원 : 동, 호수 추첨

(3) 조합원 외 : 일반 분양 진행 → 분양 계약

(4) 착공 및 준공 : 대략 3년 전후 소요

(5) 준공 인가 및 이전 고시 → 조합 해산

① 일반적 프로세스

- 수분양자 : 준공 인가 → 입주 → '이전 고시' 및 수분양자
로 소유권보존등기

- 이외 : 현금청산

② 예외 : '이전 고시' 지연으로 수분양자들이 소유권을 확보하지
못하는 사례 발생

3. 신탁 관련

1) 재개발 : 투기과열지구에 소재한 아파트의 경우 **관리처분계획 인가***
이후 소유권 전부를 신탁할 경우

→ 조합원 자격 상실 → 현금청산 대상자가 될 수 있음.

* 단, 2018년 1월 24일 전에 사업시행인가된 건은 제한이 없으며, 상기 사항은
일반적 사항으로 예외가 있을 수 있음.

2) 재건축 : 투기과열지구에 소재한 아파트의 경우 조합설립인가* 이후 소유권 전부를 신탁할 경우

→ 조합원 자격 상실 → 현금청산 대상자가 될 수 있음.

* 단, 2003년 12월 30일 전에 조합설립인가된 건은 제한 없으며, 상기 사항은 일반적 사항으로 예외가 있을 수 있음.

 재건축 추진 절차(예시)

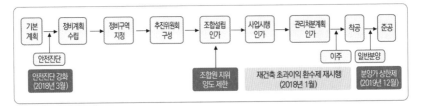

> * 도시 및 주거환경정비법 제39조(조합원의 자격 등) (중략)
> ② 「주택법」 제63조 제1항에 따른 투기과열지구(이하 "투기과열지구"라 한다)로 지정된 지역에서 재건축사업을 시행하는 경우에는 조합설립인가 후, 재개발사업을 시행하는 경우에는 제74조에 따른 관리처분계획의 인가 후 해당 정비사업의 건축물 또는 토지를 양수(매매·증여, 그 밖의 권리의 변동을 수반하는 모든 행위를 포함하되, 상속·이혼으로 인한 양도·양수의 경우는 제외한다. 이하 이 조에서 같다)한 자는 제1항에도 불구하고 조합원이 될 수 없다. (이하 생략)

특수상황

Q&A

'신탁이란
내 것인 듯, 내 것 아닌, 내 것 같은
묘한 관계로 이뤄진
옷으로 치면 기성복 같지만 맞춤복에 가까운,
어려우면서도 재밌고,
복잡하면서도 유익한,
계약관계의 틀(Vehicle)'

26
실버타운 입주자를 위한 유언대용신탁

저는 1년 전 부인을 먼저 떠나 보내고 경기도에 소재한 실버타운에 입주하였습니다. 제가 살고 있는 실버타운은 보증금 2억 3천만원에 월 생활비는 약 200만원 정도가 나옵니다. 이 비용은 국민연금과 연금보험 등 연금소득으로 충당하고 있습니다. 비용은 꽤 들지만 청소, 음식 준비 등을 하지 않아도 되기 때문에 너무 편하고 연배가 비슷한 사람들이 모여있어 주말마다 영화도 보고 문화생활을 즐기고 있습니다.

저에게는 3명의 자녀가 있습니다. 3명 모두 저에게 잘 해주지만 가정 형편이 넉넉하지 않은 막내가 신경 쓰이는 건 어쩔 수 없나 봅니다. 그래서 실버타운에 들어오면서 타인에게 임대해 준 제 소유 아파트(시가 10억원, 1세대 1주택, 국민주택 규모 이하)를 막내에게 주고 싶은데 ① 아파트 자체를 증여할지 아니면 ② 팔아서 증여할지 세금 차이가 어떻게 되는지 궁금하고, ③ 아파트를 팔아서 물려줄 경우 매각 금액을 지금 당장 증여하지 않고 일부는 저의 노후 생활비로 조금씩 쓰다가 제가 사망하게 되면 남은 금액을 막내에게 물려주고 싶은데 좋은 방법이 없을까요?

결론 및 답변 **Answer**

1. 실버타운의 이해

실버타운이란 만 60세 이상의 시니어를 위한 유료양로시설(노인복지주택)로서 식당·수영장 등 체육시설·문화공간 등 다양한 편의시설을 갖추고, 전문관리업체 등이 식사·청소·시설관리 등의 서비스를 제공하며, 정부지원금 없이 입주자 본인이 보증금, 생활비 등의 비용을 100% 부담하는 노인주거복지시설입니다.

실버타운은 양로원, 요양원과 달리 각 실버타운의 입주자 요건에 부합하면서(보증금 등), 만 60세 이상이고, 건강한 사람이라면 누구나 입주할 수 있습니다. 다만, 서울시 소재 최고급형 실버타운의 경우에는 입주 대기자 수가 몇천 명에 이르기 때문에 자세한 사항은 각 실버타운에 문의하시기 바랍니다.

 실버타운, 양로원, 요양원 비교

시설명	실버타운	양로원	요양원
성격	유료양로시설, 노인복지주택	무료 또는 정부지원 양로시설	노인의료복지시설 (너싱홈)
입주 자격	만 60세 이상 (건강상태 양호 요구)	• 무료 : 만 65세 이상 (국민기초생활수급자) • 지원 : 만 65세 이상 (요건을 갖춘 자)	노인장기요양보험 1~2등급의 시설 급여 판정을 받은 만 65세 이상
주거	단독 공간 생활	2인 이상의 다인실	1인 이상의 다인실
비용	보증금, 관리비, 생활비 등 100% 입주자 부담	• 무료 : 정부 100% 지원 • 지원 : 정부 일부 지원 + 개인 부담	정부 지원 + 개인 소액 부담

시설명	실버타운	양로원	요양원
서비스	식사, 청소 등 가사활동서비스+ 여가, 헬스, 기타 편의시설 제공	식사, 청소 등 가사활동 서비스 제공	식사, 돌봄서비스 제공

 우리나라 주요 실버타운과 보증금 수준

⟨ 1인 시니어 - 최저 평수 보증금 기준 ⟩

	실버타운 명	보증금 금액	위치
1	더클래스500	9억원	서울 성동
2	스프링카운티자이	4.5억원	용인 기흥
3	더 시그넘 하우스	4억원	서울 강남
4	서울시니어스 강서	3.9억원	서울 강서
5	서울시니어스 가양	3.8억원	서울 강서
6	노블레스 타워	3.3억원	서울 성북
7	서울시니어스 분당	3.3억원	성남 분당
8	삼성노블카운티	3.1억원	용인 기흥
9	마리스텔라	2.5억원	인천 서구
10	서울시니어스 강남	2.3억원	서울 강남
11	서울시니어스 서울	1.9억원	서울 중구
12	유당마을	1.8억원	수원 장안
13	서울시니어스 고창	1.7억원	전북 고창
14	동해약천온천실버타운	1.3억원	강원 동해
15	미리내실버타운	1억원	경기 안성

⟨ 부부 시니어 - 중간 평수 보증금 기준 ⟩

	실버타운 명	보증금 금액	위치
1	더클래스500	9억원	서울 성동
2	스프링카운티자이	7억원	용인 기흥
3	삼성노블카운티	6억원	용인 기흥
4	더 시그넘 하우스	5.8억원	서울 강남
5	서울시니어스 분당	5.7억원	성남 분당
6	노블레스 타워	5.5억원	서울 성북
7	서울시니어스 강서	4.8억원	서울 강서
8	서울시니어스 가양	4.6억원	서울 강서
9	서울시니어스 강남	4.5억원	서울 강남
10	서울시니어스 서울	3.9억원	서울 중구
11	마리스텔라	3.6억원	인천 서구
12	유당마을	2.6억원	수원 장안
13	동해약천온천실버타운	2.5억원	강원 동해
14	서울시니어스 고창	2.3억원	전북 고창
15	미리내실버타운	2억원	경기 안성

※ 출처 : 한경 Mook, 「실버타운 올가이드(2022년)」
※ 상기 보증금 : 2022년 7월 기준 보증금 자료이므로, 변동된 경우도 있을 수 있음.

2. 1세대 1주택 : 아파트를 그대로 물려줄지 vs 아파트를 팔아서 물려줄지

우선, 1세대 1주택의 경우 보유기간과 거주기간 등 세법상 요건을 만족할 때 매매가액 12억원까지는 양도소득세가 발생하지 않습니다. 따라서 시가 10억원 아파트를 ① 팔지 않고 아파트 자체를 막내 자녀에게 증여할 때는 약 2억 6,459만원의 세금과 비용이 발생하지만, ② 아파트를 팔아서 현금으로 증여할 때는 양도소득세가 비과세된다는 전제하에서

약 2억 2,215만원 정도의 세금과 비용이 발생합니다. 즉, 고객님의 사례에서는 아파트를 팔아서 막내 자녀에게 물려주는 것이 약 4,244만원 정도의 세금 등 비용을 아낄 수 있습니다.

 아파트를 직접 증여할 때 vs 아파트를 팔아서 현금으로 증여할 때

구분		아파트를 직접 증여 시	아파트를 팔아서 현금 증여 시	비고
양도소득세 등	양도소득세	해당 없음.	비과세	• 양도가액 : 10억원 • 1세대 1주택 : 12억원 이하 비과세
	공인중개사비	해당 없음.	5,500,000원	① 중개수수료 : 10억원×0.5% (VAT 별도)
증여세	증여세 과세가액	1,000,000,000원	994,500,000원	• 채무, 비과세, 가산액이 없다고 가정 • 시가(유사매매사례가액) : 10억원 • 현금 증여 시 : 양도가액 – 공인중개사비
	= 과세표준	950,000,000원	944,500,000원	• 10년 내 기증여 금액 없음(5천만원 공제).
	x 세율	30% (누진공제 6천만원)	30% (누진공제 6천만원)	
	= 증여세 납부세액	218,250,000원	216,649,500원	② 산출세액에서 신고세액공제 3% 차감
취득세 등	시가인정액	1,000,000,000원	해당 없음.	• 시가인정액 : 10억원(2023년부터 적용) • 현금 증여는 취득세 없음.
	x 취득세 등 세율	3.8%	해당 없음.	• 국민주택규모, 1세대 1주택 : 취득세 3.5%, 지방교육세 0.3%
	= 취득세 등	38,000,000원	해당 없음.	③ 취득세 등 합계액
	국민주택채권할인액	7,538,000원	해당 없음.	④ 시가인정액×4.2%×할인율 17.94947%(변동 가능)
	등기대행수수료 등	800,000원	해당 없음.	⑤ 등록면허세 등 법무사 대행 수수료(변동 가능)
총 비용 예상액		**264,588,000원**	**222,149,500원**	• 총 비용 : ①+②+③+④+⑤ • 현금 증여가 약 4,244만원 유리

3. 유언대용신탁의 활용

아파트를 판 돈을 당장 막내 자녀에게 물려주지 않고 고객님이 실버타운 비용 등 생활비, 의료비 등으로 쓰시다가 막내 자녀에게 물려주는 경우를 고민하신다면 유언대용신탁을 검토해 보시기 바랍니다. 유언대용신탁은 ① 고객님이 위탁자로서 ② 아파트를 판 돈을 신탁재산으로 하여 ③ 신탁회사 등 수탁자와 신탁을 설정하고, ④ 위탁자인 고객님이 살아있을 때까지는 수익자로서 신탁재산에서 발생하는 이자 또는 원금 일부를 생활비 등으로 쓰시다가, ⑤ 고객님이 사망하는 경우 사후수익자인 막내 자녀에게 해당 신탁재산(잔여신탁재산)이 이전되는 구조의 신탁입니다.

 유언대용신탁 구조도

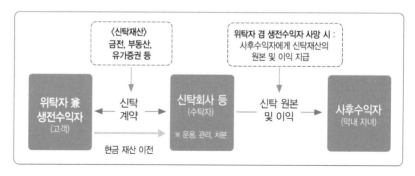

27
학교 등에 기부하고 싶을 때 유언대용신탁

고객 질문 Question

저는 ○○대학교 앞에서 30년 넘게 하숙집을 운영하고 있습니다. 하숙집은 부모님이 물려주신 한옥집을 개량한 것으로, 예전에는 학생들이 많이 묵었지만 최근에는 낡은 시설과 부족한 편의 장비들 때문에 6명 정도 밖에 되지 않습니다. 게다가 저는 자식 농사를 제대로 짓지 못해 자녀들에게 재산을 물려주고 싶은 마음이 없습니다.

제가 죽고 나면 지금 운영하는 하숙집 건물과 부수토지, 현금 일부를 학교법인에 기부할 수 있을까요?

결론 및 답변 Answer

민법상 상속에 있어서 학교법인 등 법인은 법정상속인이 될 수 없지만, 유언대용신탁에서 사후수익자는 자연인뿐만 아니라 **학교법인도 가능*** 합니다. 따라서 유언대용신탁을 통해 고객님 사망 시 학교법인에 고객님의 재산을 기부할 수 있습니다.

다만, 학교법인은 비영리법인이고, 유언대용신탁은 공익신탁법에 따른 공익신탁이 아니므로 학교법인에게 **상속세***가 나올 수도 있습니다. 공익신탁법에 따른 공익신탁은 "31. 재산 기부 목적의 유언과 공익신탁 (162페이지)"에서 자세히 다루도록 하겠습니다.

 학교법인을 사후수익자로 하는 유언대용신탁

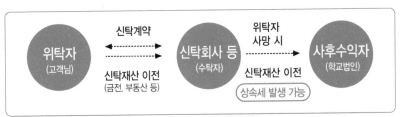

 민법상 상속인과 유언대용신탁 사후수익자 비교

구분	민법상 상속 (상속인 가능 여부)	비고	유언대용신탁 (사후수익자 가능 여부)
자연인	○	민법 제1000조에 따름 (법정상속인, 상속인 순위)	○
법인*	×	법인은 상속인이 될 수 없음.	○ • 영리법인 : 법인세 부담* • 비영리법인 : 상속세 부담 가능*
법인격 없는 단체*	×	법인격 없는 단체는 상속인이 될 수 없음.	△ (해석에 따라 달라짐)
상속포기자	×	상속포기자의 직계비속과 배우자 : 대습상속 불가능	○
상속결격자	×	상속결격자의 직계비속과 배우자 : 대습상속 가능	△ (신탁법 제7조*)
사실혼 배우자	×	사실혼 배우자는 상속인이 될 수 없음.	○

* 최수정, 「신탁법」 개정판, 박영사(2019), 99~101면 : 수익자는 신탁재산으로부터 이익을 향수하는 자로서, 신탁법은 수익자의 자격에 관하여 수탁자의 능력과 같은 별도의 정함을 두지 않았다. 제한능력자인 때도 수익자가 될 수 있다. 법인의 경우 수익자가 될 수 있음은 물론이지만, 법인격을 취득하지 못한 단체의 경우에는 신탁의 해석에 따라서 달리 판단될 수 있다.

* 상속세 및 증여세법 제2조(정의) (중략)
  5. "수유자"(受遺者)란 다음 각 목에 해당하는 자를 말한다.
   가. 유증을 받은 자
   나. 사인증여에 의하여 재산을 취득한 자
   다. 유언대용신탁 및 수익자연속신탁에 의하여 신탁의 수익권을 취득한 자

* 상속세 및 증여세법 제3조의2(상속세 납부의무) ① 상속인(특별연고자 중 영리법인은 제외한다) 또는 수유자(영리법인은 제외한다)는 상속재산(제13조에 따라 상속재산에 가산하는 증여재산 중 상속인이나 수유자가 받은 증여재산을 포함한다) 중 각자가 받았거나 받을 재산을 기준으로 대통령령으로 정하는 비율에 따라 계산한 금액을 상속세로 납부할 의무가 있다.

* 신탁법 제7조(탈법을 목적으로 하는 신탁의 금지) 법령에 따라 일정한 재산권을 향유할 수 없는 자는 수익자로서 그 권리를 가지는 것과 동일한 이익을 누릴 수 없다.

28
증여세 부담 능력을 갖췄을 때, 증여신탁

저는 30년 넘게 교직 생활하고 퇴직한 여성입니다(60세). 저에게는 외동아들 (35세, 이하, 아들)이 한 명 있습니다. 아들은 과거 수차례 창업을 했었지만 성공하지 못했고, 현재는 온라인 쇼핑몰을 운영하고 있으나 매출액이 많지 않은 편입니다. 그래서 아들은 현재 교제하고 있는 사람과 결혼하는 것을 주저하고 있는 상황입니다.

저는 서울시 소재 아파트에 아들과 함께 살고 있습니다. 다른 재산으로는 과거 18년 전에 사둔 경기도 소재 아파트가 있으며, 현재는 반월세를 주고 있는 상태입니다(해당 아파트의 시가는 약 6억원 수준, 보증금 1,000만원에 월세 100만원).

경기도 소재 아파트는 아들이 결혼을 하든 독립을 하든 언제든지 물려주려고 마음을 먹고 있었지만 최근 생각이 달라졌습니다. 경기도 소재 아파트는 지금 아들에게 증여할 경우 증여세, 증여 취득세, 기타비용 등 약 1억 3,000만원 정도가 발생(증여재산공제 5천만원 적용, 증여 취득세는 시가의 3.8% 적용, 채권 할인액 등 반영)한다는 것을 알고는 아들의 경제적 사정상 당장 증여는 힘들겠다고 생각했습니다. 즉, 증여에 따른 세금과 비용을 아들이 충당할 수 있을 때, 아들 사업이 안정적인 상황에 이를 때, 아들이 결혼한 후에도 실질적으로 자립할 수 있을 때 아파트를 아들에게 물려주고 싶은데 가능할까요?

결론 및 답변 Answer

1. 타익신탁의 이해

타익신탁이란 신탁을 설정하는 위탁자와 향후 신탁재산(원본) 또는 수익(이익)을 수취할 수익자가 동일인이 아닌 신탁을 말합니다. 수익자는 원본수익자와 이익수익자로 구분할 수 있는데 신탁재산(원본)을 받을 권리가 있는 사람을 원본수익자라 하고, 신탁재산에서 발생하는 수익(이익)을 받을 권리가 있는 사람을 이익수익자라고 합니다. 세금적으로 보면 위탁자가 타익신탁을 설정할 때는 증여세가 발생하지 않고 신탁계약 이후 수익자가 실제 신탁재산(원본) 또는 수익(이익)을 받아갈 때 증여세가 발생합니다. 따라서 타익신탁을 통해 수익자인 자녀가 경제적·물리적 여건을 갖출 때까지 위탁자인 부모는 자녀에게 재산을 증여하는 것을 유보할 수 있습니다.

2. 원본증여신탁 활용

2023년 초 소득세법 시행령 개정(소득세법 시행령 제4조의2, 신탁소득금액의 계산)으로 위탁자인 부모가 맡긴 신탁재산에서 발생하는 수익(이익)을 자녀가 받는 경우에도 위탁자인 부모의 소득으로 봅니다. 결국 신탁재산(원본)만을 증여하는 타익신탁 형태로 설계한다면 고객님의 고민을 해결할 수 있을 것 같습니다.

① 고객님은 경기도 소재 아파트를 신탁재산으로 하여 수탁자(신탁회사)와 신탁을 설정하면서 ② 고객님 본인을 이익수익자로 하고, 아들을 원본수익자로 지정합니다. ③ 신탁기간은 아들이 재산을 증여받을 만한 경제적 여건이 마련되는 시점까지로 합니다(예 3~10년). ③ 신탁기간 동안 신탁재산에서 발생하는 임대수익(월세)은 이익수익자인 고객님 본인이 받고, 소득세도 고객님이 부담합니다. ④ 향후 신탁기간이 만료(종료)되면 수탁자(신탁회사)는 신탁재산(원본)인 경기도 소재 아파트의 소유권을 원본수익자인 아들에게 이전합니다. ⑤ 신탁재산(원본)을 받은 원본수익자 아들은 증여세를 신고 및 납부합니다.

 원본증여신탁 구조도

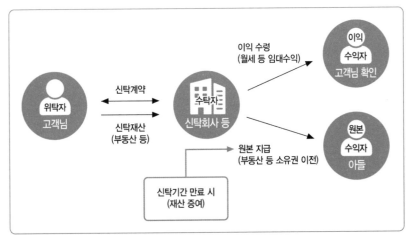

3. 원본증여신탁만의 장점

➕ **추가 질문** 그러면 신탁을 활용하지 않고 재산의 소유자인 부모가 재산을 가지고 있다가 추후에 증여하는 것과 무슨 차이가 있나요? 신탁만의 장점이 있을까요?

➕ **추가 답변** 세금 차이는 없습니다. 그런데 신탁을 활용하면 원본수익자(수증자인 자녀)의 권한이 강화됩니다. 위탁자(예 부모)가 신탁을 설정하면서 원본수익자(예 자녀)를 지정해 두었다면, ① 위탁자(예 부모)가 증여할 마음이 없어져서 신탁을 해지하고 위탁자 본인 소유로 다시 가져가고 싶을 때에는 원칙적으로 원본수익자(예 자녀)의 동의를 받아야 합니다. 뿐만 아니라 ② 신탁기간 만료 시 또는 위탁자 사망 시에 해당 신탁재산은 원본수익자(예 자녀)에게 소유권이 이전됩니다.

29
창업자금 증여세 과세특례와 증여신탁

고객 질문 **Question**

> 저는 30년째 울산광역시에서 자영업을 하고 있습니다(62세, 남성). 저에게는
> 부인과 32살 아들이 한 명 있습니다. 아들이 중소기업을 다니다가 그만두고
> 부산광역시에서 음식점을 창업하려고 하는데, 약 5억원 정도의 자금이 부족
> 하다고 합니다. 그래서 도와줄 생각인데 세금과 자금관리 측면에서 좋은 방
> 법이 있을까요?

결론 및 답변 **Answer**

1. 창업자금 증여세 과세특례의 이해

조세특례제한법 제30조의5에 따르면 ① 만 60세 이상의 부모로부터
② 국내 거주자인 만 18세 이상의 자녀가 ③ 양도소득세 과세 대상 재산이
아닌 금전 등을 증여받고, ④ 수증자인 자녀는 증여일로부터 2년 이내에
창업중소기업 업종인 음식점을 창업(개인, 법인 모두 가능)하며, ⑤ **창업자**

금을 증여받은 날로부터 4년 이내에 모두 창업 용도로 사용할 경우 ⑥ 증여받은 재산가액에서 5억원까지는 증여세가 과세되지 않고, ⑦ 5억원 초과 50억원(10인 이상 근로자 고용 시 100억원)까지는 10%의 세율로 증여세가 계산되는데, 이를 **창업자금 증여세 과세특례**라고 합니다.

 일반 증여와 창업자금 증여세 과세특례 증여세 비교

(단위 : 원)

구분	일반 증여	창업자금 과세특례 적용	비고
증여재산 과세가액	500,000,000	500,000,000	특례(수증자) : 국내 거주자, 만 18세 이상 자녀
-증여재산공제	-50,000,000	-500,000,000	특례 : 5억원 공제
과세표준	450,000,000	-	
세율	20% (누진공제 1천만원)	10%	특례 : 단일세율 10%
산출세액	80,000,000	-	
-신고세액공제	-2,400,000	-	특례 : 신고세액공제 불가
증여세 납부액	**77,600,000**	**-**	

2. 창업자금 증여세 과세특례 활용 시 유의사항

창업자금 증여세 과세특례를 적용받아 증여세를 절약할 수는 있으나 자녀는 재산을 증여받은 날로부터 ① 2년 이내에 창업중소기업 업종을 창업해야 하고, ② 증여받은 재산을 4년 이내에 모두 써야 하며, ③ 10년 동안 사업을 유지해야 합니다. 이처럼 조특법상 여러 사후관리 요건을 충족하지 못할 경우에는 증여세 및 가산세가 추가적으로 부과됩니다. 뿐만 아니라, 상속세 계산 시 상속인에게 증여한 10년 이내의 재산만 피상속인의 상속재산에 포함되는 것과는 달리, ④ 창업자금 증여세 과세특례를 적용받은 증여재산은 기간에 상관없이 부모의 상속재산에 당연 포함되어 상속세가 계산되므로 주의해야 합니다. 따라서 부모는 당초 창업자금 목적에 맞게 자녀가 적절하게 증여받은 재산을 쓰는지 관심을 가져야 합니다.

3. 창업자금 증여신탁의 활용

고객님과 같은 니즈(Needs)가 있는 부모와 자녀가 있다면 **창업자금 증여신탁을 활용하는 것도 좋은 선택**이 될 수 있을 것 같습니다. 이 신탁은 ① 위탁자와 수익자가 다른 타익신탁이자 신탁계약 이후 증여가 일어나는 증여신탁으로, ② 만 60세 이상 부모인 고객님이 위탁자로서 금전을 신탁재산으로 하여 신탁계약을 체결하고, ③ 만 18세 이상의 자녀(아들)가 신탁계약의 원본수익자가 되며, ④ 신탁계약을 통해 지정된 신탁관리인(업체 기장, 법인·소득세 신고, 사후관리 요건 준수 확인 등을 담당하는 세무법인이 적합)의 동의하에 창업자금 사용 목적으로만 신탁재산이 원본수익자인 아들에게 이전(증여)되는 신탁입니다.

창업자금 증여신탁 구조도(예시)

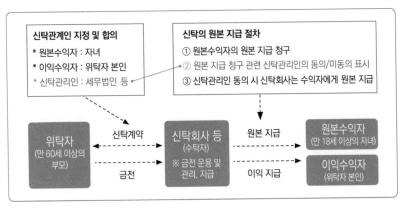

30
장애인 자녀의 창업지원과 장애인신탁

고객 질문 **Question**

저는 올해 65세로 제가 운영하고 있는 사업을 도와주고 있는 막내 아들(32세, 남, 중증장애인, 후천적 청각장애)이 있습니다. 여태껏 무엇을 하고 싶다고 이야기 해본 적이 없는 녀석이 최근 미용사 자격을 취득하여 남성전용 미용실을 차리고 싶다고 합니다. 임차보증금을 비롯하여 부족한 자금이 3억원 정도인데, 이번에 창업자금을 증여하여 미용실을 차려 주고 싶습니다.

그리고 막내 아들은 미용실을 열면서 저희 부부로부터 독립하고 싶다고 합니다. 그래서 제가 갖고 있는 여러 주택 중에 한 주택(서울시 소재 소형 아파트, 시가 5억원)을 이번 기회에 같이 증여해주고 싶은데, 증여세를 아낄 수 있는 방법이 없을까요?

1. 장애인 자녀의 미용실 창업 : ① 창업자금 증여세 과세특례 활용

통계청에서 발표한 2023년 기업생멸행정통계 자료에 따르면 2023년 말 기준, 미용업 등 개인서비스업을 영위하는 사업체의 수는 35만 4,847 곳이고 이 중에서 장애인기업의 수는 11,328곳으로 약 3.2%의 비중을 차지합니다. 2023년 개인서비스업을 새롭게 영위한 장애인기업의 수는 1,214곳으로 나타났습니다.

 개인서비스업 기준 장애인기업 현황 및 비중

(단위 : 개)

산업분류	구분	활동기업			신생기업			소멸기업
		2022년	**2023년**	증감	2022년	**2023년**	증감	2022년
개인 서비스업		342,668	**354,847**	12,179	47,470	**47,945**	475	35,024
	장애인기업	**11,502**	**11,328**	174	**1,374**	**1,214**	160	**1,536**
	비장애인기업	331,166	**316,519**	12,353	46,096	**46,731**	635	33,488

※ 출처 : 통계청, 「2023년 기업생멸행정통계자료, 2024년 12월 27일」

창업자금 증여세 과세특례는 현금 등 양도소득세가 과세되지 않는 재산을 만 60세 이상 부모로부터 만 18세 이상의 국내 거주자인 자녀가 받을 때 가능한 것이므로, 장애인인 아들이 미용실을 내는데 필요한 자금 3억원을 부모가 현금으로 증여한다면 창업자금 증여세 과세특례를 적용받을 수 있습니다.

따라서 창업자금 증여세 과세특례 요건을 충족하는 경우에 한하여 증여세 계산 시 증여재산(5억원)에서 일괄적으로 5억원을 빼고 단일 특례세율 10%로 과세하므로 이번 사례의 경우 증여세는 나오지 않을 것으로 판단됩니다(단, 증여일로부터 2년 내에 창업하고, 4년 이내에 증여받은 금액을 모두 써야 합니다).

2. 장애인에게 소형 아파트 증여 : ② 장애인신탁 활용

2023년 말 기준 통계청 자료에 따르면 우리나라의 등록장애인은 263만 3,262명(남자 152만 4,697명, 여자 110만 8,565명)입니다. 등록장애인이란 장애인복지법 제2조 요건을 갖춘 장애인이 동법 제32조에 따라 시·군·구청에 장애인으로 등록한 사람을 의미합니다. 즉, 장애를 갖고 있다 하더라도 시·군·구청에 등록하지 않은 사람들은 등록장애인에 포함되지 않기 때문에, 실제로 장애인 인원은 이보다 더 많을 것입니다.

북유럽 등 복지형 국가에 비해서 우리나라가 장애인분들이 살아가는 데 있어 좋은 환경에 놓여있다고 할 수 없을 것 같습니다. 그럼에도 불구하고 세금적인 측면에서 보면 장애인분들을 위한 여러 세제지원 제도가 있습니다. 예를 들면 종합소득세 계산 시 인적공제 금액을 추가로 해주고 있고, 장애인보장성보험을 통해 추가적으로 보험료 세액공제를 더 받을 수도 있으며, 차량을 구입할 때 일정 요건을 충족할 경우 개별소비세 등 세액을 감면받을 수 있습니다. 특히 부모 등 타인으로부터 재산을 증여받은 장애인이 장애인신탁과 평생 함께 한다면 증여받은 재산 중에서 최대 5억원까지는 증여세 과세가액에서 빠지기 때문에 증여세를 아낄 수 있습니다.

장애인신탁은 상속세 및 증여세법에 따라 ① 장애인인 아들이 부모로부터 부동산(소형 아파트, 시가 5억원) 등을 증여받고, ② 증여세 신고기한 내에 신탁업 인가를 받은 신탁회사와 신탁계약(장애인 사망 시까지 신탁계약 유지)을 하고, 신탁한 재산에 한해 ③ 최대 5억원까지는 증여세 재산가액에서 빠집니다.

이번 사례에서 장애인신탁을 활용하여 소형 아파트를 장애인 자녀에게 증여한다면 증여세는 나오지 않을 것으로 판단됩니다. 뿐만 아니라 고객님이 장애인 자녀에게 증여한 주택이 장애인신탁의 신탁재산으로 계속 유지되는 조건이라면 고객님의 상속세를 계산할 때도 신탁된 재산은 증여 시기에 상관없이 상속세 재산가액에 포함되지 않습니다.

 장애인신탁(자익신탁) 구조 및 특징 요약

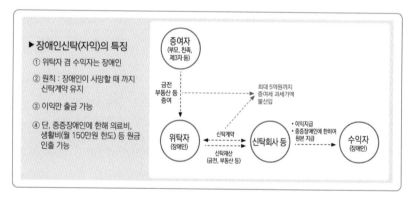

31
재산 기부 목적의 유언과 공익신탁

○○복지재단의 후원자이신 A씨는 일찍이 부모한테 버림받아 미국 중산층 가정에 입양된 후 미국에서 생활하다가 2년 전에 ○○○컨설팅 한국법인으로 발령이 나서 현재는 한국에서 살고 있습니다. 앞으로도 A씨는 한국에서 생활하려고 6개월 전에 경기도 소재 주상복합건물(이하, 부동산)을 ○○억원을 주고 구입하였고, 1층부터 3층까지는 상가로써 임대를 주고 있으며, 4층은 A씨가 살고 있습니다.

A씨는 결혼도 하지 않았고, A씨를 길러주신 미국의 양부모님도 모두 돌아가셨습니다. 그래서 A씨가 돌아가시게 되면 저희 ○○복지재단의 미혼양육모지원사업에 본인의 부동산 등 모든 재산을 기부(출연)한다고 하는데 ○○복지재단은 A씨의 상속세를 부담해야 할까요?

1. 상속세 및 증여세법상 공익법인의 의미

우선, ○○복지재단이 공익법인인지 아닌지 판단해 봐야 합니다. 상속세 및 증여세법 시행령 제12조에 따라 미혼양육모지원사업이 사회복지사업법에 의해 ○○복지재단이 실제 운영하는 사업이라면 해당 ○○복지재단은 **공익법인***으로 인정될 수 있습니다.

> * 상속세 및 증여세법 기준 공익법인(상속세 및 증여세법 시행령 제12조(공익법인등의 범위))
> (중략)
> 1. 종교의 보급 기타 교화에 현저히 기여하는 사업
> 2. 「초·중등교육법」 및 「고등교육법」에 의한 학교, 「유아교육법」에 따른 유치원을 설립·경영하는 사업
> 3. **「사회복지사업법」의 규정에 의한 사회복지법인이 운영하는 사업**
> 4. 「의료법」에 따른 의료법인이 운영하는 사업 (이하 생략)
> 5. 「법인세법」 제24조 제2항 제1호에 해당하는 기부금을 받는 자가 해당 기부금으로 운영하는 사업 (이하 생략)

2. 재산 기부와 상속세 절세 방안 : ① 유언

다만, A씨가 아무런 조치 없이 돌아가시게 될 경우 ○○복지재단은 상속인이 될 수 없습니다. 따라서 첫 번째 대안은 **유언을 통한 재산 출연**입니다. A씨는 ① 일단, 유언(유언공증 권장)을 작성하고, ② 포괄유증* 형태로 수유자를 ○○복지재단으로 하거나, 유언집행자 겸 수유자를 ○○복지재단으로 한다면 ③ ○○복지재단은 유증의무자* 겸 수유자로서 A씨 사망 시 부동산 소유권 이전(유증) 등을 통해 A씨의 부동산 등 전 재산을 출연(기부)받을 수 있습니다.

이러한 절차가 상속세 및 증여세법*에 따라 상속세 신고기한까지 이뤄진다면 상속세가 발생되지 않을 것으로 판단됩니다. 참고로 A씨 사망 시 신속한 재산 출연(기부) 등을 희망할 경우 최근 신탁회사에서 나온 유언공증서 보관 서비스를 활용하는 것도 현명한 방법일 것입니다("38. 유언서 분실 위험과 유언서 보관 서비스(197페이지)"를 참조하시기 바랍니다).

* 포괄유증 : 재산을 수유자별로 특정하지 않은 유증을 말합니다. 유언자가 유언으로 수유자에게 재산을 무상으로 증여하는 단독행위를 유증이라 하는데, 증여한 재산의 전부 또는 일부를 그 비율(2분의 1이라든가 3분의 1이라든가)로 증여하는 것을 포괄유증이라 합니다.

* 유증의무자 : 유언자가 사망한 경우에 유증을 실행할 의무가 있는 사람을 말하는데, 단독상속인, 포괄적수유자, 상속인이 없는 재산의 관리인, 유언집행자 등이 유증의무자입니다.

* 상속세 및 증여세법 제16조(공익법인등에 출연한 재산에 대한 상속세 과세가액 불산입) ① 상속재산 중 피상속인이나 상속인이 종교·자선·학술 관련 사업 등 공익성을 고려하여 대통령령으로 정하는 사업을 하는 자(이하 '공익법인등'이라 한다)에게 출연한 재산의 가액으로서 제67조에 따른 신고기한(법령상 또는 행정상의 사유로 공익법인등의 설립이 지연되는 등 대통령령으로 정하는 부득이한 사유가 있는 경우에는 그 사유가 없어진 날이 속하는 달의 말일부터 6개월까지를 말한다)까지 출연한 재산의 가액은 상속세 과세가액에 산입하지 아니한다.

3. 재산 기부와 상속세 절세 방안 : ② 공익신탁

두 번째 대안은 공익신탁을 활용하는 방법입니다. 공익신탁이란 기부를 하려는 사람(위탁자)이 기부하려는 재산을 일정한 개인이나 신탁회사 등 수탁자에게 맡겨 관리하게 하면서 그 원금과 수익을 공익적 용도로만 사용하게 하는 신탁을 말합니다.

공익신탁은 ① 수익자가 구체적으로 지정되지 않는 목적신탁의 대표적인 신탁이며, ② 상속세 절세 혜택을 받으려면 신탁법이 아닌 공익신탁법에 의한 공익신탁이어야 합니다. 따라서 공익신탁을 설정하고 법무부 인가를 받은 후 세법상 요건*에 맞춰서 공익법인 등에 신탁재산이 출연된다면 상속세는 발생하지 않을 것으로 판단됩니다.

 공익신탁법에 따른 공익신탁 구조도

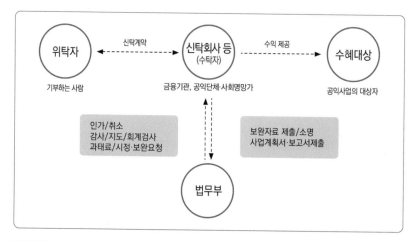

※ 구조도 : https://www.trust.go.kr/process.do 참조

*상속세 및 증여세법 제17조(공익신탁재산에 대한 상속세 과세가액 불산입) ① 상속재산 중 피상속인이나 상속인이 「공익신탁법」에 따른 공익신탁으로서 종교·자선·학술 또는 그 밖의 공익을 목적으로 하는 신탁(이하 이 조에서 '공익신탁'이라 한다)을 통하여 공익법인등에 출연하는 재산의 가액은 상속세 과세가액에 산입하지 아니한다.
② 제1항을 적용할 때 공익신탁의 범위, 운영 및 출연시기, 그 밖에 필요한 사항은 대통령령으로 정한다.

32
후견제도의 이해와 후견신탁

저는 ##회계법인의 대표회계사(남, 62세)입니다. 제가 30년 넘게 거래한 ○○기업의 회장님은 6년 전 치매에 걸리셔서 최근 가정법원으로부터 성년후견개시 심판을 받아 피성년후견인이 되었고, 가족들의 천거에 따라 법원은 저를 회장님의 성년후견인으로 선임하였습니다.

일상생활에 필요하고 그 대가가 과도하지 아니한 것들을 제외하고 회장님의 재산을 관리할 권리가 저에게 있으나, 회장님 재산 대부분이 부동산인 점을 감안할 때(시가 4,600억원, 오피스빌딩 3채) 제가 직접적으로 관리하기 힘들다고 판단하여 여러 대안을 알아보던 중에 후견신탁이라는 제도가 있다는 것을 확인하고 후견신탁이 무엇인지 알아보고자 문의하게 되었습니다.

1. 개요

우선 후견제도는 우리나라가 급속하게 고령화됨에 따라 이전에 금치산(자), 한정치산(자) 등 행위무능력자 제도의 문제점을 해결하기 위하여 질병, 장애, 노령, 그 밖의 사유로 인한 정신적 제약으로 후견이 필요한 성인의 권익을 보호하고 지원하기 위해 2013년 7월부터 시행된 제도(성년후견, 한정후견, 특정후견, 임의후견)입니다. 또한, 이 제도는 후견을 받는 피후견인의 정신적 잔존능력을 최대한 존중해야 한다는 것이 제도 시행의 취지입니다.

그럼에도 불구하고 〈피성년후견인이 된 공무원을 국가공무원법에 의거하여 당연 퇴직(강제 퇴직) 시킨 사건〉이 발생했습니다. 이에 대해 헌법재판소는 2022년 12월 22일 재판관 6 : 3의 의견으로, 국가공무원법(2021.1.12. 법률 제17894호) 제69조 제1항 중 제33조 제1호에 관한 부분 및 과거 동법 조항 모두는 공익을 지나치게 우선하여 과잉금지원칙에 위반되고 공무담임권을 침해하므로 헌법에 위반한다고 결정하였습니다.

그러나 아직도 우리나라는 피성년후견인의 결격 조항을 담은 법률이 300여 개가 넘으며, 피성년후견인이 되면 변호사, 세무사, 법무사, 사회복지사, 공인중개사, 요양보호사 등의 자격을 취득하지 못하거나, 이미 과거 취득한 자격도 상실하는 등 직업 선택의 자유가 제한되기도 합니다. 이는 마땅히 면밀한 검토를 통해 개선 및 보완되어야 할 사항입니다.

2. 후견제도의 이해

(1) 미성년자를 위한 후견

미성년자는 성년이 되거나 혼인을 함으로써 성년으로 간주되지 않는 한 원칙적으로 부모의 친권에 따라야 합니다. 친권은 미성년 자녀의 보호와 부양을 위한 부모 모두의 권리인 동시에 의무입니다. 그런데 미성년자에게 친권자가 없거나 친권자가 있더라도 친권의 전부 또는 일부를 행사할 수 없는 경우에는 미성년자의 보호에 공백이 있을 수 있고 성년이 될 때까지 미성년자를 건강하게 보호하고 양육하기 위하여 후견이 개시될 필요가 있습니다.

예를 들어 친권자가 없는 경우란 친권자가 사망(실종선고)한 경우, 친권자가 친권상실선고를 받은 경우 등의 상황을 말하는 데 이때 후견이 개시될 필요가 있습니다. 뿐만 아니라 이혼으로 부모 중 한 사람이 친권을 갖기로 하였는데 그 단독 친권자가 사망하는 경우 만일 생존하고 있는 부 또는 모가 있다면 바로 미성년후견이 개시되는 것이 아니라 생존하고 있는 부 또는 모로부터 친권자 지정청구가 없거나 그 청구가 기각될 때 미성년후견이 개시됩니다.

(2) 성년자를 위한 후견

성년후견제도는 피후견인의 (정신적)잔존능력의 활용과 자기결정권 존중 등을 기본원리로 하고 후견의 필요성과 보충성의 원칙을 핵심으로 합니다. 이는 우리나라가 2008년에 가입한 UN장애인권리협약(UN Convention on the Rights of Persons with Disabilities) 제12조가 정하는 "장애인이 법적능력(legal capacity)을 행사함에 있어서 타인과 차별하지 않는다"와도 그 목적과 취지가 같습니다.

먼저, **성년후견**은 질병, 장애, 노령, 그 밖의 사유로 인한 정신적 제약으로 사무를 처리할 능력이 부족하거나 없는 피후견인의 신상관리와 재산보호를 목적으로 하는 것으로써 크게 **법정후견과 임의후견**으로 나누어 볼 수 있습니다. **법정후견**은 후견인을 법원의 절차를 통해 선임하며, 후견개시 사유, 후견인의 권한 등에 따라 다시 **성년후견, 한정후견, 특정후견**으로 구분할 수 있습니다.

반면, **임의후견**은 피후견인이 정신적 제약으로 사무를 처리할 능력이 부족하게 될 상황에 대비하여 자신이 직접 후견인과의 계약을 통해 후견인을 미리 선임합니다. 임의후견은 2013년 개정 민법이 시행되기 전에는 없던 개념으로서 피후견인의 의사를 존중하고 스스로 자신의 삶을 결정할 수 있는 권리를 인정하고자 만들어진 제도입니다.

각 성년자를 위한 후견제도의 유형별 법적 성격과 의의 등은 아래 표를 참고하여 주시기 바랍니다.

 성년자를 위한 후견의 유형

	성년후견	한정후견	특정후견	임의후견
대상	정신적 제약으로 사무처리 능력이 지속적 결여된 성인	정신적 제약으로 사무처리 능력이 부족한 성인	정신적 제약으로 일시적 후견 또는 특정 사무에 대한 후견이 필요한 성인	정신적 제약으로 사무처리 능력이 부족한 상황 또는 이를 대비하여 계약을 체결한 성인
피후견인의 행위능력	피성년후견인의 행위능력은 원칙적으로 없음	피성년후견인의 행위능력은 원칙적으로 있음	피성년후견인의 행위능력은 제한되지 않으므로, 피특정후견인은 모든 사무에서 단독으로 유효한 법률행위를 할 수 있음	피성년후견인의 행위능력은 제한되지 않으므로, 피임의후견인은 모든 사무에서 단독으로 유효한 법률행위를 할 수 있음

	성년후견	한정후견	특정후견	임의후견
후견인의 재산에 관한 권한 (동의권, 취소권, 대리권)	• 성년후견인은 포괄적인 법정 대리권을 가짐. 다만, 법원은 취소할 수 없는 법률행위의 범위를 정할 수 있음 • 일용품의 구입 등 일상생활에 필요하고 대가가 과도하지 아니한 법률행위는 취소할 수 없음	• 한정후견인은 법원이 피한정후견인이 한정후견인의 동의를 받아야 하는 것으로 정한 행위에 대하여 취소할 수 있음 • 한정후견인은 심판에 의하여 정하여진 범위 내에서만 대리권을 가짐 • 일용품의 구입 등 일상생활에 필요하고 대가가 과도하지 아니한 법률행위는 취소할 수 없음	특정후견인은 기간이나 범위를 정한 특정한 사무에 관하여만 대리권을 가짐	임의후견인은 후견계약에서 정한 범위 내에서 대리권을 가짐

(3) 법정후견인 및 임의후견인 선임 절차

성년자를 위한 후견 중 법정후견인(성년후견인, 한정후견인, 특정후견인)은 본인, 배우자, 4촌 이내의 친족, 후견인, 후견감독인, 검사, 지방자치단체의 장이 가정법원에 후견개시의 심판을 청구하고 가정법원이 이를 심리하여 후견인을 선임합니다.

후견개시를 위한 재판은 사건 본인(이하, 피후견인)에 대한 심문과 관계인의 진술과 청취의 절차를 거치며, 필요한 경우 정신감정 수검, 가사조사를 실시할 수도 있습니다. 가정법원은 피후견인의 의사를 존중하고 그 밖에 피후견인의 건강, 생활관계, 재산상황, 성년후견인이 될 사람의 직업과 경험, 피후견인과의 이해관계의 유무 등의 사정을 전반적으로 고려하여 후견인을 선임합니다. 후견인으로는 피후견인의 친족 또는 제3자인 전문가가 선임되는데, 피후견인의 재산을 둘러싸고 친족 등 이해관계인 사이에 분쟁이 있는 경우, 피후견인을 돌볼 가까운 친족이 없거나, 피후견인에 대한 학대가 의심되는 경우에는 변호사, 사회복지법인 등의 전문가(단체)를 후견인으로 선임할 수도 있습니다.

가정법원의 후견개시심판이 확정되면 법률과 심판에서 정해진 바에 따라 후견인의 권한과 의무가 발생합니다. 후견인은 정해진 권한과 의무의 범위 내에서 피후견인의 신상을 보호하고 재산을 관리하는 사무를 수행합니다. 법정후견인 중 성년후견인은 재산과 관련하여 포괄적인 법정대리권을 가집니다. 그러다 보니 간혹 법정후견인은 피후견인에 관한 모든 권한을 행사할 수 있는 것으로 오해하기 쉬운데 그렇지 않습니다. 성년후견인이 선임된 경우라고 하여도, 가정법원은 취소할 수 없는 피성년후견인의 법률행위의 범위를 정할 수 있고 일용품의 구입 등 일상생활에 필요하고 그 대가가 과도하지 아니한 피성년후견인의 법률행위는 취소할 수 없습니다. 또한 피성년후견인 본인의 신상 관리에 대해서는 원칙적으로 피성년후견인이 단독으로 결정할 수 있습니다.

성년자를 위한 후견 중 임의후견인은 피후견인이 될 자가 정신적 제약으로 사무를 처리할 능력이 부족한 상황에 있거나 부족하게 될 상황에 대비하여 자신의 재산관리 및 신상보호에 관한 사무의 전부 또는 일부를 다른 자에게 위탁하고 그 위탁사무에 관하여 대리권을 수여하는 것을 목적으로 향후 (후견인으로)지정한 자와 후견계약을 체결함으로써 선임합니다. 이때 임의후견계약은 공정증서로 체결하여야 하며, 후견등기부와 후견등기기록사항을 염두에 두고 필요한 사항을 계약서로 작성한 뒤, 후견계약의 등기를 신청해야 합니다. 임의후견인의 재산관리 및 신상보호에 관한 권한을 상세히 명시하여야 하고, 수인의 임의후견인을 선임하여 공동으로 또는 사무를 분장하여 권한을 행사하도록 정한 경우에는 그 취지를 상세히 기재하여야 합니다. 향후 후견계약 및 그 등기가 완료된 후 본인이 사무를 처리할 능력이 부족한 상황에 이르게 되면 본인, 배우자, 4촌 이내의 친족, 임의후견인, 검사 또는 지방자치단체의 장은 가정법원에 임의후견감독인의 선임을 청구하고, 그에 따라 가정법원이 임의후견감독인을 선임하면 후견계약은 그 임의후견감독인이 선임된 때부터 효력이 발생합니다. 중요한 점은 임의후견은 법정후견에 우선합니다.

후견등기사항부존재증명서

후견 등기사항부존재증명서(전부)

구 분	신청대상자
성 명	
주민등록번호	-********

위 사항에 대하여 현재 효력이 있는 성년후견, 한정후견, 특정후견, 임의후견, 사전
처분에 관한 후견등기사항이 전부 부존재함을 증명합니다.

서기
법원행정처 등기정보중앙관리소 전산운영책임관

발행번호
발급확인번호   1 / 1   발행일시
※ 본 증명서는 인터넷으로 발급되었으며, 전자후견등기시스템(https://egdrs.scourt.go.kr)의 증명서진
위확인 메뉴를 통해 위·변조 여부를 확인할 수 있습니다. (발급일부터 90일까지)

3. 후견과 신탁

(1) 후견제도의 미흡한 점

후견 및 후견인의 사무처리는 가정법원과 후견감독인에 의해 감독됩니다. 일단 후견감독인은 임의기관일 뿐 아니라 보수 등 비용 문제로 모든 사건에 선임될 수 있는 것이 아닙니다. 한편 가정법원의 후견감독은 일반적으로 ① 감독사건 직권 개시, ② 후견인 교육, ③ 재산목록 검토, ④ 정기 감독(후견사무보고서 검토), ⑤ 심층 감독(현장 조사 등), ⑥ 후견인 변경 또는 경고나 고발, ⑦ 후견감독 부수사건 처리, ⑧ 후견감독 종료의 순서로 이뤄집니다. 그러나 이와 같은 감독체계가 마련되었다고 하더라도 우리는 종종 기사를 통해 후견인이 그 권한을 남용하여 피후견인의 재산을 빼돌리거나 후견인 자신의 이익을 위해 사용한 사례들을 접합니다.

> *** '후견인' 탈 쓰고 재산 갈취… 제도 악용 막을 감독인원 태부족**
>
> (출처 : 윤준호 기자, 세계일보, 2023.12.26.)
>
> (중략) 전국에서 가장 많은 후견사건이 몰리는 서울가정법원의 후견감독관은 15명에 불과했다. 후견감독관은 후견 업무 전반을 관리하는 역할을 한다. 후견이 종료될 때까지 사건이 쌓일 수밖에 없는 특성상 서울가정법원의 최근 3년 후견감독사건은 해마다 4000건이 넘었다. 2023년(9월 기준) 4367건, 2022년 4213건, 2021년 4195건으로 매년 증가하는 추세다. 지난해 감독관 1명이 약 291건의 사건을 감독한 셈이다. (후략)

(2) 후견신탁

현행 후견제도는 후견인을 감독할 감독기관(감독인)의 수가 절대적으로 부족한 상황이고, 그 감독이 사후적이라는 측면에서 후견인의 비위행위를 근본적으로 근절하지 못합니다. 그렇다면 이를 사전적으로 예방하고 각각의 후견에 맞춰 좀 더 면밀히 감독할 수 있는 방법은 무엇이 있을까요? 후견과 신탁을 결합한 방법을 생각해 볼 수 있습니다. 구체적인 절차는 법정후견과 임의후견이 약간 차이가 있습니다.

먼저 **법정후견**의 경우 피후견인과 후견인, 신탁회사 등 수탁자(이하, 수탁자)가 신탁계약 체결을 위한 협의를 진행하고 그 과정에서 신탁 가능 재산 및 신탁재산의 관리·운용 방법을 정합니다. 즉, 피후견인의 재산을 후견인이 모두 관리하도록 하는 것이 아니라 **피후견인의 재산을 수탁자에게 맡겨두고 생활비 명목으로 일정 금액을 정기적으로 피후견인의 계좌로 입금하도록 하고, 의료비, 교육비 등 비정기적 명목의 비용이 필요할 경우 후견인이 관련 증빙자료를 갖추어 수탁자에 요청하면 수탁자는 해당 비용을 직접 그 의료기관, 교육기관 등에 입금합니다. 이렇게 정해두면 후견인의 비위행위는 사전적으로 차단됩니다.

물론, 위와 같은 신탁재산의 사용계획은 각 계약 건별로 충분한 협의를 통해 자유롭게 정할 수 있습니다. 이 과정을 거쳐 피후견인의 복리를 최우선으로 한 신탁계약서 초안이 작성되면 가정법원에 신탁계약 체결을 위한 권한초과행위 허가 신청을 하고, 가정법원이 이를 허가해 주면 후견인과 수탁자 사이에 신탁계약을 체결합니다.

법정후견신탁 예시(구조도)

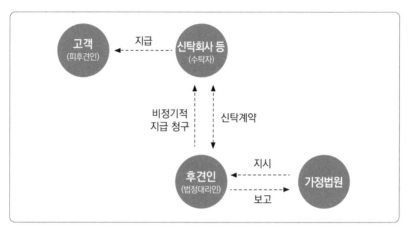

임의후견은 향후 사무처리능력이 부족하게 되면 피후견인이 될 본인과 임의후견인, 신탁회사 등 수탁자(이하, 수탁자) 간에 신탁 가능 재산 및 신탁재산의 관리·운용 방법을 정하기 위해 사전 협의를 하고, 그에 따라 ① 본인과 임의후견인 사이에는 후견계약을, ② 본인과 신탁회사 사이에는 신탁계약을 체결합니다.

이때 후견계약은 공정증서로서 체결하여야 하며 이를 후견등기해야 합니다. 신탁계약은 신탁계약 체결 시점부터 효력이 발생하나, 후견계약은 후견감독인이 선임될 때까지는 효력이 발생하지 않습니다. 즉, 후견계약의 효력이 발생되기 전까지는 본인이 스스로 재산관리를 할 수 있으므로, 직접 수탁자에게 신탁재산의 관리 및 운용을 지시하면 됩니다. 그러다가 본인의 사무처리능력이 부족하다는 의사 소견 또는 진단이 있을 때 미리 지정해 둔 임의후견인의 청구에 의해 가정법원이 후견감독인을 선임하면 그 때부터 후견계약은 효력이 발생하고 임의후견인은 후견사무를 시작합니다.

이처럼 신탁을 활용하면 피후견인의 재산이 수탁자 앞으로 이전되어 있으므로, 후견인이 피후견인의 재산을 마음대로 유용할 수 없고, 미리 피후견인이 건강할 때 지정해 둔 방법 또는 법원의 허가를 받아 둔 방법대로만 후견인이 후견사무를 수행할 수 있다는 점에서 후견인의 비위행위를 사전적으로 원천적으로 차단할 수 있게 됩니다. 이렇게 한다면 후견인은 피후견인의 신상관리에 집중할 수 있고, 재산관리는 전문성이 있는 수탁자에 맡겨 피후견인의 복리 증진에 더 적합한 방향으로 설계가 가능할 것입니다.

33
남겨진 가족을 위한 유가족신탁(가족지원형)

저는 대구광역시에 살고 있습니다. 남편은 일찍 세상을 떠났고, 온갖 일을 하면서 두 아들을 키웠는데, 두 명의 아들 중 큰아들이 해외 건설현장에서 관리자로 일하다가 대형 크레인이 관리사무소를 덮쳐 1년 전에 저보다 먼저 세상을 떠났습니다.

최근 어렵게 사는 큰며느리와 손자(남, 12세)가 눈에 밟혀서 제가 가진 현금(4억원)에서 교육비·생활비 목적으로 손자에게 매월 200만원씩 지원하다가, 제가 죽게 되면 남은 현금 전액을 손자에게 물려주고 싶습니다. 좋은 방법이 있을까요?

1. 유가족신탁(가족지원형)의 의미와 구조

어떠한 말씀으로도 위로가 안되겠지만 큰아들과 관련하여 깊은 애도를 표하며, 고객님의 의도를 정리해보고자 합니다. 고객님은 ① 현금 4억원을 일시에 주는 것이 아니라, ② 교육비 등의 목적으로 정기적으로 손자에게 매월 200만원씩 지원하고, 만약 지원하는 도중에 ③ 고객님이 돌아가시게 되면 남은 현금을 손자에게 주고 싶으신 걸로 파악됩니다.

유가족신탁이 통용된 신탁용어 및 특정한 신탁상품은 아니지만 고객님의 사례는 증여신탁 중 유가족신탁(가족지원형)이 적합해 보입니다. 유가족신탁(가족지원형)은 ① 가족관계에 있는 할머니, 즉 고객님을 위탁자로 하고, ② 수익자를 손자로 하는 타익신탁 형태로써, ③ 신탁재산에서 매월 손자에게 일정한 금액이 지급되는 구조의 신탁계약입니다. 그리고 ④ 신탁기간 중 위탁자인 고객님이 사망하면 손자에게 잔여재산이 지급되는 형태입니다.

 유가족신탁(가족지원형) 구조도

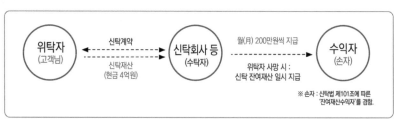

2. 유가족신탁(가족지원형)의 활용 시 유의사항 : 증여세 발생 등

유가족신탁(가족지원형)을 활용할 때 만약 며느리가 경제활동을 하면서 손자를 부양하고 있다면, 상속세 및 증여세법 기준으로 수익자인 손자는 매월 200만원씩 위탁자인 고객님(할머니)으로부터 **현금을 증여받는 것입니다**. 따라서 매월 200만원을 실제 받을 때마다 받은 날의 말일로부터 3개월 이내에 증여세 신고를 매번 해야 합니다(다만, 신탁재산을 채권 등에 투자하여 신탁계약을 체결하는 날에 원본 또는 수익이 확정되는 상황이라면 200만원이 최초 지급된 날을 증여일(평가기준일)로 보아 원금과 이자를 연 3%로 할인하여 계산한 금액과 신탁 해지 시 받을 수 있는 일시금(약 4억원) 중 큰 금액으로 증여재산가액을 평가할 수 있습니다).

34
남겨진 가족을 위한 유가족신탁(법인·조합형)

Question

저는 ○○기업 노동조합 사무국장입니다. 우리 회사의 직원 A씨(46세)는 췌장암에 걸려 3개월 전에 세상을 떠났습니다. 직원 A씨의 가족으로는 배우자 B씨(44세)와 고등학교에 다니는 딸 C양(17세)이 있습니다. 단, 배우자 B씨는 과거 다단계 사업 실패 이후 사이비 종교에 빠져 현재는 △△수양원에 있고, 가족들과는 인연을 끊었다고 합니다(단, 이혼은 하지 않았음).

우리 노동조합은 직원이 사망하게 되면 조합원과 임직원들로부터 월급의 일정 금액을 갹출하여, 갹출된 위로금을 사망한 직원의 유가족들에게 지급하고 있습니다. 이번에 갹출된 위로금은 약 3억원 정도입니다. 그러나 통상적인 유가족들과 달리 배우자 B씨와 딸 C양에게 위로금을 한꺼번에 지급할 경우 배우자 B씨가 위로금의 권리자 및 미성년자 딸 C양의 친권자로서 이상한 곳에 모두 사용할 우려가 있습니다. 따라서 신탁을 통해 해결할 수 있는 방법이 있는지 문의하게 되었습니다.

　유가족신탁이 통용된 신탁용어 및 특정한 신탁 상품은 아닙니다. 그러나 조합원들로부터 위로금을 갹출한 취지와 조합의 입장, 사망한 직원 A씨의 가족 상황 등을 전체적으로 고려하였을 때 유가족신탁(법인·조합형)이 적합해 보입니다.

　유가족신탁(법인·조합형)이란 ① 미성년 자녀를 둔 임직원이 재직기간 중에 사망하는 경우, ② 법인격을 갖춘 법인·조합 등이 위탁자로서, ③ 위로금 등의 명목으로 갹출한 금전을 신탁재산으로 하고, ④ 유가족인 미성년 자녀(딸 C양)를 수익자로 하여 수탁자(신탁회사 등)와 신탁을 설정하며, ⑤ 신탁기간 동안은 유가족인 미성년 자녀(딸 C양)의 생활비 또는 교육비로 일정한 금액을 정기적으로 지급하되, ⑥ 유가족인 미성년 자녀(딸 C양)가 성년에 도달하게 되면 신탁계약은 종료하고 잔여 신탁재산 전부를 유가족인 자녀(딸 C양)에게 지급하는 구조의 신탁을 말합니다.

유가족신탁(법인·조합형) 구조도

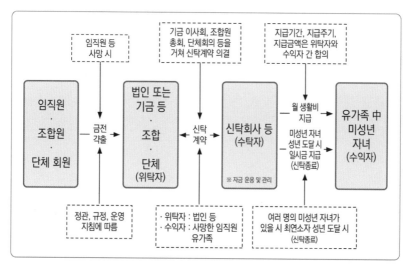

유가족신탁(법인·조합형)으로 설계한다면 ① 배우자 B씨가 딸 C양 몫의 위로금에 손댈 수 없고, ② 신탁된 재산은 위탁자인 법인·조합의 고유재산으로부터 독립되어 있기 때문에 신탁법상 일부 예외를 제외하고 해당 법인·조합의 채권자가 신탁재산에 대해 강제집행 및 보전처분할 수 없으며, ③ 혹시 모를 법인·조합의 대표자나 주요 관계인들의 횡령, 착복 등을 미연에 방지할 수 있습니다.

35
이익만을 증여하는 이익증여신탁의 종말

고객 질문 **Question**

> 저는 62세 남자로 4년 전까지 ○○은행을 다니다가 은퇴를 했습니다. 퇴직
> 금 중 2억원을 ○○은행 ELT(ELS 등 파생결합증권을 편입하는 특정금전신탁)에
> 투자하려고 하는데, 세금이나 국민건강보험료(피부양자 조건) 등을 고려해서
> 해당 ELT에서 발생하는 쿠폰이익(상환이익)은 결혼해서 따로 살고 있는 딸에
> 게 증여하고, 투자한 원본(원금) 자체는 제가 가지려고 하는데 좋은 방법이
> 없을까요?

결론 및 답변 **Answer**

2023년 2월 소득세법 시행령 개정으로 고객님이 원하는 이익만을 증
여하는 신탁(이하, 이익증여신탁)은 이제 활용할 수 없게 되었습니다.

그동안 일부 신탁회사에서 판매했던 이익증여신탁(이익만을 증여하는 구
조의 신탁)은 대략적으로 이런 형태입니다. ① 신탁재산에서 원본(이하, 원

본수익)은 위탁자에게 지급하고, ② 신탁재산에서 발생한 이익(이자, 배당금, 상환수익 등. 이하, 이익수익)은 주소가 다르거나 생계를 달리하는 자녀나 손주 등에게 증여하는 신탁을 의미합니다.

 이익증여신탁의 구조도

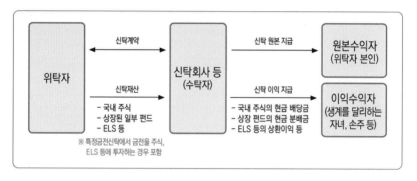

이익증여신탁은 신탁의 구조적 특성인 재산권을 분리(원본수익, 이익수익)하여 세법상 요건에 부합하는 경우 신탁에서 발생하는 소득을 수익자의 소득으로 보아 위탁자의 소득세, 건강보험료 등의 비용을 절감할 수 있는 신탁이었습니다.

그러나 소득세법 제2조의3(신탁재산 귀속소득에 대한 납세의무), 소득세법 시행령 제4조의2(신탁소득금액의 계산)의 개정에 따라 위탁자가 신탁계약을 지속적으로 통제하는 경우에 이제 신탁에서 발생하는 소득은 위탁자의 소득으로 간주*합니다. 우리나라의 특정금전신탁, 유가증권신탁 등 대부분의 신탁계약은 위탁자에게 신탁계약을 해지할 수 있는 권한을 부여합니다. 따라서 앞으로 이익증여신탁은 활용할 수 없습니다.

　참고사항으로 미국에도 클리포드신탁(Clifford Trust)이라고 있었습니다. 클리포드신탁은 위탁자 이외의 자에게 신탁이익만을 지급하고, 10년 이상 일정기간 경과 후 위탁자에게는 신탁원본이 지급되는 신탁이었습니다. 이 신탁은 수익자에게 증여세가 과세되지만 적용되는 소득세율이 위탁자보다도 낮은 사람을 신탁이익의 수익자로 함으로써 소득세 절세를 목적으로 하였습니다. 그러나 1986년 미국의 세제개편으로 클리포드신탁에 관한 과세 취급이 변경되고 위탁자의 소득으로 과세된 결과(Grantor Trust) 그 이점을 잃고 사라지게 되었습니다.

36
논, 밭, 과수원 등 농지와 신탁

저는 77세 남자로 충청남도 ○○군에서 농사를 짓고 있습니다. 부모님으로부터 물려받은 논, 밭, 과수원(이하, 농지)에서 쌀, 마늘, 고추, 배추 농사를 하며 자식들에게 일부 주고 있고, 과수원에서 수확하는 복숭아와 배는 팔아서 생계를 유지하고 있습니다. 농사 일을 할 수 있을 때까지는 해보고 제가 사망하면 최근 귀농한 동생(65세)에게 농지를 물려주겠다고 가족들에게 말했더니, 아내와 자식들이 반대하고 있습니다. 그래서 유언대용신탁을 알아보게 되었습니다.

고객님의 상황이라면 유언대용신탁보다는 유언을 통해 귀농한 동생에게 농지를 유증하는 것이 바람직할 것으로 보입니다. 왜냐하면 농지법 제6조* 및 등기선례*에 따라 농사를 짓지 않거나, 농지취득자격증명을 갖추지 못한 신탁회사 등 수탁자는 농지를 수탁할 수 없습니다.

다만, 유언대용신탁과 같이 ① 농사를 짓고 있는 사람 또는 농지 취득이 가능한 사람을 위탁자 겸 수익자로 하고, ② 위탁자가 살아있을 때까지는 해당 농지에서 곡식과 채소, 과일 등을 재배하면서 ③ 신탁회사 등 수탁자는 농지의 소유권만 관리하며, ④ 위탁자 사망 시 농지 취득 자격을 갖춘 사후수익자에게 해당 농지의 소유권을 이전한다면 농지법 취지에도 어긋나지 않을 것으로 판단되므로 농지법 등 관련 법령 개정을 제언합니다.

상기 고객처럼 전, 답, 과수원 등 농지 처리를 고민하는 고객들에게는 '농지연금'이 하나의 대안이 될 수도 있습니다.

농지연금이란 한국농어촌공사 홈페이지 설명 자료에 따르면 고령농업인의 안정적인 노후생활을 위해 고안된 제도라고 합니다. 농지연금은 60세이상의 농업인이 소유한 농지(논, 밭, 과수원)를 담보로 하여 매월 연금의 형태로 생활자금을 받는 제도입니다. 형식적으로는 연금이지만 실질은 대출의 한 형태입니다. 그러나 일반적인 금융기관들의 농지담보대출보다 좀 더 유리한 조건의 제도입니다.

농지연금과 일반 금융기관의 농지담보대출 비교

구분	농지연금	농지담보대출
대출방식	**매월 분할 지급**	**계약 시 일시금 지급**
대출기간	평생	확정
상환방법	사망 시 일시상환	원리금 분할상환 또는 일시상환
대출이자율	**고정 2% 또는 변동 1.14%** (농업 정책자금 변동금리)	신용등급에 따라 4%±a
담보인정비율	공시지가 100% 또는 감정평가 90%	감정평가 50~70%

* 출처 : 한국농어촌공사(농지은행·농지연금) 홈페이지

농지연금의 일반적인 장점으로는 네 가지를 꼽을 수 있습니다. 첫째, 농지소유자인 가입자는 물론 가입자의 배우자까지 연금을 평생 받을 수 있습니다(단, 배우자 승계형에 한함). 둘째, 정부의 예산 및 재원을 바탕으로 운영하므로 연금지급중단인 디폴트의 위험으로부터 벗어나 있습니다. 셋째, 가입자 및 배우자(이하, 연금수급자)의 사망으로 농지를 처분하면서 발생하는 농지처분가액(이하, 정산금)이 연금수급자가 받아 간 연금의 합계액(이하, 연금수령액)보다 적더라도 자녀 등 상속인들에게 차액을 청구하지 않습니다. 반대로 정산금이 연금수령액보다 클 경우에는 그 차액은 상속인들에게 지급됩니다. 넷째, 농지연금수급전용계좌를 통해 민사집행법에서 정한 최저생계비 이하로 연금을 받는다면 채권자들로부터 압류가 금지됩니다.

농지연금의 세법상 장점은 세 가지가 있습니다. 첫째, 농지연금은 농지(논, 밭, 과수원)를 담보로 대출을 받는 형태이기 때문에 해당 농지에 저당권이 설정되고 이를 등기해야 합니다. 이때 등록면허세, 지방교육

세, 등기신청수수료 등이 발생하는데 이는 한국농어촌공사가 부담합니다. 둘째, 농지연금을 위해 담보로 제공된 농지에서 매년 발생하는 재산세를 100% 감면합니다(단, 공시가격 6억원 이하의 농지에 한함). 셋째, 상속세를 절감할 수 있습니다. 농지연금 가입자가 받은 연금수령액은 부채로 간주되며 농지연금 가입자의 상속세를 계산할 때 해당 부채는 상속재산가액에서 차감됩니다(부채 증명 : 한국농어촌공사로에서 발급해 준 '농지연금 채무액(상환) 확인서'를 세무서에 제출해야 함).

농지연금 채무액(상환) 확인서 양식

(별지 제10호 서식)

농지연금 채무액(상환) 확인서

❏ 농지연금수급자 :

❏ 생 년 월 일 :

❏ 담보농지 및 상환내역

(금액 : 원)

농지소재지	지번	지목	상환면적 (㎡)	채무액 (A)	상환액 (B)	상환일	채무 잔액 (A-B)
계							

* 상기 금액은 상환일 기준 금액

　상기 담보농지는 「한국농어촌공사 및 농지관리기금법」 제24조의5 및 동법 시행령 제19조의10에 따라 근저당권을 설정하고 농지연금을 지급받은 농지로서 동 농지연금채무액을 위와 같이 상환하였음을 확인합니다.

20 .   .   .

한국농어촌공사　　지사장 인

농지연금에 가입하기 위해서는 연령조건, 영농조건, 대상농지조건 즉, 3가지 요건을 모두 만족해야 합니다. 첫째, 연령 조건을 살펴보면 농지연금을 신청하려는 사람은 농지연금을 신청하는 연도의 말일 기준 60세 이상의 농지소유자여야 합니다(2025년 신청 시 : 1965년 12월 31일 이전 출생자). 둘째, 농지연금을 신청하려는 사람은 영농 경력이 5년 이상이어야 합니다. 꼭 연속적이어야만 하는 것은 아니고 과거 경력을 합산할 수도 있습니다. 셋째, 대상농지조건이 매우 까다로운데 '① 실제 영농에 이용되고 있는 농지로서 해당 농지의 지목이 전, 답, 과수원이어야 합니다. ② 2년 이상 보유한 농지이어야 하고 만약 선대로부터 상속받은 농지라면 선대의 보유기간을 포함합니다. ③ 농지연금 대상 농지의 위치(소재지)는 주택연금 신청자의 주소와 동일한 시·군·구에 있거나 또는 그와 연접한 시·군·구에 있거나 또는 농지의 소재와 주택연금 신청자의 주소지가 직선거리 30km 이내에 있어야 합니다. 다만, 저당권, 제한물권, 압류 등이 설정된 농지는 농지연금 가입이 제한되고(일부 예외 있음), 농업용 목적이 아닌 시설 또는 불법건축물이 설치된 농지는 가입이 불가하며, 신청자 본인 및 배우자(부부) 이외의 사람이 공동 소유한 농지도 가입이 불가합니다.

 농지가격 기준 月 농지연금 예상액(종신정액형)

종신(정액)형	농지가격					
나이	1억원	2억원	3억원	4억원	5억원	6억원
60세	34만원	68만원	102만원	136만원	170만원	204만원
65세	38만원	75만원	113만원	151만원	189만원	226만원
70세	42만원	85만원	127만원	170만원	212만원	254만원

* 출처 : 한국농어촌공사 농지은행·농지연금 홈페이지

농지취득자격증명 서식

■ 농지법 시행규칙 [별지 제5호서식] <개정 2022. 5. 18.>

제 호

농지취득자격증명

농지 취득자 (신청인)	성명(명칭)		주민등록번호 (법인등록번호·외국인등록번호)		
	주소				
	전화번호				

	소재지	지번	지목	면적(㎡)	농지구분
취득 농지의 표시					

취득 목적	

귀하의 농지취득자격증명신청에 대하여 「농지법」 제8조, 같은 법 시행령 제7조제2항 및 같은 법 시행규칙 제7조제6항에 따라 위와 같이 농지취득자격증명을 발급합니다.

년 월 일

시장·구청장·읍장·면장

37
이혼과 신탁, 사해신탁

저는 이혼으로 인한 재산분할청구소송 중에 있습니다. 그러다가 인터넷에서 신탁을 설정하게 되면 저의 소유재산에서 분리되어 신탁된 재산은 채권자들의 강제집행 등(압류, 가압류, 가처분 등)에서 벗어날 수 있다는 정보를 입수했습니다. 신탁을 설정하면 저의 재산을 안전하게 지킬 수 있을까요?

결론 및 답변 **Answer**

인터넷에서 보신 내용은 신탁법 제23조*와 관계된 내용인 것으로 파악됩니다. 그런데 신탁회사 등 수탁자는 세 가지 정도의 이유로 고객님의 재산을 수탁할 수 없습니다.

첫째, 고객님은 이혼에 따른 재산분할청구소송의 당사자로서 현재 소송 중에 있습니다. 소송 결과에 따라 재산분할이 일어날 수 있음을 알고도 신탁계약을 한 때는 민법 및 신탁법*에 따른 사해신탁으로서 해당 신탁계약은 취소됩니다.

* 신탁법 제23조(수탁자의 사망 등과 신탁재산) 신탁재산은 수탁자의 상속재산에 속하지 아니하며, 수탁자의 이혼에 따른 재산분할의 대상이 되지 아니한다.

* 민법 제839조의3(재산분할청구권 보전을 위한 사해행위취소권) ① 부부의 일방이 다른 일방의 재산분할청구권 행사를 해함을 알면서도 재산권을 목적으로 하는 법률행위를 한 때에는 다른 일방은 제406조 제1항을 준용하여 그 취소 및 원상회복을 가정법원에 청구할 수 있다. (이하 생략)

* 민법 제406조(채권자취소권) ① 채무자가 채권자를 해함을 알고 재산권을 목적으로 한 법률행위를 한 때에는 채권자는 그 취소 및 원상회복을 법원에 청구할 수 있다. (이하 생략)

* 신탁법 제8조(사해신탁) ① 채무자가 채권자를 해함을 알면서 신탁을 설정한 경우 채권자는 수탁자가 선의일지라도 수탁자나 수익자에게 「민법」 제406조 제1항의 취소 및 원상회복을 청구할 수 있다. 다만, 수익자가 수익권을 취득할 당시 채권자를 해함을 알지 못한 경우에는 그러하지 아니하다. (중략)
  ⑥ 제1항의 경우 위탁자와 사해신탁(詐害信託)의 설정을 공모하거나 위탁자에게 사해신탁의 설정을 교사·방조한 수익자 또는 수탁자는 위탁자와 연대하여 이로 인하여 채권자가 받은 손해를 배상할 책임을 진다. (이하 생략)

둘째, 고객님의 신탁목적이 이혼으로 인한 재산분할 방어 및 재산 지급 지연에 있어 보이므로, 신탁법 제5조*에 따라 해당 신탁계약은 무효가 될 수 있습니다.

* 신탁법 제5조(목적의 제한) ① 선량한 풍속이나 그 밖의 사회질서에 위반하는 사항을 목적으로 하는 신탁은 무효로 한다.
② 목적이 위법하거나 불능인 신탁은 무효로 한다.
③ 신탁 목적의 일부가 제1항 또는 제2항에 해당하는 경우 그 신탁은 제1항 또는 제2항에 해당하지 아니한 나머지 목적을 위하여 유효하게 성립한다. 다만, 제1항 또는 제2항에 해당하는 목적과 그렇지 아니한 목적을 분리하는 것이 불가능하거나 분리할 수 있더라도 제1항 또는 제2항에 해당하지 아니한 나머지 목적만을 위하여 신탁을 유지하는 것이 위탁자의 의사에 명백히 반하는 경우에는 그 전부를 무효로 한다.

셋째, 우리나라 형법 제327조(강제집행면탈)에 따라 강제집행을 면할 목적으로 재산을 은닉, 손괴, 허위양도 또는 허위의 채무를 부담하여 채권자를 해한 자는 3년 이하의 징역 또는 1천만원 이하의 벌금에 처합니다. 즉, 고객님이 이혼으로 인한 재산분할청구소송 중에 있다는 것을 알고 신탁계약을 체결한 신탁회사 등 수탁자와 신탁업무담당자는 형사처벌의 대상이 될 수 있습니다.

38
유언서 분실 위험과 유언서 보관 서비스

Question

장롱에 보관해 놓은 유언공증서 등을 분실하였습니다. 어떻게 하면 좋을까요?

결론 및 답변 **Answer**

1. 에피소드 ① : 이모부의 유언서

며칠 전 시골에서 대규모 축산업을 하시는 이모부(74세)로부터 전화 한 통을 받았습니다. 통화의 요지는 장롱 속에 보관해 놓은 유언서(유언공정증서 정본)를 잃어버렸다는 전화였습니다. 우선 저는 혹시나 이모부가 다치신 곳은 없는지, 다른 귀중품이 도난당한 것은 없는지 여쭤봤고, 유언서 이외에 순금 10돈 정도 없어진 게 전부라고 하시면서 경찰에 신고하였고 조사 중이라고 말씀하셨습니다. 다만, 유언서와 관련해서는 경찰에 이야기하지 않았다고 하셨습니다.

저는 이모부께 이렇게 상담드렸습니다. 이모부가 가지고 있던 유언서는 '유언공정증서 정본'이고, 유언공증을 진행한 공증사무소에는 '유언공정증서 원본'이 보관되어 있으니 찾아가 보시라고 했습니다. 그런데 하필 유언공증을 해주신 변호사님이 작년에 노환으로 돌아가셔서 공증사무소가 없어졌다고 했습니다. 그럴 경우에는 대한공증인협회 또는 법무부 법무과에 문의(공증인법 제75조 및 공증인서류 보존규칙 제7조, 대한공증인협회 공증서류 인수인계 안내자료 기준)하시면 찾을 수 있을 것이라고 설명드리고 전화를 끊었습니다.

그러나 전화를 끊고 나서 한동안 저는 고민에 빠졌습니다. 혹시 이모부의 가족들 가운데 유언서를 절도, 훼손, 파기하였다면 전혀 다른 문제가 발생하기 때문입니다. 왜냐하면 우리나라 민법 제1004조에 따라 피상속인(이모부)의 유언서를 위조·변조·파기 또는 은닉한 자는 피상속인의 상속인이 될 수 없기 때문*입니다. 이를 상속결격 또는 상속결격자라고 하며, 상속결격자는 피상속인이 남긴 상속재산을 받을 수 없습니다.

> *민법 제1004조(상속인의 결격사유) 다음 각호의 어느 하나에 해당한 자는 상속인이 되지 못한다. (중략)
> 5. 피상속인의 상속에 관한 유언서를 위조·변조·파기 또는 은닉한 자

2. 에피소드 ② : 일본의 유언서 보관 제도

일본은 2021년 말 기준 만 65세 이상의 고령 인구 비중이 28.8%에 달하는 초고령사회이면서, 태평양전쟁 전후 베이비부머 세대(단카이 세대)의 사망 인구가 연간 140만 명에 이르는 다사(多死)의 사회이기도 합니다.

2020년 초부터 시작된 코로나 사태로 인해 일본의 고령자들은 죽음을 남의 일이 아닌 본인들의 문제로 인식하고 최근 유언서 작성 비중이 크게 늘고 있다고 합니다. 이와 더불어 일본의 법무국은 2020년 7월 10일부터 국민들의 자필유언서를 보관해주는 제도를 시행하였습니다.

 일본의 자필유언서 보관 제도

※ 출처 : 일본 법무국

유언서 1통당 보관료 3,900엔(약 39,000원)을 내면 자필유언서를 법무국에서 지정한 보관소에 맡아주는 제도로써 전국에 312개 보관소가 있다고 합니다. 일본의 상당수 국민들은 유언서를 잃어버릴 염려가 없고, 조작이나 훼손 가능성이 적은 이 제도를 매우 반기고 있습니다. 이 제도 도입 후 2021년 6월까지 1년간 2만 849건의 유언서가 보관되었고, 2021년 7월부터 2022년 5월까지 1만 5,039건의 보관 신청이 있었다고 일본 법무성이 발표했습니다.

3. 초고령사회와 유언서 보관 서비스

우리나라도 조만간 만 65세 이상 인구가 전체 인구의 20%가 넘는 초고령사회가 될 예정입니다. 또한, 유언서 작성을 통해 본인 사후 남겨진 유산을 누구에게 얼만큼 줄 것인지 정리하고 싶은 분들이 꽤 늘어날 것으로 예상됩니다. 동시에 일본과 같이 작성된 유언서를 안심하고 보관할 수 있는 제도나 서비스도 확충될 것으로 보입니다. 이에 발맞춰 일부 신탁회사를 중심으로 유언공증서를 안전하게 보관해주는 서비스들이 하나둘씩 생기고 있다고 하니 여간 반가운 일이 아닐 수 없습니다.

일부 신탁회사에서 취급하는 유언공증서 보관 서비스는 ① 유언서 중에서 법원의 검인 절차(유언의 방식 등 조사 및 확인, 유언서의 위변조를 방지하고 유언서를 보존하기 위한 검증 절차)가 불필요한 공정증서 유언서(유언공증서)만을 신탁회사에 보관하고, ② 해당 서비스를 약정할 때 유언자와 유언집행자가 같이 영업점을 방문하는 등 유언집행자가 유언공증서 보관 장소를 정확히 알게 하며, ③ 신탁회사 본점 특수금고에 유언공증서를 보관·관리함으로써 도난·멸실 등을 방지함과 동시에 가족들이 유언서를 유언자 사망 전에 발견하는 등의 우려를 해소하고, ④ 유언자 사망 시 유언집행자에게 유언공증서를 전달하는 서비스입니다.

유언공증서 보관 서비스 구조도

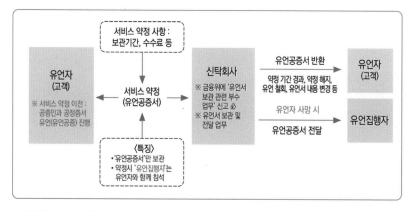

* 유언집행자 : 유언자의 유언의 내용을 실현하고, 유언자의 재산을 수유자에게 집행할 권한을 가진 자

 유언공증서(공정증서 유언서) 예시

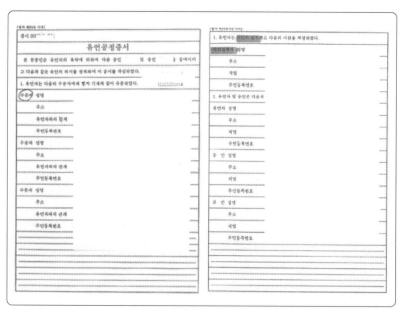

세법·민법

Q&A

'이 세상에서 죽음과 세금만큼 확실한 것은 없다'
- 벤저민 프랭클린 -

39
상속과 상속세

고객 질문 Question

저는 세금에 대해서 전혀 알지 못합니다. 제가 최근 노인대학에서 자산관리 특강을 듣는데 상속 또는 상속세를 미리미리 준비해야 한다고 해서, 상속세는 어떤 세금이고 어떻게 계산되는지 궁금해서 질문드립니다.

결론 및 답변 Answer

상속이란 어떤 '사람(피상속인)이 사망'한 경우에 그가 가지고 있던 재산상의 권리와 의무가 다른 일정한 사람(상속인 등)에게 포괄적으로 승계되는 것을 말합니다. 상속세란 피상속인의 상속개시, 즉 사망으로 피상속인의 재산이 가족이나 친족 등 상속인들에게 무상으로 이전되는데, 그 재산에 대하여 부과되는 세금입니다.

상속인 또는 수유자*는 상속(유증, 사인증여 포함)을 원인으로 피상속인의 재산액을 과세표준으로 하여 계산된 상속세*에 대해 각자가 받았거나 받을 재산의 비율로 세금을 납부할 의무가 있습니다. 또한, 상속인 또는 수유자들은 상속재산 중에서 각자가 받았거나 받을 재산을 한도로 상속세를 연대하여 납부할 수 있습니다.

* 상속인 : 민법상 상속인과 생전 증여재산 등이 있어 상속세 납세의무가 있는 상속포기자 및 피상속인의 유산을 수령한 특별연고자를 포함(유언대용신탁에서 위탁자 사후에 수익권이 발생하는 수익자는 수유자로 간주함)
* 법정 상속 순위 : (1순위) 직계비속과 배우자 ⇒ (2순위) 직계존속과 배우자 ⇒ 배우자 단독 ⇒ (3순위) 형제자매 ⇒ (4순위) 4촌 이내의 방계혈족
* 수유자 : 유언에 의하여 피상속인의 재산을 취득한 자(사인증여 계약에 따라 유산을 취득하는 자를 포함함)
* 상속세는 피상속인의 재산(유산)을 과세표준으로 세금을 계산하는 유산세 방식

상속세 계산 구조 - 피상속인이 국내 거주자일 때

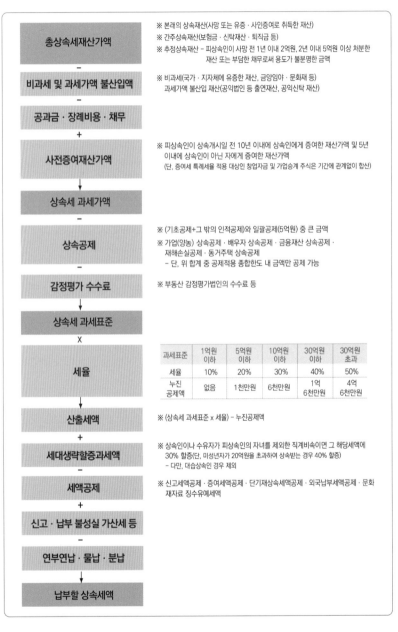

총상속세재산가액

※ 본래의 상속재산(사망 또는 유증 · 사인증여로 취득한 재산)
※ 간주상속재산(보험금 · 신탁재산 · 퇴직금 등)
※ 추정상속재산 - 피상속인이 사망 전 1년 이내 2억원, 2년 이내 5억원 이상 처분한 재산 또는 부담한 채무로써 용도가 불분명한 금액

-

비과세 및 과세가액 불산입액

※ 비과세(국가 · 지자체에 유증한 재산, 금양임야 · 문화재 등) 과세가액 불산입 재산(공익법인 등 출연재산, 공익신탁 재산)

-

공과금 · 장례비용 · 채무

+

사전증여재산가액

※ 피상속인이 상속개시일 전 10년 이내에 상속인에게 증여한 재산가액 및 5년 이내에 상속인이 아닌 자에게 증여한 재산가액
(단, 증여세 특례세율 적용 대상인 창업자금 및 가업승계 주식은 기간에 관계없이 합산)

상속세 과세가액

-

상속공제

※ (기초공제+그 밖의 인적공제)와 일괄공제(5억원) 중 큰 금액
※ 가업(양농) 상속공제 · 배우자 상속공제 · 금융재산 상속공제 · 재해손실공제 · 동거주택 상속공제
- 단, 위 합계 중 공제적용 종합한도 내 금액만 공제 가능

-

감정평가 수수료

※ 부동산 감정평가법인의 수수료 등

상속세 과세표준

X

세율

과세표준	1억원 이하	5억원 이하	10억원 이하	30억원 이하	30억원 초과
세율	10%	20%	30%	40%	50%
누진 공제액	없음	1천만원	6천만원	1억 6천만원	4억 6천만원

↓

산출세액

※ (상속세 과세표준 x 세율) - 누진공제액

+

세대생략할증과세액

※ 상속인이나 수유자가 피상속인의 자녀를 제외한 직계비속이면 그 해당세액에 30% 할증(단, 미성년자가 20억원을 초과하여 상속받는 경우 40% 할증)
- 다만, 대습상속인 경우 제외

-

세액공제

※ 신고세액공제 · 증여세액공제 · 단기재상속세액공제 · 외국납부세액공제 · 문화재자료 징수유예세액

+

신고 · 납부 불성실 가산세 등

-

연부연납 · 물납 · 분납

납부할 상속세액

상속세 납세의무자는 피상속인의 상속개시일(사망일, 실종선고일)에 납세의무가 성립하고, 상속세는 상속개시일이 속한 달의 말일로부터 6개월(피상속인 또는 상속인 모두 외국에 주소를 둔 경우 9개월) 이내 신고하여야 합니다. 상속세를 신고할 때의 필수 제출 서류로는 '상속세 과세표준 신고서 및 자진납부계산서, 상속세 과세가액 계산명세서, 상속인별 상속재산 및 그 평가명세서, 가업상속공제신고서 등'이 있습니다.

　상속세의 신고 및 납부는 피상속인(사망자)의 주소지를 관할하는 세무서에 하는 것이 원칙입니다. 그러나 상속개시지가 국외인 때에는 국내에 있는 주된 재산의 소재지 관할 세무서에 신고하면 됩니다. 만약 납부해야 할 상속세가 발생하는 경우 납세의무자는 상속세 자진납부서를 작성하여 상속세 신고기한까지 국고 수납은행 또는 우체국에 납부하면 됩니다.

40
증여와 증여세

가까운 ○○은행 PB가 말하기를 재산가치가 떨어졌을 때 미리미리 자녀들에게 증여하는 것이 좋다고 하는데, 증여가 무엇이고 증여세는 어떻게 계산되나요?

결론 및 답변 Answer

증여란 증여자가 대가없이 자기의 재산을 수증자에게 주겠다는 의사를 표시하고, 수증자가 이를 승낙함으로써 성립하게 되는 계약을 말합니다. 증여세*란 증여자로부터 무상으로 이전받은 재산(이하, 증여재산)가액에서 일정 금액을 공제한 과세표준과 세율을 기준으로 수증자가 납부하는 세금을 말합니다.

증여세 납세의무는 증여재산을 받은 수증자에게 있고, 증여재산을 취득한 날(이하, 증여일)*에 성립합니다. 증여세 신고는 증여일이 속하는 달의 말일로부터 3개월 이내에 해야 하고, 납부할 증여세가 있다면 수증자는 증여세 자진납부서를 작성하여 증여세 신고기한까지 국고 수납은행 또는 우체국에 납부해야 합니다.

증여세 신고 및 납부는 수증자의 주소지(거소지) 관할 세무서에 해야 합니다. 증여세 신고 시 제출해야 할 서류로는 '증여세 과세표준 신고서 및 자진납부계산서(기본세율 적용 또는 특례세율 적용), 증여재산 및 평가명세서 등'이 있습니다.

> * 증여세는 증여자 기준이 아닌 수증자가 무상으로 취득한 증여재산의 가액을 기준으로 세금을 계산하는 유산취득세 방식임.
> * 증여재산을 취득한 날(증여일)
>   - 부동산·자동차 등 등기·등록이 필요한 재산 : 소유권 이전 등기·등록 신청접수일
>   - 주식 및 출자지분 : 주식 등의 인도일(다만, 인도일이 불분명하거나 인도 전 명의개서 시에는 명의개서일)
>   - 그 밖의 재산 : 인도한 날 또는 사실상의 사용일

증여세 세금 계산은 ① 일반 증여재산 관련 계산 구조(기본세율 10~50% 적용)와 ② 가업승계 주식 증여세 과세특례 또는 창업자금 증여세 과세특례 증여재산(특례세율 10~20% 적용) 계산 구조로 나눠지며, 아래의 표는 일반 증여재산의 증여세 계산 구조(기본세율 적용)입니다.

일반 증여재산 증여세 계산 구조(기본세율 적용)

– 수증자가 국내 거주자일 때

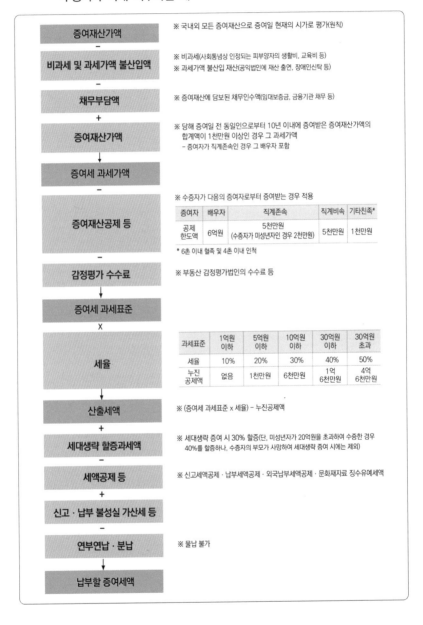

	증여재산가액	※ 국내외 모든 증여재산으로 증여일 현재의 시가로 평가(원칙)
	−	
	비과세 및 과세가액 불산입액	※ 비과세(사회통념상 인정되는 피부양자의 생활비, 교육비 등) ※ 과세가액 불산입 재산(공익법인에 재산 출연, 장애인신탁 등)
	−	
	채무부담액	※ 증여재산에 담보된 채무인수액(임대보증금, 금융기관 채무 등)
	+	
	증여재산가액	※ 당해 증여일 전 동일인으로부터 10년 이내에 증여받은 증여재산가액의 합계액이 1천만원 이상인 경우 그 과세가액 – 증여자가 직계존속인 경우 그 배우자 포함
	증여세 과세가액	
	−	
	증여재산공제 등	※ 수증자가 다음의 증여자로부터 증여받는 경우 적용
	−	
	감정평가 수수료	※ 부동산 감정평가법인의 수수료 등
	증여세 과세표준	
	×	
	세율	
	산출세액	※ (증여세 과세표준 × 세율) − 누진공제액
	+	
	세대생략 할증과세액	※ 세대생략 증여 시 30% 할증(단, 미성년자가 20억원을 초과하여 수증한 경우 40%를 할증하나, 수증자의 부모가 사망하여 세대생략 증여 시에는 제외)
	세액공제 등	※ 신고세액공제 · 납부세액공제 · 외국납부세액공제 · 문화재자료 징수유예세액
	+	
	신고 · 납부 불성실 가산세 등	
	−	
	연부연납 · 분납	※ 물납 불가
	납부할 증여세액	

증여재산공제 등 표:

증여자	배우자	직계존속	직계비속	기타친족*
공제 한도액	6억원	5천만원 (수증자가 미성년자인 경우 2천만원)	5천만원	1천만원

* 6촌 이내 혈족 및 4촌 이내 인척

세율 표:

과세표준	1억원 이하	5억원 이하	10억원 이하	30억원 이하	30억원 초과
세율	10%	20%	30%	40%	50%
누진 공제액	없음	1천만원	6천만원	1억 6천만원	4억 6천만원

210 내 재산을 물려줄 때 재산승계신탁

41
신탁과 상속증여세

고객 질문 **Question**

유언대용신탁에서 상속세는 언제 발생하며 누가 부담하게 됩니까? 증여신탁 또는 타익신탁에서는 증여세는 언제 발생하며 누가 부담합니까?

결론 및 답변 **Answer**

1. 신탁과 상속세

상속세 및 증여세법에서의 상속은 민법 제5편의 상속 및 유증, 사인증여, 특별연고자에 대한 상속재산 분여, 신탁법의 유언대용신탁과 수익자연속신탁을 포함합니다. 즉, 신탁 관련 '상속세'가 나올 수 있는 상황은 ① 유언대용신탁, 수익자연속신탁, 자익신탁을 설정하고 ② 신탁재산을 신탁회사에게 맡긴 '위탁자가 사망하는 경우(위탁자가 피상속인이 된 경우)'입니다.

특히, 유언대용신탁과 수익자연속신탁을 설정한 '위탁자가 사망하여 신탁재산의 수익권을 취득한 자(사후수익자, 연속수익자)'는 '세법상 수유자'로서 사망한 위탁자의 신탁재산을 포함한 상속재산에 대해 각자가 받았거나 받을 재산을 기준으로 **상속세 납부의무가** 생깁니다(상속세 및 증여세법 제2조 제5호 다목, 상속세 및 증여세법 제3조의2 제1항).

 유언대용신탁(수익자연속신탁)과 상속세

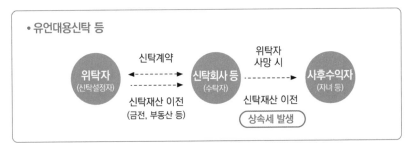

2. 신탁과 증여세

신탁과 관련하여 증여세가 발생하는 상황은 ① **신탁계약 이전에 증여**가 발생하는 경우, ② **신탁계약 이후에 증여**가 이뤄지는 경우로 나눠볼 수 있습니다. '선(先)증여 신탁'의 경우에는 신탁계약 이전에 증여계약이 먼저 이뤄지는 형태이므로 증여계약의 수증자 겸 신탁계약의 위탁자가 **증여세 납세의무를** 부담합니다. 문제는 '후(後)증여 신탁(타익신탁)'입니다. 이 경우 경제적 실질을 기준으로 하여 **신탁의 수익권을 무상으로 취득하는 수익자가 증여세 납세의무자가** 됩니다.

신탁계약일 전후 '증여시기'에 따른 증여신탁 분류

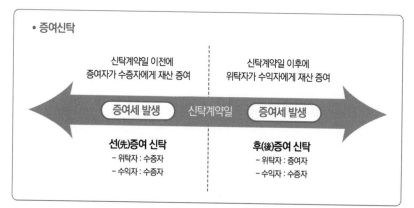

 ### 타익신탁의 구조

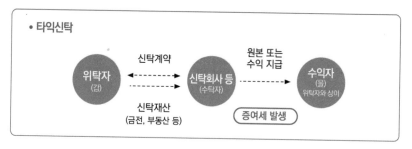

'후(後)증여 신탁(타익신탁)'의 증여일은 ① 원칙적으로 '원본 또는 수익이 수익자에게 실제 지급되는 날'입니다. 다만, 위탁자와 수익자가 다른 타익신탁에서 ② 수익자가 신탁에서 발생한 원본 또는 수익을 받기 전에 위탁자가 사망하는 경우에는 '위탁자 사망일'을 증여일로 보고, ③ 원본 또는 수익을 지급하기로 약정한 날에 실제 지급되지 않은 경우에는 원본 또는 수익을 '지급하기로 약정한 날', ④ 신탁계약일에 원본 또는 수익을 확정할 수 있고 동시에 원본 또는 수익을 여러 차례로 나눠 지급하

는 경우에는 원본 또는 수익이 '최초로 지급된 날'이 증여일이 됩니다.

추가적으로 신탁에서 발생한 수익을 수익자에게 지급할 때는 일반적으로 수익자에게 소득세가 발생할 수 있습니다. 단, 2023년 초 소득세법 시행령 개정으로 원본을 제외하고 이익수익만을 수익자에게 주는 경우에는 위탁자 소득으로 간주될 수도 있습니다(위탁자가 신탁계약에 대한 통제권을 갖는 상황일 때). 만약 수익자에게 소득세가 부과된다면 세법에서는 수익자가 부담하는 소득세와 증여세의 이중과세를 방지하고자 '신탁의 수익에서 소득세 원천징수세액을 차감한 나머지 금액을 증여세 계산 시 증여재산가액'으로 봅니다(원천징수가 이뤄지지 않는 소득에 대해서는 이중과세 문제가 발생합니다).

42
사망보험금과 상속증여세

고객 질문 Question

엄마가 2개월 전에 돌아가셨습니다. 엄마는 24년 전에 ○○보험사에 종신보험(사망보험금 1억 5천만원), 13년 전에 ##보험사에 변액종신보험(사망보험금 1억원)에 가입하셨고, 제가 대표상속인으로써 사망보험금을 수령하였습니다. 즉, 사망보험금 2억 5천만원은 상속세가 과세되나요?

결론 및 답변 Answer

돌아가신 엄마가 해당 종신보험의 보험료를 전액 납부하셨다면(엄마가 실제 보험료납부자이면서 피보험자), 엄마의 사망으로 인하여 지급받는 종신보험의 사망보험금은 피상속인(엄마)의 상속재산으로 보아 상속세*가 부과됩니다. 다만, 돌아가신 엄마의 종신보험 관련 보험료를 고객님께서 일부 납부한 사실이 있다면 상속재산가액은 아래 표에 의한 계산식으로 평가됩니다.

사망보험금 관련 상속재산가액 평가

$$상속재산액 = 보험금\ 총합계액 \times \frac{피상속인이\ 부담한\ 보험료\ 합계액}{피상속인의\ 사망\ 시까지\ 납입된\ 보험료\ 합계액}$$

*상속세 및 증여세법 제8조(상속재산으로 보는 보험금) ① 피상속인의 사망으로 인하여 받는 생명보험 또는 손해보험의 보험금으로써 피상속인이 보험계약자인 보험계약에 의하여 받는 것은 상속재산으로 본다.
② 보험계약자가 피상속인이 아닌 경우에도 피상속인이 실질적으로 보험료를 납부하였을 때에는 피상속인을 보험계약자로 보아 제1항을 적용한다.

  그러나 만약 피보험자가 엄마일지라도 종신보험의 보험료를 실질적으로 어떤 사람이 납부했느냐에 따라 ① 상속세가 나올 수도 있고, ② 증여세가 나올 수도 있으며, ③ 세금이 없을 수도 있습니다.

 보험료납부자 및 보험관계자에 따른 과세 형태

유형	보험료 납부자	보험 계약자	피보험자 (보험사고 대상자)	보험사고	보험금 수익자	상속세·증여세 과세 여부
1	부	부	모	모 사망	자녀	증여세
2	모	모	모	모 사망	자녀	상속세
3	모	자녀	모	모 사망	자녀	상속세
4	자녀	자녀	모	모 사망	자녀	과세안됨.
5	부·모	부·모·자녀	모	연금지급개시	자녀	증여세

유형별로 살펴보면 ① 보험계약자(아빠)와 피보험자(엄마), 보험금수익자(고객님=자녀)가 모두 일치하지 않는 경우 피보험자 사망시 사망보험금은 증여세가 과세됩니다. ② 보험계약자 및 피보험자(엄마)가 동일하고 보험금수익자가 상속인(고객님=자녀)인 경우 피보험자 사망시 사망보험금은 상속세가 과세됩니다. ③ 보험계약자 및 보험금수익자가 일치(고객님=자녀)하고 피보험자(엄마)만 다른 경우 피보험자 사망시 사망보험금은 과세되지 않습니다.

즉, 자녀가 보험계약을 체결하면서 피보험자를 엄마로, 보험금수익자를 자녀 본인으로 한 경우에는 피보험자 사망시 본인이 납부한 보험료에 응당하는 사망보험금을 수령하게 되는 것이므로 과세없이 상속세 납부 재원 등을 마련할 수 있습니다.

43
상속증여세에서 재산가액 평가원칙

고객 질문 **Question**

저는 아파트(3채)와 국내 코스피시장에 상장된 ○○전자 주식 3만 주를 보유하고 있는데, 자식에게 상속하거나 증여할 때 해당 재산가액은 어떻게 평가되나요?

결론 및 답변 **Answer**

평가기준일과 평가기간을 적용하여 '시가(市價)'로 평가되는 것이 원칙이나, 재산의 종류, 형태, 권리 관계 등에 따라 세법상 보충적 평가액 또는 특례 적용액, 평가심의위원회가 심의한 가액으로 정해지는 경우도 있습니다.

해당 질문은 재산승계를 고려하는 고객들이 가장 많이 하는 문의사항입니다. 따라서 상속세 및 증여세법의 ① 재산의 평가기준일과 평가기간, ② 재산 평가의 원칙, ③ 평가방법, ④ 특례 등을 먼저 살펴볼 필요가 있습니다.

상속 또는 증여재산의 평가기준일은 '사망일·상속개시일(상속세)'과 '증여일(증여세)'이고, ① 상속재산의 평가기간은 '사망일 전 6개월부터 사망일 후 6개월'이며, ② 증여재산의 평가기간은 '증여일 전 6개월부터 증여일 후 3개월'입니다.

상속 및 증여재산의 평가원칙은 평가기준일의 '① 시가(市價)'입니다. 이때 '시가(市價)'라고 하는 것은 시장에서 불특정다수인 사이에서 자유롭게 거래되는 거래가액을 의미하며, 수용·공매·경매·감정가격 중에서 시가로 볼 수 있는 가액을 포함합니다.

고객님의 사례에서 공동주택인 **아파트**는 평가기간 이내에 해당 재산의 거래가액인 시가(감정가액 등 포함)가 있으면 좋겠지만 없는 경우가 많습니다. 따라서 보충적 평가액으로써 '평가기간 내에 유사한 재산의 매매·감정·수용·경매가액이 있다면 이를 시가(이하, 유사매매사례가액)'로 봅니다. 해당 재산과 유사한 재산이란 '**동일한 단지 내의 아파트이면서 전용면적 및 공동주택 공시가격 차이가 5% 이내인 아파트**'를 말합니다.

 상속·증여재산의 평가기간과 가액산정(아파트의 경우)

① 상속·증여재산의 평가기간
• 상속 : 사망일 전후 6개월
• 증여 : 증여일 전 6개월부터 증여일 후 3개월
② 평가기간에 해당 재산의 매매·감정·수용·경매 또는 공매가격
③ 해당 재산의 매매가액 등이 없다면 유사매매사례가액
④ 평가기간 외 기간에 평가심의위원회 심의를 거쳐 시가로 인정받을 수 있는 매매·감정·수용·경매 또는 공매가격

반면, 국내 주식시장에 상장된 주식의 경우는 세법상 보충적 평가액을 시가로 봅니다. 상장주식의 보충적 평가액은 '평가기준일 전 2개월부터 평가기준일 후 2개월 동안의 종가평균액'을 말합니다.

 시가 산정이 어려울 때 쓰는 보충적 평가 방법

부동산	토지	개별공시지가
	건물	국세청 기준시가
	주택	개별주택(공동주택) 공시가격
주식	상장주식	평가기준일 전후 2개월 간의 종가평균액
	비상장주식	주당 순손익가치와 순자산가치의 가중평균액
채권	일반 채권	MAX [① 평가기준일 이전 2개월의 최종시세가액 평균액 ② 평가기준일 이전 최근일의 최종시세가액
기타	펀드	거래소 기준가격 혹은 집합투자업자의 기준가격
	담보설정 재산	MAX [① 보충적 평가액 ② 임대료 등의 환산가액

44
대출과 보증금이 있는 상가의 재산가액

저는 13년 전에 구입한 충청북도 ○○시에 소재한 소형 상가 및 토지(이하, 소형 상가)를 배우자에게 증여하려고 합니다. 이번에 배우자에게 해당 소형 상가(1층, 2개 점포 임대 중)를 증여할 때 증여재산가액은 얼마인가요?

참고로, ① 공인중개사에 물어보니 다른 사람에게 양도할 경우 약 6억원 전후로 거래될 수 있을 거라고 이야기를 들었고, ② 감정평가는 받은 적이 없습니다. ③ 2024년 기준 기준시가에 따르면 토지 및 건물 합산 4억원 입니다. 현재 소형 상가에 있는 2개 점포 합산 ④ 임대차보증금은 1억원이고 임대료는 월 250만원(부가가치세 제외, 일반과세자) 정도가 발생하고 있습니다. 그리고 ⑤ 1년 전에 소형 상가와 토지를 담보로 3억 5천만원을 ○○은행으로부터 대출을 받았습니다.

세법상 상속·증여재산가액의 평가원칙은 불특정다수를 대상으로 정상적으로 거래되는 가액인 '시가'입니다. 뿐만 아니라 세법상 정해진 기간 내에 있는 감정평가액, 수용가액, 경매가액, 공매가액이 있다면 그 해당 가액을 시가로 봅니다.

그러나 고객님이 주신 정보에 의하면 해당 소형 상가는 시가로 평가할 수 있는 가액이 없다고 판단됩니다. 공인중개사가 이야기한 약 6억원(흔히 매매 호가)은 해당 소형 상가가 상속 및 증여재산 평가기간* 내에 실제 거래가 되거나 감정평가 등을 받는다면 모르겠으나, 현재로는 시가로 볼 수 없습니다.

따라서 해당 소형 상가는 '세법상 보충적 평가방법'으로 재산가액이 평가될 수 있습니다. 해당 소형 상가에는 임대차 계약뿐만 아니라 근저당권(담보대출)이 설정되어 있기 때문에 ① 기준시가 4억원과 ② 임대료 등 환산가액* 3억 5천만원, ③ 채권액* 4억 5천만원 중에서 가장 큰 금액인 4억 5천만원으로 증여재산가액이 평가될 것으로 생각합니다.

 소형 상가 증여재산가액 평가액 계산

Max=[①, ②, ③]
① 기준시가 = 4억원
② 임대료 등 환산가액
    = 1억원 + [(월 250만원 × 12개월) ÷ 기획재정부 적용 이율 12%]
    = 3억 5천만원
③ 채권액
    = 임대보증금(1억원) + 근저당권이 설정된 담보대출 금액(3억 5천만원)
    = 4억 5천만원

* 상속재산의 원칙적 시가 평가기간 : 상속개시일 전 6개월 + 상속개시일 후 6개월

* 증여재산의 원칙적 시가 평가기간 : 증여일 전 6개월 + 증여일 후 3개월

* 임대료 등의 환산가액 = 임대보증금 + [1년간 총 임대료 ÷ 기획재정부령에서 정한 이율(12%)]
  ※ [서면4팀-3722, 2006.11.9.] : 일반과세자 임대료 계산 시 부가가치세 제외, 간이과세자는 부가가치세 포함

* 채권액 = 전세권 설정 금액(임대한 재산의 임대보증금 포함)
          + (근)저당권이 설정된 재산의 '대출액'

　　마지막으로, 고객님의 사례에서 소형 상가를 4억 5천만원으로 평가하여 증여세를 계산하더라도 배우자에게 과거 10년 동안 증여한 재산이 없을 경우에는 증여세가 발생되지 않을 것으로 판단됩니다(배우자 증여재산 공제금액 : 10년 간 6억원). 단, 소형 상가 증여로 증여취득세, 지방교육세, 농어촌특별세, 채권할인액 등은 발생할 수 있습니다.

45
조합원입주권의 재산가액

고객 질문 **Question**

저는 서울시 소재 재개발 지역에서 새로운 아파트에 입주할 수 있는 '조합원입주권'을 가지고 있는데, 다주택자 세금 문제 등으로 무주택자인 큰아들에게 증여하려고 합니다. 현재, 해당 재개발사업은 '착공 단계'에 있고, 조합에서 산정하여 안내해 준 '조합원 권리가액은 4억원'이고, 계약금 6천만원만 납부한 상태입니다. 최근 유사한 평수에 거래된 조합원입주권의 프리미엄은 약 6억원 정도입니다. 조합원입주권의 증여재산가액은 어떻게 될까요?

결론 및 답변 **Answer**

고객님이 보유하고 있는 조합원입주권의 증여재산가액은 세법 규정에 의하여 ① '평가기준일(증여일)까지 불입한 금액'과 평가기준일(증여일) 현재의 ② '프리미엄에 상당하는 금액'을 합한 금액으로 평가합니다(상속세 및 증여세법 제51조 제2항, 동법 제61조 제3항).

① 평가기준일(증여일)까지 불입한 금액이란 조합원으로서 현물출자한 토지와 건물의 감정가액 등을 감안하여 재개발 조합이 산정한 ④ 조합원 권리가액과 평가기준일(증여일)까지 ® 실제 불입한 계약금, 중도금 등을 합한 금액이 되는 것입니다(상속세 및 증여세법 시행규칙 제16조, 서면4팀-634, 2007.2.20.).

② 프리미엄에 상당하는 금액이란 증여재산 평가기간(증여일 전 6개월~증여일 후 3개월) 중 조합원입주권 거래 사례(유사매매거래)에서 확인된 프리미엄(조합원의 권리가액 혹은 분양가액을 초과하는 금액)을 말합니다.

따라서 **조합원입주권의 증여재산가액**은 ① 조합원 권리가액 4억원과 ② 평가기준일까지 납부한 계약금 6천만원, ③ 증여재산 평가기간의 유사매매거래에서 확인된 프리미엄 6억원을 더한 **10억 6천만원**으로 평가될 것으로 판단됩니다.

 조합원입주권의 증여재산가액 계산

> **조합원입주권의 증여재산가액**
> = ① 평가기준일(증여일)까지 불입한 금액 + ② 평가기준일 현재 '프리미엄' 상당액
>
> ※ ① 평가기준일(증여일)까지 불입한 금액
>   = 관리처분계획 기준 '조합원 권리가액'
>   + 평가기준일(증여일)까지 납입한 '계약금 및 중도금'

46
즉시연금보험과 재산가액

Question

어머니는 2012년 11월에 일시납보험료 5억원인 즉시연금보험에 가입한 후, 연금을 수령하다가 2024년 12월에 돌아가셨습니다. 즉시연금보험의 사망시점의 해지환급금(적립금)은 4.9억원이며 상속세 신고를 앞두고 있는데, 해당 즉시연금보험의 상속재산가액은 얼마일까요?

Answer

결론부터 말씀드리면 사망시점의 해지환급금(적립금) 4.9억원이 해당 재산의 상속재산가액으로 평가됩니다. 다만, 해지환급금(적립금) 외에 추가적인 사망보험금 등이 발생할 경우 보험금수익자들이 받을 수 있는 최대 금액이 상속재산가액이 됩니다.

즉시연금보험의 상속재산가액 평가식

> [① 해지환급금, ② 사망보험금, ③ 보험금수익자가 보험사로부터 받을 수 있는 금액] 중 **가장 큰 금액**

즉시연금보험은 일시납 저축성보험입니다. 고객이 보유한 목돈을 보험사에 맡기면 연금을 지급받을 수 있는 상품으로서, 보험료 전액을 일시에 납부하면 다음 달부터 연금을 받을 수 있다는 점이 특징입니다.

즉시연금보험의 연금지급방식(연금 형태)은 크게 세 가지입니다. 가입자(피보험자)가 ① 생존하는 동안 보험수익자가 원리금 형태로 매달 일정액을 지급받는 종신연금형과 ② 피보험자의 생존 기간과 관계없이 약정된 기간 동안 원리금을 나눠 받는 확정기간형(확정연금형), ③ 매월 이자만 지급받고 원금은 만기 때 받는 만기환급형(상속연금형)으로 나눕니다. 참고로 고객님의 어머니는 즉시연금보험에 가입하면서 만기환급형(상속연금형)으로 연금을 받아오신 걸로 추정됩니다.

① 민법상 보험금은 계약자 겸 피보험자(피상속인)의 상속재산이 아니라 보험금수익자의 고유재산이긴 하지만, ② 세법상 보험금은 계약자 겸 피보험자(보험료의 실질적 납부자로서 피상속인)의 상속재산(간주상속재산)으로 보아 상속세를 부과하고 있습니다.

즉시연금보험을 가입한 고객이 사망하였을 때 해당 보험금을 상속세 계산 시 어떻게 할 것인지 과세관청과 보험계약의 관계자들이 첨예하게 대립하였던 것으로 알고 있습니다. 그런데 2016년에 나온 즉시연금보험 관련 대법원 판례(대법원 2016.9.23. 선고 2015두49986 판결)로 각종 논란이 종결되었고, 평가기준이 명확해졌습니다.

해당 판례의 내용은 이렇습니다. '(중략) 피상속인에게 귀속되는 재산으로서 금전으로 환산할 수 있는 재산적 가치가 있는 권리는 상속재산에 포함되고, 그 가액의 산정은 상속개시일 현재의 시가에 따라야 할 것이지만, 어떤 상속재산이 불특정다수인 사이에 자유롭게 거래가 이루어지는 것이 아니고 달리 그 가액을 평가하는 규정도 없어서 그 자체의 시가를 곧바로 산정할 수 없는 때는 해당 상속재산의 재산적 가치에 가장 부합하는 금액을 기준으로 과세할 수밖에 없다. 피상속인에게 귀속되는 보험계약상 지위는 여러 권리를 발생시키는 것이고 그 자체의 시가를 곧바로 산정할 수 있는 적절한 방법이 없는 반면, 상속개시시점에 보험계약을 해지하거나 청약을 철회하여 지급받을 수 있는 각종 환급금 등 그 보험계약상 여러 권리의 금전적 가치를 산정할 수 있고 그와 같은 권리들이 서로 양립할 수 없는 관계에 있다면, 특별한 사정이 없는 한 그러한 권리들의 가액 중 가장 높은 것이 해당 상속재산의 재산적 가치에 가장 부합한다고 할 것이므로, 이를 기준으로 상속세를 부과할 수 있다고 할 것이다. (중략) 상속개시일 당시를 기준으로 한 적립금의 가액이 원고들의 상속재산인 이 사건 즉시연금보험의 계약상 권리의 재산적 가치에 가장 부합하는 금액이라고 봄이 타당하다.'

고객 사례에서 확인할 수 있는 가액은 일시납보험료 5억원과 해지환급금(적립금) 4.9억원인데, 해당 보험은 청약철회기간이 경과하여 청약철회를 할 수 없으므로 일시납보험료로 재산가액을 평가할 수 없습니다. 따라서 판례에 따라 '상속개시일 당시'의 '보험금수익자가 받을 권리의 최고가액'인 '해지환급금(4.9억원)'이 즉시연금보험의 상속재산가액이 됩니다.

47
비상장주식의 재산가액

저는 경기도 안산시에서 주식회사(비상장법인, 중소기업)를 운영하고 있습니다. 저의 주식 지분을 배우자에게 증여하려고 하니, 우리 회사 법인세 신고를 담당하는 세무법인에서 현재 비상장주식 가치가 높으므로 증여시기를 조정했으면 좋겠다고 이야기하는데 세법상 비상장주식 평가는 어떻게 하는지 궁금합니다.

결론 및 답변 **Answer**

1. 원칙 : 시가 적용

비상장주식이라도 증여일 전 6개월부터 증여일 후 3개월까지 금융감독원 전자공시시스템(Dart)에 공시된 자료에서 확인이 가능하고, 해당 기업의 특수관계인이 아닌 제3자와 거래된 매매가액이 있다면 해당 매매가액을 시가로 인정할 수 있고, 그 시가가 비상장주식의 증여재산가액이 됩니다(사전-2020-법령해석법인-0620 : 사설 장외거래 사이트에서 형성된 시세는 시가로 볼 수 없으며, 금융감독원 전자공시시스템에 의하여 확인된 매매사례가액은 시가로 볼 수 있음).

 비상장주식의 평가 개관

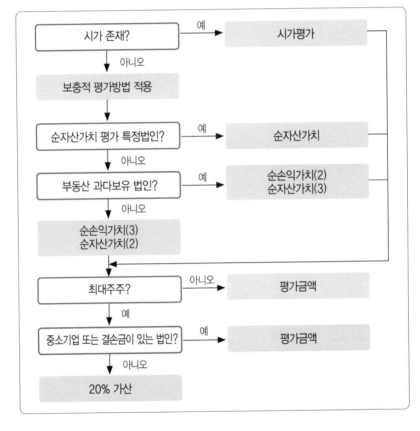

2. 통상적인 방법 : 보충적 평가

1) 일반기업과 부동산 과다법인

비상장주식은 평가기준일(증여일) 현재 1주당 순손익가치와 순자산가치를 각각 '3 : 2'의 비율로 가중평균한 가액으로 결정됩니다. 다만, 부동산 과다법인은 1주당 순손익가치와 순자산가치를 각각 '2 : 3'으로 평가합니다.

 비상장주식의 평가원칙

일반법인	1주당 평가액 = $\dfrac{\text{1주당 순손익가치} \times 3 + \text{1주당 순자산가치} \times 2}{5}$
부동산 과다법인	1주당 평가액 = $\dfrac{\text{1주당 순손익가치} \times 2 + \text{1주당 순자산가치} \times 3}{5}$

* 부동산 과다법인은 당해 법인의 자산총액 중 토지·건물·부동산을 취득할 수 있는 권리·전세권·지상권·등기된 부동산임차권의 가액이 50% 이상인 법인을 말한다.

우선 1주당 순손익가치는 평가기준일 기준 기업의 직전 3개년도 순손익을 가중평균한 가액에서 기획재정부 고시이율(10%)로 나눈 가치를 의미합니다. 만약, 결손금이 발생한 연도가 있는 경우에도 그대로 반영하되 1주당 순손익가치가 마이너스일 경우에는 '0'을 적용합니다. 뿐만 아니라 순손익가치는 법인세법상 각 사업연도소득에서 상속세 및 증여세법상 차가감 항목을 적용하여 산출하기 때문에 기업회계상 당기순손익 개념과는 다르다는 점을 인지하여 주시기 바라며, 실제 계산 시 세무전문가의 도움을 받으시기 바랍니다.

1주당 순자산가치는 평가기준일 기준(평가기준일에 자산, 부채가액을 평가할 수 없다면 직전 사업연도 종료일을 기준으로 함) 고객님의 기업이 보유하고 있는 **자산에서 부채를 빼고 영업권을 가산하는** 방식으로 해당 자산과 부채, 영업권은 상속세 및 증여세법에서 정한 방법에 따릅니다. 즉, 기업회계의 재무상태표 자료와 일치하지 않습니다. 따라서 실제 계산 시 세무전문가의 도움을 받으시기 바랍니다.

 1주당 순손익가치, 순자산가치 평가방법

- **1주당 순손익가치**
  = 직전 3개 사업연도 순손익을 가중평균한 1주당 순손익액
  ÷ 기획재정부령에 의한 고시 이자율(10%)

- **1주당 순자산가치**
  = 평가기준일(or 직전 사업연도 종료일) 현재 법인의 세법상 장부가액
  ÷ 발행 주식 총수

2) 비상장주식을 '순자산가치'로만 평가하는 경우

만약, 부동산 및 부동산에 관한 권리의 평가액이 자산총액의 80% 이상인 법인, 청산절차가 진행 중이거나 휴·폐업 중인 법인, 계속하여 결손금이 있는 법인 등은 순자산가치로만 비상장주식 가액을 평가합니다(영업권도 별도로 평가하지 않음).

비상장주식을 순자산가치로만 평가하는 법인 예시
(집행기준 63-54-2)

① 상속·증여세 과세표준 신고기한 이내에 평가대상 법인의 청산절차가 진행 중이거나 사업자의 사망 등으로 인하여 사업의 계속이 곤란하다고 인정되는 법인
② 사업개시 전의 법인, 사업개시 후 3년 미만의 법인과 휴·폐업 중에 있는 법인
③ 평가기준일이 속하는 사업연도 전 3년 내의 사업연도부터 계속하여 결손금이 있는 법인
④ 부동산 및 부동산에 관한 권리의 평가액이 자산총액의 80% 이상인 법인

3. 특별한 경우 : 평가심의위원회의 심의 가액 또는 위원회가 제시하는 평가방법으로 평가한 가액

'2. 통상적인 방법 : 보충적 평가'에 의한 가액을 적용하는데 불합리하다고 생각하는 상속세 및 증여세 납세자는 국세청 평가심의위원회 또는 지방국세청 평가심의위원회에 상속세 신고기한 만료 4개월 전(증여세 신고기한 만료 70일 전)까지 비상장주식 가액의 심의를 신청할 수 있고, 상속세 및 증여세 납세자는 상기 ① 위원회의 심의 가액 또는 ② 위원회가 제시하는 평가방법으로 평가한 가액으로 비상장주식 가액을 적용할 수 있습니다.

다만, 납세자가 ① 위원회의 심의 가액 또는 ② 위원회가 제시하는 평가방법을 고려하여 평가한 가액은 '2. 통상적인 방법 : 보충적 평가'에 따른 평가액의 70~130% 범위 안에 있어야 합니다.

48
추정상속재산과 상속세

저의 어머니는 30년간 숙박업을 해 오시다가 코로나 사태의 여파로 사업을 정리하신 후 갑자기 1년 전에 돌아가셨습니다. 어머니의 재산을 정리하면서 약 7개월 전에 홈택스를 통해 상속세를 신고 및 납부하였습니다.

그런데 최근 세무서에서 어머니가 돌아가시기 직전 1~2년 동안에 사용한 재산 '예금 인출(2억원), 부채 발생(2억원), 부동산 처분(서울시 소재 여관, 양도가액 6억원) 등 총 10억원'에 대해 소명하라고 통지가 왔고, 소명하지 못할 경우 추정상속재산에 해당하여 추가적으로 상속세가 부과될 수 있다는 안내를 받았습니다.

일단, 예금 인출(사망일 11개월 전 : 2억원)과 부채(사망일 9개월 전 : 2억원)는 어디에 쓰셨는지 확인되지만, 부동산을 처분한 금액(사망일 18개월 전 : 6억원)은 어디에 쓰셨는지 확인할 수 없습니다. 그렇다면 추정상속재산은 얼마가 될까요?

결론 및 답변 **Answer**

상속세 및 증여세법 및 동법 시행령에 따르면 상속세 과세가액에 포함될 수 있는 추정상속재산의 종류는 ① 현금·예금·유가증권 처분 금액, ② 부동산 및 부동산에 관한 권리의 처분 금액, ③ 기타 재산 처분 금액, ④ 채무 증가 금액(차입금, 임대보증금, 담보대출금 증가액 등) 총 4가지입니다.

그럼에도 불구하고 위의 4가지 재산에 해당하면 전액이 추정상속재산에 포함되는 것은 아닙니다. 우선 ① 4가지 재산 종류별 재산 처분 금액과 채무 증가 금액이 ② 상속개시일(사망일) 전 1년 이내 2억원 이상 또는 상속개시일 전 2년 이내 5억원 이상으로써 ③ 재산 처분 금액과 채무 증가 금액의 20%와 2억원 중 적은 금액을 차감한 가액을 소명하지 못하는 경우에만 추정상속재산이 되어 상속세 과세가액에 합산됩니다.

고객님 사례를 살펴보면 추정상속재산은 아래 표와 같이 계산될 수 있고, 상속세 과세가액으로 포함될 추정상속재산 금액은 약 4.8억원이 됩니다.

고객님의 추정상속재산 계산(예시)

구분	예금 인출	부채 증가	부동산 매각	비고
처분(부채 증가) 시기	사망 전 1년 내	사망 전 1년 내	사망 전 2년 내	
대상 금액(①)	2억원	2억원	6억원	종류별
– 소명 금액(②)	2억원	2억원	0	80% 이상 소명하면 됨.
= 소명하지 못한 금액 (①-②)	0	0	6억원	
– 차감액 [min(①×20%, 2억원)]	–	–	1.2억원	6억원×20%
= 추정상속재산	–	–	4.8억원	

49
피상속인이 비거주자일 때 국내재산과 상속세

아버지와 어머니, 저는 42년 전 미국 시카고로 이민을 왔습니다. 28년 전 미국 시민권(미국 국적 취득 포함)을 얻고 시카고에서 가족들과 함께 조그마한 가족기업을 운영하며 살고 있습니다. 1개월 전 아버지가 돌아가셨습니다. 그런데 사망한 아버지의 재산을 확인하다가 한국 서울시 소재 건물과 토지가 있다는 것을 확인하였습니다. 한국 소재 재산에 대해 상속세는 미국에서 신고·납부해야 할까요? 아니면 한국에 신고·납부해야 할까요?

결론 및 답변 **Answer**

미국 거주자인 아버지가 유언을 남겨놓지 않고 사망한 경우 한국 소재 부동산에 대한 사법적인 상속절차(민법상의 절차, 재산분할, 재산의 소유권 이전 처리 등)는 국제사법 제49조에 따라 부동산이 소재하고 있는 한국의 민법 등에 근거하여 처리해야 합니다. 다만, 이를 배제하고 세법적인 측면만 본다면 한국의 상속세와 미국의 유산세를 신고하고, 만약 한국의 상속세 또는 미국의 유산세가 발생할 경우 납부해야 합니다.

우선 한국을 살펴보겠습니다. 한국의 상속세 및 증여세법에 따라 피상속인인 아버지가 한국 비거주자인 경우 '한국에 있는 상속재산'에 대해서는 한국에 상속세를 신고·납부해야 합니다. 상속재산에서 여러 공제금액을 차감하여 상속세를 산정 및 납부하게 되는데 한국 비거주자일 때는 기초공제(2억원)와 감정평가수수료공제만 상속재산가액에서 차감합니다. 즉, 상속세 부담이 한국 거주자 대비 많습니다. 단, 상속세 신고는 피상속인인 아버지가 사망한 날이 속한 달의 말일부터 9개월 이내에 한국의 부동산 소재지 관할 세무서에 필요서류를 갖춰 신고하면 되지만, 비거주자 필요서류 등이 국가별 아포스티유 협약에 의해 차이가 발생할 수 있으므로 한국의 세무전문가(세무법인, 법무법인 등)와 상의하여 처리하시기 바랍니다.

다음으로 미국을 살펴보겠습니다. 미국의 연방세법 유산세(Estate Tax)에 따라 사망한 사람이 미국의 시민권을 가지고 있거나 세법상 미국 거주자인 경우에는 미국 소재 재산뿐만 아니라 '미국 이외에 있는 해외재산'도 미국 연방정부의 유산세 과세대상이 됩니다.

미국은 개인의 사망에 따른 세금(사망세, Death Tax)이 두 가지로 나뉩니다. 첫 번째로 ① 유산세(Estate tax, 한국의 상속세 형태)는 연방정부가 과세주체가 되고 '상속인들에게 재산이 분배되기 전 사망한 사람의 유산 자체에 부과'하는 세금인데 반해, 두 번째로 ② 상속세(Inheritance Tax, 유산취득세)는 뉴저지주, 네브래스카주, 메릴랜드주, 아이오와주, 켄터키주, 펜실베이니아주에 한해 주정부가 과세주체가 되고 '유산의 각 부분을 받은 상속인에게 부과하는 세금'입니다(시카고는 일리노이주이므로 상속세는 납부하지 않습니다).

사례에서 사망한 아버지가 미국 거주자이므로 아버지의 유산가액에서 통합공제금액(2024년 기준 $13,610,000, 2024년말 환율 기준 약 198억 원)을 차감하여 유산세를 계산하게 됩니다. 따라서 통합공제금액 이하의 유산가액이라면 유산세는 발생하지 않습니다. 그러나 통합공제금액을 초과하는 재산 규모라면 초과한 금액의 규모별 최소 18%부터 최대 40% 정도를 유산세로 연방정부에 납부하게 됩니다.

50
피상속인이 거주자일 때 해외재산과 상속세

고객 질문 Question

아버지가 3개월 전에 돌아가셨습니다. 돌아가시기 전에 저와 아버지는 부산광역시에 살고 있었습니다. 상속세 신고를 준비하면서 아버지가 일본 후쿠오카현 소재 단독주택 2채를 가지고 있다는 것을 알게 되었습니다. 일본에 있는 2채의 주택은 상속세 과세대상이 될까요? 된다면 어떻게 평가해야 할까요?

결론 및 답변 Answer

우선, 한국의 상속세 및 증여세법에 따라 사망한 피상속인이 한국 거주자인 경우에는 피상속인이 보유한 국내 및 국외의 모든 상속재산에 대해 상속인은 한국에 상속세를 신고·납부해야 합니다. 피상속인의 해외재산(후쿠오카현 소재 단독주택 2채)이라고 해서 상속재산가액의 평가방법이 달라지는 것은 아닙니다. 즉, 상속개시일 현재의 시가 또는 보충적 평가방법으로 계산한 가액에 따릅니다(상속세 및 증여세법 제60조 내지 제

65조). 그러나 시가를 알 수 없거나 보충적 평가방법을 적용하기 부적당한 경우에는 해외재산의 평가방법에 따릅니다(상속세 및 증여세법 시행령 제58조의3).

자세히 설명하면 ① 일본 소재 주택의 매매가액 등 시가가 있다면 해당 시가에 평가기준일(사망일) 현재 기준환율 또는 재정환율에 따라 환산한 가액으로 재산을 평가하면 됩니다. 그러나 해외재산은 시가가 없는 경우가 종종 있습니다. 만약, 시가가 없는 경우에는 보충적 평가방법으로 개별주택 공시가격을 적용해야 하지만 일본의 주택공시가격은 우리나라 개별주택 공시가격과 산정목적·산정방식·계산체계가 다릅니다. 따라서 보충적 평가방법으로 계산된 가액을 적용하기 부적당합니다. 이때는 ② 해당 재산에 대해 일본 정부가 양도소득세, 상속세, 증여세 등의 부과 목적으로 평가한 가액에 기준환율 또는 재정환율을 곱해 계산하며, 이마저도 없다면 ③ 우리나라 세무서장 등이 2곳 이상의 국내 또는 외국의 감정평가기관에 의뢰하여 산출된 감정가액을 참작하여 평가한 가액에 기준환율 또는 재정환율을 곱하여 상속재산가액을 산정할 수 있습니다 (재산세과-60, 2009.8.28.).

51
상속인이 비거주자일 때 상속세와 해외 송금

고객 질문 **Question**

저는 23년 전 미국 샌프란시스코로 이주하면서 미국 시민권을 취득했고, 현재 정형외과 의사로 개인병원을 운영하고 있습니다. 한국에서 평생 살았던 부모님 중 아버지는 10년 전에 돌아가셨고, 최근 어머니가 사망하셨습니다. 어머니가 살던 주택은 7년 전 여동생에게 이미 증여한 상태(증여 당시 시가 10억원)이며, 어머니가 남긴 유산은 한국 ○○은행에 있는 금융재산(정기예금 등 총 5억원)이 전부입니다. 확정된 상태는 아니지만 어머니의 금융재산을 제가 물려받기로 동생과 이야기를 나눴습니다. 상속세를 비롯하여 금융재산을 찾거나 미국으로 송금할 때 알아둬야 하는 것들은 무엇일까요?

결론 및 답변 **Answer**

한국의 상속세 및 증여세법 제3조에 따라 '한국 거주자인 어머니가 남긴 국내·외 모든 상속재산에 대해서 상속인인 고객님은 한국에 상속세를 신고·납부'해야 합니다. 다만, 7년 전 여동생이 어머니의 주택을 물려받으면서 증여세를 제대로 신고·납부했고, 어머니의 유산이 금융재산 외에는 없다고 가정할 경우 상속세 과세가액 15억원에 대한 상속세 납부세액은 발생하지 않을 것으로 판단됩니다(일괄공제, 금융재산 상속공제, 증여재산 세액공제 적용).

그런데 여기서부터 문제입니다. 고객님이 법적 요건과 효력을 갖춘 유언서에 기재된 유언집행자(포괄수유자, 단독 법정상속인 포함) 또는 유언대용신탁의 사후수익자(잔여재산수익자, 귀속권리자 포함)가 아닌 상황에서 한국 ○○은행에 있는 어머니 명의의 금융재산을 본인 명의로 찾기 위해서는 법정상속인들의 전원 합의가 있어야 합니다(협의분할원칙). 예를 들어 여동생이 어머니의 금융재산까지도 욕심이 생겨 지급에 동의하지 않으면 한국 ○○은행은 고객님에게 금융재산을 지급하지 않을 수 있습니다.

다음으로 한국 ○○은행에서 찾은 현금 등을 고객님의 미국 은행 계좌로 송금 및 이체하기 위해서는 한국의 외국환거래규정 제4-7조, 상속세 및 증여세 사무처리규정 제55조를 따라야 합니다. 구체적으로 설명하면 미국 시민권자인 아들은 한국의 관할 세무서장이 국세 체납 여부, 납기 전 징수사유, 상속세 신고·납부(확정 기준) 등을 최종적으로 확인한 뒤 발급한 '예금 등에 대한 자금출처확인서'를 외국환은행에 제출해야 합니다. 그래야 현금 등 전액을 고객님의 미국 은행 계좌로 송금 및 이체할 수 있습니다. 만약 예금 등에 대한 자금출처확인서가 없다면 한국의 외국환거래규정에 따라 지정된 외국환 은행을 통해 보낼 수 있는 금액은 연간 10만 달러(2023년 8월 이후부터) 이하로 제한됩니다.

다만, 미국 시민권자인 고객님은 미국에 유산세를 신고·납부할 필요는 없습니다. 그러나 미국 비거주자인 어머니로부터 상속받는 재산이 연간 10만 달러(2024년말 기준 원화 약 1억 4,600만원)가 넘을 경우, 다음 해 4월 15일까지 소득세를 신고할 때 상속받은 재산을 미국 국세청(IRS)에 보고(Form 3520 Part IV)해야 하며 미이행 시 벌금이 부과됩니다.

52
수증자가 비거주자일 때 증여세와 해외 송금

저는 48세 여성으로 26년 전 미국으로 유학을 왔고, 20년 전 미국인 남편과 결혼하여 미국 시민권을 취득하였으며, 현재는 보스턴에 살고 있습니다. 남편은 공무원으로 일하고 있고, 저는 보험설계사로 일하면서 돈을 많이 벌었는데, 최근 보험계약 관련 소송에 휘말려 거액의 손해배상금을 부담하게 되었습니다. 이런 상황을 안타깝게 생각한 한국에 계신 아버지가 40만 달러 (2024년말 기준 원화 약 5억 8,440만원)를 송금해 주신다고 하는데 증여세 문제는 어떻게 되는 걸까요?

결론 및 답변 **Answer**

한국의 경우에는 상속세 및 증여세법 제4조의2에 따라 재산을 증여받은 수증자에게 증여세 납부의무가 있습니다. 즉, 수증자가 고객님처럼 (이하, 딸) 미국 거주자인 경우에도 한국에서 또는 한국으로부터 증여받은 재산이 있다면 한국에 증여세를 내야 합니다. 특히, 미국 거주자인 딸은 한국 거주자가 아니므로 증여재산공제(5천만원)를 적용받을 수 없고, 대략 약 1억 1천만원의 증여세를 납부해야 합니다. 그러나 동법 동조 제6항 제3호에 따라 수증자인 딸이 미국 거주자일 때 증여자인 아버지가 증여세를 연대하여 납부할 의무가 있습니다. 다시 말해 딸의 증여세를 아버지가 대신 내줘도 되고, 아버지가 대신 내준 증여세로 인하여 수증자인 딸에게 추가적인 증여세가 발생하지 않습니다.

미국은 한국과 반대입니다. 재산을 물려받은 수증자에게 증여세 납부의무가 있는 것이 아니라 재산을 물려준 증여자에게 증여세 납부의무가 있습니다. 즉, 재산을 물려준 사람이 미국 거주자이거나 미국에 소재한 재산을 증여할 때 증여자에게 증여세가 나옵니다. 따라서 아버지가 한국 거주자이고 한국 소재 재산을 딸이 증여받은 것이라면 딸은 미국에서의 증여세 납부의무가 없습니다. 다만, 미국의 경우 재산을 증여받은 딸이 미국 시민권자이고, 한국 거주자인 아버지로부터 증여받은 재산가액이 연간 10만 달러(2024년말 기준 원화 약 1억 4,600만원)가 넘는 경우, 증여일이 속한 연도의 다음 해 4월 15일까지 소득세를 신고할 때, 증여받은 재산을 미국 국세청(IRS)에 보고(Form 3520 Part IV)해야 하며 미이행 시 벌금이 부과됩니다.

53
차용증·금전 무상 대출과 증여세

Question

저는 70세 여성으로 큰딸이 집을 사려고 하는데 돈이 부족해 고민하는 것을 보니 도와줘야겠다고 생각했습니다. 그런데 막상 돈을 증여하려고 하니 증여세가 나올 것 같아 걱정됩니다. 좋은 방법이 없을까요?

결론 및 답변 **Answer**

1. 기본 사항 : 차용증을 반드시 쓰고, 자금거래 내역을 남기세요

　자녀에게 증여재산 공제금액(10년간 5천만원, 미성년자 2천만원) 이상으로 돈을 증여하면 증여세가 나옵니다. 부모가 자녀에게 돈을 빌려주는 금전소비대차(대출) 형식을 취한다고 하더라도 과세당국에서는 증여로 추정합니다. 다만, 부모가 실제 돈을 빌려준 것이고, 자녀가 원금과 이자를 갚을 만한 능력과 갚게 될 것이라는 충분한 증거 등을 입증한다면 증여로 보지 않습니다.

우선 실제 금전소비대차(대출) 거래라는 것을 입증하는 방법 중에 하나는 차용증을 쓰는 것입니다. 그러나 이걸로는 부족합니다. ① 차용증을 쓰고, ② 차용증을 쓸 때 자금대여기간(짧을수록 좋음)과 이자율(적정이자율 연 4.6%)을 반드시 명시하며, ③ 차용증 내용에 근거하여 실제 통장 이체 등을 통해 자금거래 내역을 증빙할 수 있어야 하며, 차용증관련 확정일자를 받거나 공증을 받아 두는 것이 필요합니다.

2. 추가 유의 사항

(1) 대여금액이 2억 1,700만 원 이하일 때

'1. 기본 사항'이 충족된다고 하더라도 대여금에 대한 적정한 이자를 부담하지 않으면 그 이자에 대해서도 증여세가 부과될 수 있습니다. 세법에서 규정한 적정이자율은 연 4.6%입니다(상속세 및 증여세법 제41조의4, 금전무상대출에 따른 이익). 다만, 대여금액에 적정이자율을 곱한 금액인 해당 이자가 연 1,000만원 미만이면 그 이자에 대해서는 증여세를 부과하지 않습니다. 역산해 보면 대여금액이 약 2억 1,700만원 이하일 때는 무이자로 빌려줘도 그 이자에 대한 증여세는 발생하지 않습니다.

(2) 대여금액이 2억 1,700만 원을 초과할 때

만약, 대여금액이 약 2억 1,700만원을 초과할 때는 세법상 적정이자금액과 실제로 부담한 이자금액의 차이가 연 1,000만원 미만이 되도록 해야합니다. 이때 추가적으로 확인하고 유의해야 할 사항이 생깁니다.

자금을 대여해준 부모님의 경우 대여금에 관한 이자도 이자소득입니다. 그런데 우리나라는 소득을 지급할 때 원천징수제도라는 것이 있습니다. 원천징수제도란 자금을 빌린 자녀가 부모님에게 이자소득을 지급할 때 지급하는 쪽에서 일정 금액의 세금을 떼고 지급하는 것을 말합니다. 예를 들어 금융기관으로부터 예금 이자를 받을 때 총이자에서 15.4%(지방소득세 포함)의 원천징수금액을 뗀 세후 금액을 받게 되는 것을 생각하면 됩니다.

게다가 세법에서는 부모 자식 간의 금전거래에서 발생하는 이자를 '비영업대금의 이익'으로 보고 있습니다. 비영업대금의 이익의 원천징수세율은 27.5%(지방소득세 포함)입니다. 따라서 돈을 빌린 자녀는 부모님에게 이자를 지급할 때 원칙적으로 원천징수금액(총이자의 27.5%)을 제외하고 송금해야 하고, 자녀는 원천징수한 금액을 다음 달 10일까지 본인 주소지 관할 세무서에 신고 및 납부해야 합니다.

부모님의 입장에서 살펴보겠습니다. 자녀로부터 지급받은 비영업대금의 이익을 포함해 연간 금융소득이 2,000만원을 초과하는 부모는 다음 해 5월 말까지 다른 소득과 합산하여 종합소득으로 소득세를 신고해야 합니다. 만약, 자녀가 원천징수를 하지 않았다면 해당 비영업대금 이익은 연 2,000만원 여부와 관계없이 다음 해 5월 말까지 다른 소득과 합산하여 종합소득으로 소득세를 신고해야 합니다.

54
특수관계인과의 저가 양도에 따른 증여세

고객 질문 **Question**

저는 경기도 ○○시에 살고 있습니다. 현재 일시적 1세대 2주택자라 예전에 산 **시가 8억원**인 기존주택을 2025년 2월 말까지 팔면 양도소득세가 비과 세된다고 합니다. 그래서 몇 개월 전에 집을 내놨지만 팔리지 않아서 결혼 한 딸(38세)에게 기존주택을 팔려고 합니다. 그런데 딸이 자금이 부족하다고 하여 **5억원에 양도**하려고 합니다. 세금적으로 어떤 문제가 있을까요?

결론 및 답변 **Answer**

1. 양도소득세 : 고객님 기준

고객님(양도자) 기준으로는 양도소득세 계산 시 부당행위계산부인에 해당될 수 있습니다. 특수관계인인 딸에게 매매한(할) 양도가액은 5억 원이지만, 해당 양도가액은 부당행위계산부인 계산 시 기준이 되는 7억 6천만원(8억원에서 시가의 5%인 4천만원을 뺀 금액) 이하이므로, 양도소득세 계산 시 양도가액을 5억원으로 보지 않고 시가 8억원으로 보아 세금을 계산합니다.

다만, 부당행위계산부인을 적용받아 8억원으로 양도가액이 계산된다고 하더라도 2025년 2월 말까지 딸에게 잔금을 받고 소유권을 이전할 경우 일시적 1세대 2주택 특례를 적용받아 양도소득세는 과세되지 않을 것으로 보입니다.

2. 증여세 : 딸 기준

딸은 고객님으로부터 시가보다 적은 가액으로 주택을 매수하였기 때문에 상속세 및 증여세법 제35조에 의거하여 증여세를 부담할 수 있습니다. 일단, 증여재산가액(증여세 과세가액)은 시가와 대가(매수가액)와의 차이에서 시가의 30%와 3억원 중 적은 금액을 빼서 계산하며, 증여재산가액은 6천만원이 됩니다.

> **증여재산가액 =**
> (8억원−5억원) − Min(8억원×30%=2.4억원, 3억원) = 6천만원

단, 고객님이 딸에게 최근 10년간 증여한 적이 없었다고 가정하면 증여재산 공제금액은 5천만원이 되고, 증여세 과세표준은 1천만원이 되며, 신고세액공제 등을 적용하여 증여세로 납부해야 할 세금은 약 97만원 정도가 발생할 것으로 예상됩니다.

3. 기타사항

배우자나 직계존비속 간에 주식이나 부동산 등을 거래하는 경우 국세청의 전산 과세자료에 의하여 100% 포착되므로, 이에 대한 소명자료를 반드시 준비하고 거래를 하여야 합니다.

55
이혼한 부모님에게 각각 받은 증여재산의 증여세

저는 ○○기업에 다니고 있는 만 30세 여성입니다. 저희 부모님은 약 10년 전 제가 대학에 입학할 때 이혼하셨고, 그 이후 저는 엄마와 살고 있습니다. 2년 전에 결혼할 계획이었으나 코로나 사태 때문에 연기하였고, 올해 3월 결혼을 앞두고 있습니다.

특히, 2년 전에 결혼할 사람을 아빠한테 소개시켜 드린 직후 아빠는 저에게 결혼을 축하한다며 5천만원을 증여해 주셨고(증여신고하지 않음. 단, 통장 거래로 하였고 입출금 통장에 보관 중), 1개월 전에는 엄마가 결혼자금으로 쓰라며 5천만원을 주셨습니다.

그래서 집을 사려고 자금출처계획서 제출 등의 문제로 부모님에게 받은 재산을 모두 증여 신고하려고 하는데, 증여받은 재산을 합산해서 신고해야 하나요? 아니면 각각 신고해야 하나요?

결론 및 답변 **Answer**

1. 일반적 사항

우선, 부모님이 이혼하지 않으셨다면 부모님은 동일인으로 취급되고, 두 분이 고객님에게 증여한 재산을 합산하므로 이번에 증여세를 신고할 때 증여재산가액(증여세 과세가액)은 1억원이 되겠으나, 고객님 사례에서 두 분은 이미 10년 전에 이혼을 하셨고, 이혼한 후 고객님에게 재산을 증여했기 때문에 아빠와 엄마는 동일인으로 볼 수 없으므로, 각 증여재산은 합산되지 않고 증여세를 각각 계산해야 할 것으로 판단됩니다.

다만, 만 19세 이상 국내 거주자의 10년 내 증여재산 공제금액(5천만원)은 직계존속 전체를 대상으로 하기 때문에, 2년 전 아빠로부터 받은 증여재산에 대한 증여세 계산에서만 증여재산 공제금액(5천만원)을 차감하고 계산해야 할 것입니다.

 증여세 계산 내역

(단위 : 원)

구분	아빠가 증여한 재산*	엄마가 증여한 재산
증여재산가액 (증여세 과세가액)	50,000,000	50,000,000 (1억 아님)
− 증여재산 공제금액	50,000,000	−
= 증여세 과세표준	0	50,000,000
× 세율	−	10%
산출세액	−	5,000,000
− 신고세액공제(3%)	−	150,000
= 증여세 납부세액	−	4,850,000

* 아빠가 증여한 재산 : 증여재산이 증여재산 공제금액을 초과하거나 세액이 발생한 건이라면, 무신고 및 납부불성실가산세 대상임.

2. 추가 사항 : 혼인 예정 자녀에 대한 증여재산 공제금액 신설

2024년 세법개정에 포함된 여러 내용 중에서 단연코 세간의 주목을 받은 사항은 '혼인에 따른 증여재산 공제금액 신설'입니다.

'증여재산 공제금액'이란 증여세 계산에 있어서 국내 거주자가 타인으로부터 증여받은 증여재산가액에서 일정 금액을 공제하는 것으로 수증자별 증여재산 공제금액 이내로 재산을 증여받을 때는 증여세가 발생하지 않습니다. 2023년까지는 혼인 여부를 떠나 부모가 자녀에게 재산을 물려주게 되면 10년간 최대 5,000만원까지만 증여재산 공제금액을 적용하였습니다.

이번 세법개정에 포함된 '혼인에 따른 증여재산 공제금액 신설(상속세 및 증여세법 제53조의2)' 조항은 2024년부터 직계존속인 부모가 혼인을 앞두고 있거나(혼인신고일 기준 이전 2년부터), 혼인을 한(혼인신고일 이후 2년 이내) 국내 거주자인 자녀에게 재산을 물려주는 경우 기존 5천만원인 증여재산 공제금액과는 별개로 증여재산 공제금액을 최대 1억원까지 더 늘려주겠다는 것을 골자로 합니다. 이렇게 되면 혼인신고일 전후 2년 이내 자녀 본인과 배우자(예정 배우자)가 각각 부모로부터 최대 1억 5천만원(본인과 배우자 합산 총 3억원)을 증여받아도 증여세가 발생하지 않게 됩니다.

혼인에 따른 증여재산 공제금액 신설에 따른 증여세 비교

총 증여금액 [총 증여가액]	~2023년	2024년~ [혼인 증여재산 공제금액 적용 시]	
	증여세 합계액 [①]	증여세 합계액 [①]	절세액 [①-②]
5천만원	0	0	0
1억원	485만원	0	485만원
1억 5천만원	970만원	0	970만원
2억원	1,940만원	485만원	1,455만원

* 수증자 : 세법개정 요건에 해당하는 혼인한(혼인 예정) 국내 거주자, 상기 증여 이외에 10년 이내 기증여 없음, 증여재산공제와 신고세액공제만 적용

3. 가족 간에 발생할 수 있는 현금 증여 사례와 증여재산공제

(1) 아빠가 5,000만원을 주고, 계모(새엄마)가 5,000만원을 주는 경우

계모는 동일인으로 보지 않기 때문에, 각각 5,000만원씩 준 것으로 봅니다. 다만, 증여재산공제는 수증자를 기준으로 5,000만원 한 번만 공제가 가능합니다.

(2) 아빠가 5,000만원을 주고, 할아버지가 5,000만원을 주는 경우

아빠와 할아버지는 동일인이 아닙니다. 따라서 증여재산가액은 각각 5,000만원으로 봅니다. 다만, 증여재산공제는 수증자를 기준으로 5,000만원 한 번만 공제가 가능합니다.

(3) 시아버지가 5,000만원을 주고, 시어머니가 5,000만원을 주는 경우

시아버지와 시어머니도 부부이기 때문에 동일인으로 볼 것 같지만, 세법에서 시아버지와 시어머니는 각각 다른 사람으로 봅니다. 따라서 증여재산가액은 각각 5,000만원을 기준으로 세금을 계산합니다. 그리고 증여재산공제는 1,000만원이 적용되는데, 이는 시아버지, 시어머니는 직계존속이 아니라 기타친족이기 때문입니다.

(4) 아빠가 5,000만원을 주고 3년 후 돌아가셨고, 6년 후 엄마가 5,000만원을 주는 경우

세법에서 아빠와 엄마는 같은 사람으로 봅니다. 그러나 상속은 우리가 예측할 수 있는 사건이 아니기 때문에 예외규정을 두고 있습니다. 그래서 부모님으로부터 증여받은 금액을 합산하지 않고 각각 5,000만원씩 증여받은 것으로 봅니다. 다만, 그렇다 하더라도 5,000만원 한 번만 공제가 가능합니다.

(5) 아빠가 5,000만원을 주고 사망하였고, 이후 계모가 5,000만원을 주는 경우

아빠와 계모는 동일인에 포함되지 않기에 각각 5,000만원씩 증여한 것으로 봅니다. 그리고 혼인 중이라면 계모라도 직계존속과 동일하게 증여재산공제를 적용받지만, 직계존속인 아빠가 사망하면 계모는 인척으로 보아 증여재산공제 1,000만원을 적용받을 수 있습니다.

56
증여받은 재산을 반환했는데도 증여세를 내야 할 때

고객 질문 **Question**

저는 아버지로부터 부동산과 현금을 증여받고, 증여계약 조건(재산을 증여받음과 동시에 신탁계약 체결, 아버지에게 효도 의무 불이행 시 증여 해제)에 따라 ○○증권과 5개월 전에 증여신탁을 체결하였습니다. 저는 2개월 전에 증여세 신고 기한에 맞춰 증여세, 증여취득세 등을 모두 납부한 상태입니다. 그런데 아버지가 마음이 변하셨다면서 증여한 모든 재산을 반환해달라고 하는 상황입니다. 어떤 세금 문제가 있을까요?

결론 및 답변 **Answer**

고객님의 사례는 국세청 홈페이지(국세청 〉 국세신고안내 〉 개인신고안내 〉 증여세 〉 항목별 설명 〉 기본세율 적용 증여)에 의거하여 설명드리겠습니다.

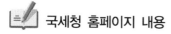 **국세청 홈페이지 내용**

(2024년 12월 말 기준)

✔ **증여재산의 범위**

❶ 증여세 과세대상인 증여재산은 수증자에게 귀속되는 재산으로서 금전으로 환가할 수 있는 경제적 가치가 있는 모든 물건과 재산적 가치가 있는 법률상 또는 사실상의 모든 권리, 금전으로 환산할 수 있는 모든 경제적 이익을 포함합니다.

✔ **증여받은 재산을 반환하는 경우 증여세 과세**

❶ 증여받은 재산의 당초 증여자에게 반환하는 시기에 따라 증여세 과세방법이 달라집니다. 다만, 금전의 경우에는 그 시기에 관계없이 당초 증여·반환에 대해 모두 증여세를 과세합니다.

반환시기	증여세 과세방법
신고기한 이내 반환	당초 증여 및 반환 모두에 대해 과세하지 않습니다.
신고기한 경과 후 3월 이내 반환	당초 증여에 대해서는 과세하고, 반환하는 것에 대하여는 과세하지 않습니다.
신고기한 경과 후 3월 경과 반환	당초 증여 및 반환 모두에 대해 과세합니다.

❶ 증여세 과세대상 재산이 취득원인 **무효의 판결에 의해 그 재산상의 권리가 말소되는 경우에는 증여세를 과세하지 아니하며 과세된 증여세는 취소합니다.** 다만, 형식적인 재판절차만 경유한 사실이 확인되는 경우에는 그러하지 아니합니다.

❶ 피상속인의 증여로 인하여 재산을 증여받은 자가 민법의 규정에 **유류분 권리자에게 반환한 경우 반환한 재산의 가액은 당초부터 증여가 없었던 것으로 봅니다.**

❶ 증여자가 연대납부의무자로서 납부하는 증여세액은 수증자에 대한 증여로 보지 아니하는 것이나, 연대납세의무자에 **해당하지 아니하는 경우 수증자를 대신하여 납부한 증여세액은 증여가액에 포함하여 증여세를 부과합니다.**

---

1. 부동산의 경우

'당초 증여세(아버지 → 고객님)'는 증여세 신고기한이 경과하였기 때문에 고객님이 납부한 증여세는 과세되며 반환받을 수 없습니다. 그러나 증여세 신고기한 경과 후 3개월 이내 아버지에게 재산을 반환한다면 '반환(고객님 → 아버지)에 따른 증여세'는 발생하지 않을 수 있습니다.

2. 금전의 경우

금전의 경우에는 '당초 증여세(아버지 → 고객님)'와 '반환(고객님 → 아버지)에 따른 증여세' 모두 발생 및 과세됩니다.

3. 법정 소송으로 이어질 경우(당초 증여에 대해 법원이 무효 판결 시)

고객님의 증여재산 취득 원인에 대해 '무효로 판결'되는 경우에는 '당초 증여세(아버지 → 고객님)는 취소'되어 세금을 반환받을 수 있고, 당연히 '반환(고객님 → 아버지)에 따른 증여세'도 성립하지 않습니다(증여를 원인으로 한 소유권 이전등기가 경료되었더라도 그 등기원인이 된 증여행위가 부존재하거나 무효인 경우라면 그로 인한 소유권이전의 효력이 처음부터 발생하지 아니하므로 소유권이전등기의 말소를 명하는 판결의 유무와 관계없이 증여세의 과세대상이 될 수 없다 – 대법원 2013.1.24. 선고 2010두27189 판결). 다만, 증여재산 취득 원인이 무효로 판결된 것이 아니라 형식적인 재판 절차만 경유하였다면 당초 증여세(아버지 → 고객님)는 반환되지 않습니다.

4. 유류분 소송에 따라 유류분 권리자에게 증여받은 재산을 반환하는 경우

애초부터 증여가 없었던 것으로 보고, 이미 납부한 증여세는 경정청구(후발적 경정청구)를 통해 반환받을 수 있을 것으로 판단됩니다.

57
손자와 할아버지의 상속세

Question

2달 전에 아버지가 돌아가셨습니다. 최근 저와 저의 형제들은 상속재산분할과 상속세 신고 준비로 고민이 많아졌습니다. 특히, 아버지(이하, 할아버지)는 돌아가시기 3년 전에 제 아들 갑(이하, 손자)에게 2억원을 증여하셨습니다. 큰돈이라 증여신고도 완료했습니다. 즉, ① 할아버지가 손자에게 증여한 재산 2억원은 할아버지의 상속재산에 포함되나요? ② 포함된다면 손자는 상속세 납부의무가 있나요?

결론 및 답변 **Answer**

① 질문에 답을 드리면 할아버지가 돌아가시기 3년 전에 손자에게 증여한 재산은 할아버지의 상속세 계산에 있어서 **상속세 과세가액에 포함*** 됩니다.

* 상속세 및 증여세법 제13조(상속세 과세가액) ① 상속세 과세가액은 상속재산의 가액에서 제14조에 따른 것을 뺀 후 다음 각호의 재산가액을 가산한 금액으로 한다. 이 경우 제14조에 따른 금액이 상속재산의 가액을 초과하는 경우 그 초과액은 없는 것으로 본다.
1. 상속개시일 전 10년 이내에 피상속인이 상속인에게 증여한 재산가액
2. 상속개시일 전 5년 이내에 피상속인이 상속인이 아닌 자에게 증여한 재산가액
(이하 중략)

② 질문에 답을 드리면 Ⓐ 할아버지가 유언 등을 남겨 놓지 않고 돌아가셨고, Ⓑ 돌아가신 고객님과 고객님의 형제들(이하, 상속인)이 모두 생존해 있으며, Ⓒ 할아버지로부터 손자가 받은 재산이 3년 전에 받은 **사전증여재산**이 전부라면 손자는 상속세 납부의무가 있는 상속인 또는 수유자가 아닙니다. 따라서 손자에게는 상속세 납부의무가 없습니다.

 국세청 재산세과 - 149(2010.3.10.) 자료

사전증여재산만 취득한 손자는 상속세 납부의무 없음
(재산세과 - 149, 2010.3.10.)

【물음】 갑이 2008.10.1. 사망함. 상속재산가액은 30억원. 이와 별도로 갑은 사망 전 5년 내에 손자에게 5억원을 증여한 사실이 있으며, 상속인으로는 자1, 자2, 자3이 있으며 이들 3명이 상속재산 30억원을 법정지분에 따라 분할하여 취득할 때
→ 손자가 위 상속세 납부의무가 있는지?

【해설】 상속개시일 전 5년 이내에 상속인이 아닌 자에게 증여한 재산은 상속세 과세가액에는 산입하지만, 당해재산의 수증자인 손자는 유증 또는 사인증여받은 재산이 없으므로 상속인 및 수유자에 해당하지 않아 상속세 납부의무가 없습니다.

58
상속포기와 상속세

엄마가 5개월 전에 돌아가셨고, 저는 3개월 전 가정법원에 상속포기를 신고하였습니다. 제가 상속포기자임에도 불구하고 상속세가 나올 수 있다고 하는데 사실인가요?

결론 및 답변 **Answer**

① 엄마의 사망일을 기준으로 고객님이 엄마로부터 10년 이내에 증여받은 재산(사전증여재산)이 있을 경우에는 상속세 납부의무가 발생할 수 있습니다(상속재산에 가산되는 상속인에게 증여한 재산 개념과 동일하게 보아 상속을 포기한 자가 받은 증여재산도 포함하는 것으로 해석함이 상당하다. : 대법원 2009.2.12. 선고 2004두10289 판결).

② 엄마가 사망하기 전 처분한 재산(채무의 증가) 등의 사용처가 불분명하여 상속세 과세가액에 산입되는 추정상속재산이 있다면 상속세 납부의무가 발생할 수 있습니다(상속개시 전 처분재산 등의 사용처가 불분명하여 상속세 과세가액에 산입된 추정상속재산의 가액은 상속인 각자가 법정상속지분으로 상속받는 것으로 보아 납부할 세액을 계산하며, 상속인이 상속포기를 하였다 하더라도 사용처가 미입증된 금액은 상속받은 재산으로 보아 상속세를 과세할 수 있다. : 서면4팀-658, 2005.4.29.).

③ 종신보험 등 보험료납부자 겸 피보험자인 엄마의 사망으로 고객님이 사망보험금을 받을 경우에는 상속세 납부의무가 발생할 수 있습니다(상속을 포기한 자도 상속세 및 증여세법 시행령 제3조 제1항에서 규정한 각자가 받았거나 받을 재산의 비율에 따른 상속세 납부의무와 그 재산을 한도로 상속세를 연대하여 납부할 의무가 있으며, 이때 상속받은 재산에는 같은 법 제8조의 상속재산으로 보는 보험금을 포함하는 것임. : 서면-2019-상속증여-1034, 2019.5.28.).

④ 엄마가 유언대용신탁, 수익자연속신탁 계약을 체결하고 사후수익자를 고객님으로 지정해 놓고 돌아가셨을 때 고객님이 받는 신탁재산의 경우에도 상속세 납부의무가 발생할 수 있습니다.

59
유언과 유언으로 할 수 있는 것들

유언에 대해 자세한 설명을 부탁드립니다(유언의 의미, 유언의 방식, 유언의 가능자, 유언으로 할 수 있는 것 등).

결론 및 답변 **Answer**

1. 유언의 의미와 유언 적령

유언이란 사람(법인 제외, 이하 유언자), 즉 ① 유언자 본인이 죽은 뒤 법률적·재산적 관계를 정리하고자 하는 내용을 담은 것으로써 ② 유언자가 살아있을 때의 최종적 의사표시이며, ③ 유언자의 사망으로 그 효력이 생기는 것을 말합니다. ④ 유언은 반드시 유언자 본인의 독립적인 의사에 따라 행해져야 하고, ⑤ 상대방의 수락을 필요로 하지 않은 단독행위이며, ⑥ 유언자는 본인의 의사에 따라 자유롭게 유언할 수 있고, 살아있을 때 언제든지 유언을 변경하거나 철회할 수 있습니다. 다만, ⑦ 민법에 따른 엄격한 방식과 요건에 맞춰서 해야 효력이 발생합니다.

유언은 ① 의사능력이 있는 만 17세 이상인 사람만 할 수 있으며, ② 만 17세 미만이거나, 자신의 행위나 의미의 결과를 합리적으로 판단할 수 있는 정신적 능력이 없는 사람(의사능력이 없는 사람)이 한 유언은 무효입니다. ③ 다만, 피성년후견인, 피한정후견인, 미성년자와 같은 제한 능력자도 만 17세 이상으로 의사능력을 갖췄다면 유언을 할 수 있습니다.

2. 유언의 방식(종류)과 그 특징

유언은 총 5가지 방식(자필증서, 녹음, 공정증서, 비밀증서, 구수증서)에 한합니다.

① 자필증서 유언이란 유언자가 직접 자필로 유언서를 작성하는 것을 말하고, 자필증서에 의한 유언은 유언자가 그 전문과 연월일, 주소, 성명을 직접 쓰고(自書) 날인(捺印)해야 합니다. 예를 들어 한글 파일이나 워드 프로세서 등의 문서작성기구를 이용해서 작성한 것은 직접 쓴 것이 아니어서 자필증서에 의한 유언으로서의 효력이 없습니다. 연·월만 기재하고 일의 기재가 없는 자필증서 유언은 그 작성일을 특정할 수 없으므로 효력이 없습니다. 주소는 반드시 주민등록법에 따라 등록된 곳이 아니라도 생활의 근거되는 곳이면 됩니다. 날인하는 인장 또는 도장은 자신의 것이면 되고, 반드시 행정기관에 신고한 인감이 아니어도 무방하며 무인(도장 대신 손가락에 인주를 묻혀 지문을 찍은 것)도 유효합니다.

② 녹음 유언은 유언자의 유언의 취지 등을 구술하여 이를 녹음함으로써 할 수 있습니다. 녹음에 의한 유언을 할 때 유언자는 반드시 그의 육성으로 유언의 취지, 그 성명과 연월일을 구술하고, 이에 참여한 증인도 그의 육성으로 유언의 정확함과 그 성명을 구술해야 하며 이를 음향의 녹음 장치나 기구로 녹음해야 합니다. 증인은 1명 이상이면 되지만, 2인 이상 참여하면 더욱 안전합니다.

③ 공정증서 유언은 유언자와 결격사유가 없는 증인 2명이 참여한 가운데 공증인의 면전에서 유언자가 유언의 취지를 구수(口授)하고 공증인이 이를 필기한 후 낭독하여 유언자와 증인이 그 정확함을 승인한 후 각자 서명 또는 기명날인하는 방식입니다. 즉, 공증인이 공정증서의 작성요령에 따라 유언서를 작성하는 것이 바로 공정증서 유언입니다. 공정증서 유언의 장점은 Ⓐ 공정증서가 작성되면 이 유언서는 진정한 것으로 추정되므로 다른 유언방식에 비해 분쟁해결이 쉽고, Ⓑ 다른 유언방식과는 달리 유언자의 사망 후 유언서의 존재를 입증하는 법원의 검인*절차를 밟지 않아도 됩니다.

* 유언의 검인(檢認) : 유언서의 위조·변조를 방지하기 위하여 법원이 유언의 방식 및 내용에 대해 형식상의 조사를 하는 것으로, 법원은 상속인 전원과 이해관계인을 입회시켜 유언서 검인 신청인의 사정 등을 청취한 후 검인조서를 작성

④ 비밀증서 유언은 유언자가 필자의 성명을 기입한 증서를 엄봉날인(嚴封捺印)하고 이를 2명 이상의 증인 면전에 제출하여 자기의 유언서임을 표시한 후 그 봉서표면에 제출 연월일을 기재하고 유언자와 증인이 각자 서명 또는 기명날인하는 방식의 유언입니다. 비밀증서로 작성된 유언봉서는 그 표면에 기재된 날로부터 5일 내에 공증인 또는 법원서기

에게 제출하여 그 봉인상에 확정일자인을 받아야 합니다. 단, 자필증서
와 달리 비밀증서에 의한 유언은 타인이 필기해도 효력이 있고 증인에
게 그 필기를 부탁해도 됩니다(단, 타인이 필기한 경우 유언서 맨 하단에
필기자라고 쓰고 서명해야 합니다).

⑤ 구수증서 유언은 유언자가 질병 그 밖에 급박한 사유로 인하여 다
른 방식에 따라 유언할 수 없는 경우에 유언자가 2명 이상의 증인 참여
로 그 1명에게 유언의 취지를 구수하고 그 구수를 받은 사람이 이를 필
기 낭독하여 유언자의 증인이 그 정확함을 승인한 후 각자 서명 또는
기명날인하는 방식의 유언입니다. 구수증서에 의한 유언을 한 경우에는
그 증인 또는 이해관계인이 급박한 사유가 종료한 날로부터 7일 내에
법원에 그 검인을 신청해야 합니다. '급박한 사유'라 함은 질병 등으로
위독한 상태에 놓여있어 사망이 시간적으로 가까운 상태를 말하는데 그
럼에도 불구하고 유언자가 자필증서 유언, 녹음 유언, 공정증서 유언,
비밀증서 유언을 할 수 있는 경우에는 구수증서 방식을 통해 유언을 할
수 없습니다.

3. 유언으로 할 수 있는 것과 효력 발생 시기

유언을 통해 남길 수 있거나 할 수 있는 사항은 엄격한 '유언법정주
의'에 따릅니다. 즉, 법률로 정한 일정한 사항에 한해서만 가능한데 ①
친생부인(남편 또는 아내가 유언으로 자신의 아이가 친자(親子)가 아니라는 부
인(否認)의 의사를 표시하는 것), ② **인지**(혼인 외의 출생자에 대해 생부 또는
생모가 자기의 아이라고 인정하거나 재판에 의해 부 또는 모임을 확인함으로써
그들 사이에 법률상의 친자관계를 형성하는 것), ③ **후견인 지정**(미성년자에

대하여 친권을 행사하는 부모는 유언으로 미성년자의 후견인을 지정할 수 있음), ④ **미성년 후견감독인의 지정**, ⑤ **유증**(유언을 통해 무상으로 재산상의 이익을 타인에게 증여하는 것), ⑥ **재단법인의 설립을 위한 재산출연 행위**, ⑦ **신탁의 설정**(유언신탁), ⑧ **상속재산 분할방법의 지정 및 위탁**, ⑨ **상속재산의 분할금지**(피상속인은 상속개시일로부터 5년을 초과하지 않은 기간 이내로 재산분할을 금지할 수 있음), ⑩ **유언집행자의 지정 또는 위탁**(유언집행자는 유언자의 유언내용을 실현하기 위한 집행임무의 권한을 가지는 자를 말함)이 그것입니다.

유언의 효력은 **유언자가 사망한 때부터 그 효력이 생깁니다.** 만약, 유언에 정지조건(어떤 조건이 성립되면 법률행위의 효력이 발생하는 조건)이 붙어 있는 경우 ① 그 조건이 유언자의 사망 후에 성취한 때에는 그 조건 성취한 때부터 유언의 효력이 생기고, ② 유언자가 사망하기 전에 조건이 성취된 경우에는 조건 없는 유언이 되어 유언자가 사망한 때부터 유언의 효력이 생깁니다.

60
특별한 부양과 특별한 기여, 기여분

Question

저의 아버지는 10년 전에 돌아가셨고, 저는 어머니를 10년 동안 혼자 부양했습니다. 다른 형제들은 어머니를 잘 찾아오지 않았습니다. 10년 전 어머니를 모시려고 새로운 집이 필요할 때, 제가 은행 대출을 받아 집을 사면서 어머니와 공동명의를 했습니다. 해당 은행 대출은 제가 모두 갚았습니다.

그런데 최근 어머니가 세상을 떠났습니다. 어머니가 돌아가시자마자 다른 형제들은 어머니 명의의 집 지분을 똑같이 나누자고 아우성입니다. 정말 억울하고 속상합니다. 이런 경우에는 어떻게 해야 할까요?

결론 및 답변 **Answer**

　고객님의 억울한 부분을 감안해 주는 민법상의 제도가 기여분입니다. 기여분이란 피상속인이 재산을 형성하고 유지하는데 특별히 기여를 했거나, 피상속인을 특별히 부양한 상속인에게 상속재산의 일부 또는 전부를 먼저 분배받을 수 있도록 하는 것을 말합니다(민법 제1008조의2).

기여분은 공동상속인들 간의 협의를 통해 결정할 수도 있지만, 고객님의 사례에서는 불가능해보이기 때문에 기여분을 주장하는 고객님은 '가정법원에 **기여분 결정 심판청구**'를 할 수 있습니다(단, 상속재산분할 심판청구 또는 조정 신청이 있은 후에 청구 가능).

기여분은 상속재산을 분할하는데 있어서 법정상속분처럼 재산을 일률적으로 똑같이 배분을 하게 되면 오히려 공정과 정의에 반하는 결과가 발생하기 때문에 **공동상속인들 사이에 실질적인 균형과 형평을 도모하기 위해 마련된 제도**입니다. 그리고 민법과 여러 판례에 비추어 기여분을 인정받기 위해서는 '공동상속인 간의 공평을 위하여 (법정)상속분을 조정하여야 할 필요가 있을 만큼 피상속인을 **특별히 부양**하였거나 피상속인의 **상속재산 유지 또는 증가에 특별히 기여**하였다는 사실이 인정'되어야 합니다(대법원 2014.11.25. 자 2012스156, 157 결정).

따라서 부모님을 모시고 산다든지 부모님이 아프실 때 병원비 등을 지급한다든지 하는 **일반적인 상황에서는 기여분이 인정되는 경우가 드뭅니다.** 이를 뛰어넘는 재산적 기여와 부양적 기여가 있어야 합니다. ① 집을 사면서 어머니의 지분은 고객님이 대출을 일으키고, 대출금과 이자를 갚았기 때문에 기여분이 인정될 수도 있겠지만, ② 10년 동안 어머니를 얼마나 헌신적으로 모셨는지에 대한 부양적 기여는 그 가치를 산정하기 매우 어렵습니다. 즉, 고객님의 기여분이 인정될 수 있을지, 인정된다면 얼마만큼 인정받을 수 있을 것인지는 속단하기 매우 어려우며, 결국 **가정법원 등 법원의 결정이 중요합니다.**

61
피상속인 사망 전 한정승인과 상속포기의 효력

고객 질문 **Question**

아버지께서는 인쇄물 제작업체를 운영하고 계신데, 회사 상황이 좋지 못해 많은 빚을 지고 있고 건강도 매우 좋지 않으십니다. 그래서 저는 아버지가 돌아가시기 전에 아버지 재산에 대해 한정승인 또는 상속포기를 하고 싶은데 가능한가요?

결론 및 답변 **Answer**

고객님에게는 안된 일입니다만, 아버지께서 돌아가시기 전에 한정승인 및 상속포기를 할 수 없습니다. 뿐만 아니라 상속인들끼리 상속포기 등을 합의 및 약정한다고 할지라도 아버지가 돌아가신 후 가정법원에 신고하는 등 일정한 절차와 방식을 따르지 않으면 효력이 없습니다.

우선 민법 제1019조, 제1030조, 제1041조에 따라 ① 상속인은 상속개시 있음을 안 날로부터 3월 내에 법원(가정법원)에 신고함으로써 한정승인 또는 상속포기를 할 수 있고, ② 상속인은 한정승인 또는 상속포기를 하기 전에 피상속인의 상속재산을 조사할 수 있으며, ③ 중대한 과실이 없이 상속채무가 상속재산을 초과하는 것을 신고 기간 내에 알지 못한 상속인은 그 사실을 안 날부터 3월 내에 법원(가정법원)에 한정승인을 신고할 수 있습니다.

따라서 ① 피상속인의 상속개시일 이전에 한정승인하거나 상속포기를 하는 약정이나 합의서는 효력이 없다는 것이 법원의 일관된 판례입니다(대법원 1998.7.24. 선고 98다9021 판결,* 대법원 2011.4.28. 선고 2010다29409 판결). 뿐만 아니라 ② 피상속인의 사망 이후 가정법원에 상속포기를 신고하지 않은 상태에서, 피상속인 사망 전 상속포기 의사를 밝힌 상속인이 기존의 입장을 번복하더라도 권리남용에 해당하거나 신의칙에 반하지 않는다는 것이 법원의 입장*입니다.

* 대법원 1998.7.24. 선고 98다9021 판결
  1) 유류분을 포함한 상속의 포기는 상속이 개시된 후 일정한 기간 내에만 가능하고 가정법원에 신고하는 등 일정한 절차와 방식을 따라야만 그 효력이 있으므로, 상속개시 전에 한 상속포기 약정은 그와 같은 절차와 방식에 따르지 아니한 것으로 효력이 없다.
  2) 상속인 중의 1인이 피상속인의 생존 시에 피상속인에 대하여 상속을 포기하기로 약정하였다고 하더라도, 상속개시 후 민법이 정하는 절차와 방식에 따라 상속포기를 하지 아니한 이상, 상속개시 후에 자신의 상속권을 주장하는 것은 정당한 권리행사로서 권리남용에 해당하거나 또는 신의칙에 반하는 권리의 행사라고 할 수 없다.

62
부재자 재산관리인과 상속재산분할

고객 질문 Question

저에게는 누나가 한 명 있습니다. 누나는 사업을 하다가 사기를 당해 많은 빚을 지자 7년 전 자취를 감췄습니다. 백방으로 누나를 찾았지만 찾지 못했고 법원에 실종선고 심판청구까지 진행했으나 전라남도 ○○군에서 체크카드를 쓴 사실이 나와 실종선고가 이뤄지지 않았습니다. 아버지는 제가 어렸을 때 돌아가셨고 최근에 어머니께서 돌아가셨습니다. 누나가 없는 상황에서 어머니의 유산을 어떻게 정리해야 할까요?

결론 및 답변 Answer

먼저 요약하여 정리해 드리면 ① 누나에 대해 법원에 부재자 재산관리인 선임을 청구하고, ② 부재자 재산관리인이 선임된 후, ③ 부재자 재산관리인이 부재자인 누나의 재산 처분 관련 법원의 허가를 얻을 경우에 한하여 ④ 고객님은 부재자 재산관리인과 함께 어머니의 상속재산분할협의를 진행할 수 있습니다.

사례에서 누나가 실종선고가 되지 않았기 때문에 고객님과 누나가 돌아가신 어머니의 공동상속인이 됩니다. 관련 법령에 따르면 종래의 주소나 거소를 떠난 사람이 재산관리인을 정하지 않았을 때, 고객님과 같은 이해관계인은 법원에 부재자 재산관리인 선임을 청구할 수 있고, 법원은 재산관리인을 선임하는 등 필요한 처분을 명할 수 있습니다(민법 제22조).

법원에 의해 선임된 부재자 재산관리인은 우선 관리할 재산목록을 작성하고, 해당 재산에 대해 보존 행위 또는 재산의 성질을 변하게 하지 않는 범위 내에서 이용 및 개량 행위를 할 수 있습니다(민법 제24조, 제118조).

다만, 부재자 재산관리인은 법원의 별도 허가를 받지 않고는 고객님과 상속재산분할협의를 할 수 없습니다. 재산 처분 행위의 권한을 취득하지 못했기 때문입니다. 따라서 부재자 재산관리인은 권한을 넘는 행위인 상속재산분할협의를 하기 위해 법원의 허가를 받아야 하고, 허가 시 비로소 고객님은 부재자 재산관리인과 상속재산분할협의를 진행하여 어머니의 상속재산을 분할받을 수 있습니다(민법 제25조).

63
장인어른의 상속재산과 대습상속

저는 서울에 살고 있으며, ○○대학교 심리학과 교수입니다. 저의 아내는 △△대학교 심리학과 교수로 재직하던 중에 5년 전 골수암으로 사망하였고, 슬하에는 딸이 한 명 있습니다.

최근에 돌아가신 장인어른의 재산은 제가 잘 모르겠으나, 처남 말에 따르면 약 100억원 정도의 재산을 보유하고 있다고 합니다. 장인어른의 유산에 대해 큰 관심은 없지만 주위에서 저에게 장인어른의 재산을 대습상속받을 수 있는 권한이 있다고 하는데, 대습상속이 무엇인가요?

결론 및 답변 **Answer**

민법상 상속순위에 따라 장인어른이 돌아가시게 되면 장모님과 처남, 고객님의 아내가 1순위 상속인이 됩니다. 다만, 고객님의 아내가 장인어른보다 먼저 돌아가셨기 때문에 민법 제1001조에 따라 ① 고객님과 고객님의 딸이 먼저 돌아가신 아내(피대습자)의 대습자로서, ② 이번에 돌아가신 장인어른(피상속인)의 상속인이 됩니다. 이를 **대습상속**이라고 합니다.

 고객님의 상황 및 가계도

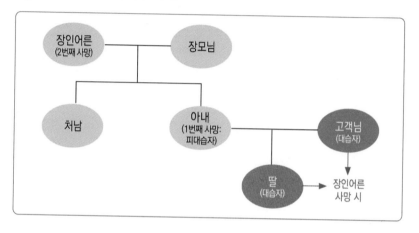

따라서 고객님과 고객님의 딸은 ① 대습자로서 부인(피대습자)이 살아 있었다면 상속인으로 받을 수 있는 **법정상속분**(7분의 2)*에 의거하여 장인어른의 재산을 받을 수도 있고, ② 장인어른이 유언서를 남겨 놓으셨다면 유언서에 기재된 유증재산을 **수유자**로서 받을 수도 있으며, ③ 공동상속인(장모님과 처남, 고객님과 고객님의 딸) 전원이 모여 장인어른의 재산을 **협의분할***할 수도 있습니다.

* 민법 제1009조(법정상속분)

① 동순위의 상속인이 수인인 때에는 그 상속분은 균분으로 한다.

② 피상속인의 배우자의 상속분은 직계비속과 공동으로 상속하는 때에는 직계비속의 상속분의 5할을 가산하고, 직계존속과 공동으로 상속하는 때에는 직계존속의 상속분의 5할을 가산한다.

* 민법 제1010조(대습상속분)

① 제1001조의 규정에 의하여 사망 또는 결격된 자에 갈음하여 상속인이 된 자의 상속분은 사망 또는 결격된 자의 상속분에 의한다.

② 제1항의 경우에 사망 또는 결격된 자의 직계비속이 수인인 때에는 그 상속분은 사망 또는 결격된 자의 상속분의 한도에서 제1009조의 규정에 의하여 이를 정한다. 제1003조 제2항의 경우에도 또한 같다.

→ 법정상속분 : 장모님(7분의 3), 처남(7분의 2), 대습자(7분의 2)

* 민법 제1013조(협의에 의한 분할)

① 전조의 경우 외에는 공동상속인은 언제든지 그 협의에 의하여 상속재산을 분할할 수 있다.

② 제269조의 규정은 전항의 상속재산의 분할에 준용한다.

부록

1
신탁의 분류와 특징

1. '위탁자 자격'에 따른 분류(민법 기준)

① 행위능력자 신탁 : 위탁자가 만 19세 이상이면서 제한능력자(피성년
후견인, 피한정후견인 등)가 아닌 신탁

② 제한능력자 신탁 : 위탁자가 민법상 제한능력자인 신탁(제한능력자
관련 민법 제5~17조 : 미성년자, 피성년후견인, 피한정후견인)

③ 유언적령자 신탁 : 민법 제1061조에 따라 만 17세 이상인 자만 위탁
자가 될 수 있음(유언신탁에 한함).

2. '위탁자 자격'에 따른 분류(세법 기준)

① 거주자 신탁 : 위탁자가 국내에 주소를 두거나 183일 이상 거소(居所)
를 둔 거주자인 신탁

② 비거주자 신탁 : 위탁자가 국내 거주자가 아닌 신탁

③ 법적제한 신탁 : 장애인신탁(자익신탁), 신탁형 ISA와 같이 세법 등
국내법에 의해서 위탁자의 자격을 제한한 신탁

3. '신탁재산'에 따른 분류(자본시장법 제103조 및 실무상 분류)

① 특정금전신탁 : 신탁재산이 '금전'인 신탁

② 재산신탁 : 자본시장법 제103조에 따라 신탁재산이 금전 외에 증권, 금전채권, 동산, 부동산, 부동산 관련 권리, 무체재산권(지식재산권)인 신탁

③ 종합재산신탁 : 하나의 신탁계약에서 자본시장법 제103조에서 규정한 재산 중 둘 이상의 재산을 설정한 신탁

4. '신탁설정행위(신탁행위) 또는 신탁 성립'에 따른 분류

① 계약에 의한 신탁 : 위탁자와 수탁자 사이의 신탁계약에 의한 신탁

② 유언에 의한 신탁 : 유언자가 민법상 유언을 남김으로써 설정되는 신탁(효력 발생 : 유언자 사망 시)

③ 선언에 의한 신탁 : 위탁자가 공정증서를 작성하는 방법으로 위탁자 본인을 수탁자로 선언하여 설정되는 신탁

④ 법정신탁(신탁법 제101조 제4항) : 신탁관계인의 의사가 아니라 법률 규정 또는 법원에 의하여 이뤄지는 신탁

5. '수탁자의 영업성 유무'에 따른 분류

① 영리신탁(상사신탁) : 금융위원회로부터 신탁업을 인가(겸영 인가 포함)받은 '신탁업자(신탁회사)'가 수탁자인 신탁

② 비영리신탁(민사신탁) : 신탁회사 이외에 수탁능력을 갖춘 개인 또는 법인 등이 수탁자가 되는 신탁

6. '수탁자의 재량'에 따른 분류

① 확정신탁(수동신탁, Fixed trust) : 신탁상 수익자와 그 수익권의 내용이 확정된 경우, 수탁자는 신탁상 정해진 수익자에게 정해진 수익 급부를 지급할 의무만을 부담하는 등 재량권이 없는 신탁

② 재량신탁(능동신탁, Discretionary trust) : 수탁자가 누구에게 무엇을 어떻게 지급할 것인지를 선택할 수 있는 재량권이 있는 신탁

7. '수익자 유무'에 따른 분류

① 수익자신탁 : 신탁행위를 통해 '수익자가 지정되는 신탁'
② 목적신탁 : 수익자가 지정되어 있지 않은 신탁(예 공익신탁법에 따른 공익신탁 또는 신탁법상 목적신탁)

8. 위탁자와 수익자의 '동일인 여부'에 따른 분류

① 자익신탁 : 위탁자와 수익자가 동일인인 신탁(위탁자=수익자)
② 타익신탁 : 위탁자와 수익자가 동일인이 아닌 신탁(위탁자≠수익자)

9. 신탁계약의 '투자성 유무'에 따른 분류(자본시장법 제3조에 따른 분류)

① 관리형 신탁 : 금전 외 재산에 대한 신탁으로서 위탁자 또는 처분권한이 있는 수익자의 지시에 따라서만 신탁재산의 처분(보전, 이용, 개량행위 포함) 등이 이뤄지는 신탁
② 금융투자상품 신탁 : 자본시장법 제3조에 의거한 신탁(적합성 및 적정성 원칙, 설명의무, 투자 광고준수 등 의무 있음)

10. 특정금전신탁 분류
(자본시장법 및 특정금전신탁 업무처리 모범규준에 따른 분류)

① 지정형 특정금전신탁 : 투자자가 운용자산 및 운용종목, 비중 등을 구체적으로 지정하는 특정금전신탁
② 비지정형 특정금전신탁 : 투자자가 운용자산 및 운용종목, 비중 등을 구체적으로 지정하지 않는 특정금전신탁

③ 고난도 금전신탁계약 : 자본시장법 시행령 제2조 제9항에 따라 최대 원금손실 가능금액이 20퍼센트를 초과하는 금전신탁계약 중 운용방법 및 그에 따른 위험을 투자자가 이해하기 어려운 신탁

11. 부동산신탁 분류(영리신탁 기준)

① 담보신탁 : 부동산의 관리와 처분을 신탁회사에 신탁한 후 수익권증서 등을 발급하여 이를 담보로 금융기관에서 자금을 빌리는 제도·신탁

② 관리신탁 : 신탁회사가 부동산에 대한 소유권 또는 소유권뿐만 아니라 회계, 임대차 관리 등을 수행하는 신탁
  - 을종관리신탁 : 신탁회사가 부동산의 '소유권만'을 관리하는 신탁
  - 갑종관리신탁 : 신탁회사가 임대차관리, 시설관리, 회계 및 세무관리, 법무관리, 금전 운용 등을 하는 신탁

③ 처분신탁 : 부동산의 처분을 목적으로 하는 신탁, 신탁회사가 부동산을 처분하여 그 처분대금을 수익자에게 교부하는 신탁
  - 을종처분신탁 : '소유권만'을 처분하는 신탁
  - 갑종처분신탁 : 소유권뿐만 아니라 소유권 이외 신탁된 부동산의 모든 권리 등을 처분하는 신탁

④ 분양관리신탁 : 건축물 분양에 관한 법률에 의거하여 부동산을 개발하면서 사전분양이 필요할 때 진행하는 신탁

⑤ 토지신탁 : 건축자금이나 개발 노하우 및 전문성이 부족한 고객으로부터 토지를 신탁회사가 수탁받아 해당 토지에 대한 개발계획 수립, 건설자금 조달, 공사관리, 건축물의 분양 및 임대 등 개발사업의 모든 과정을 신탁회사가 수행하고, 발생한 수익을 토지소유자(위탁자 또는 수익자)에게 교부하는 신탁

참고 문헌

- 무궁화 신탁법연구회·광장 신탁법연구회, 「주석 신탁법」 제3판, 박영사(2021), pp.15~17
- 신관식, 「사례와 함께하는 자산승계신탁·서비스」, 삼일인포마인(2022), p.23, 24, 28
- 이중기, 「신탁법」, 삼우사(2007), pp.20~21 : 영리신탁 또는 상사신탁을 '상업목적신탁'이라고 규정함.
- 최수정, 「신탁법」 개정판, 박영사(2019), pp.35~36
- 자본시장법 제3조(금융투자상품)
- 금융투자협회 〉 모범규준 〉 특정금전신탁 업무처리 모범규준(2021-05-25) 〉 I. 총칙 〉 3. 용어의 정의 제(2)항, 제(3)항, 제(5)항
- eroomfunding 홈페이지 〉 투자의 재발견 〉 #4 부동산신탁만 제대로 알아도 절반은 성공(3)_신탁의 종류(https://www.eroomfunding. com/cast/53)

2
유류분 관련 대법원 판례

1. 대법원 2021.8.19. 선고 2017다230338 판결 [소유권이전등기]

판시사항

어느 공동상속인이 다른 공동상속인에게 자신의 상속분을 무상으로 양도하는 것과 같은 내용으로 상속재산 분할협의가 이루어진 경우, 이에 따라 무상으로 양도된 것으로 볼 수 있는 상속분은 양도인의 사망으로 인한 상속에서 유류분 산정을 위한 기초재산에 포함된다고 보아야 하는지 여부 (적극)

판결요지

(중략) 공동상속인이 다른 공동상속인에게 무상으로 자신의 상속분을 양도하는 것은 특별한 사정이 없는 한 유류분에 관한 민법 제1008조의 증여에 해당하므로, 그 상속분은 양도인의 사망으로 인한 상속에서 유류분 산정을 위한 기초재산에 포함된다.

위와 같은 법리는 상속재산 분할협의의 실질적 내용이 어느 공동상속인이 다른 공동상속인에게 자신의 상속분을 무상으로 양도하는 것과 같은 때에도 마찬가지로 적용된다. 따라서 상속재산 분할협의에 따라 무상으로 양도된 것으로 볼 수 있는 상속분은 양도인의 사망으로 인한 상속에서 유류분 산정을 위한 기초재산에 포함된다고 보아야 한다.

2. 대법원 2021.8.19. 선고 2017다235791 판결 [유류분반환청구]

판시사항

공동상속인 중 특별수익을 받은 유류분권리자의 유류분 부족액을 산정할 때 유류분액에서 공제하여야 하는 순상속분액을 산정하는 방법

판결요지

유류분제도는 피상속인의 재산처분행위로부터 유족의 생존권을 보호하고 법정상속분의 일정 비율에 해당하는 부분을 유류분으로 산정하여 상속인의 상속재산 형성에 대한 기여와 상속재산에 대한 기대를 보장하는데 입법 취지가 있다. 유류분에 관한 민법 제1118조에 의하여 준용되는 민법 제1008조는 "공동상속인 중에 피상속인으로부터 재산의 증여 또는 유증을 받은 자가 있는 경우에 그 수증재산이 자기의 상속분에 달하지 못한 때에는 그 부족한 부분의 한도에서 상속분이 있다."라고 규정하고 있다. 이는 공동상속인 중 피상속인으로부터 재산의 증여 또는 유증을 받은 특별수익자가 있는 경우에 공동상속인들 사이의 공평을 기하기 위하여 그 수증재산을 상속분의 선급으로 다루어 구체적인 상속분을 산정함에 있어 이를 참작하도록 하려는데 취지가 있다.

이러한 유류분제도의 입법 취지와 민법 제1008조의 내용 등에 비추어 보면, 공동상속인 중 특별수익을 받은 유류분권리자의 유류분 부족액을 산정할 때에는 유류분액에서 특별수익액과 순상속분액을 공제하여야 하고, 이때 공제할 순상속분액은 당해 유류분권리자의 특별수익을 고려한 구체적인 상속분에 기초하여 산정하여야 한다.

3. 대법원 2021.7.15. 선고 2016다210498 판결
[공동상속인의 사전증여재산]

판시사항

[1] 공동상속인 중에 피상속인으로부터 재산의 생전 증여로 민법 제1008조의 특별수익을 받은 사람이 있는 경우, 증여가 상속개시 1년 이전의 것인지 또는 당사자 쌍방이 유류분권리자에게 손해를 가할 것을 알고서 하였는지와 관계없이 증여를 받은 재산이 유류분 산정을 위한 기초재산에 산입되는지 여부(적극)

[2] 상속분 양도의 의미 및 공동상속인이 다른 공동상속인에게 무상으로 자신의 상속분을 양도한 경우, 그 상속분이 양도인 사망으로 인한 상속에서 유류분 산정을 위한 기초재산에 산입되는지 여부(적극)

판결요지

[1] 유류분에 관한 민법 제1118조에 따라 준용되는 민법 제1008조는 '특별수익자의 상속분'에 관하여 "공동상속인 중에 피상속인으로부터 재산의 증여 또는 유증을 받은 자가 있는 경우에 그 수증재산이 자기의 상속분에 달하지 못한 때에는 그 부족한 부분의 한도에서 상속분이 있다."라고 정하고 있다. 공동상속인 중에 피상속인으로부터 재산의 생전 증여로 민법 제1008조의 특별수익을 받은 사람이 있으면 민법 제1114조가 적용되지 않으므로, 그 증여가 상속개시 1년 이전의 것인지 여부 또는 당사자 쌍방이 유류분권리자에 손해를 가할 것을 알고서 하였는지 여부와 관계없이 증여를 받은 재산이 유류분 산정을 위한 기초재산에 산입된다.

[2] 상속분 양도는 상속재산분할 전에 적극재산과 소극재산을 모두 포함한 상속재산 전부에 관하여 공동상속인이 가지는 포괄적 상속분, 즉 상속인 지위의 양도를 뜻한다. 공동상속인이 다른 공동상속인에게 무상으로

자신의 상속분을 양도하는 것은 특별한 사정이 없는 한 유류분에 관한 민법 제1008조의 증여에 해당하므로, 그 상속분은 양도인의 사망으로 인한 상속에서 유류분 산정을 위한 기초재산에 산입된다고 보아야 한다. (이하 생략)

4. 대법원 2018.7.12. 선고 2017다278422 판결 [사전증여재산 범위]

판시사항

유류분 반환청구자가 유류분 제도 시행 전에 피상속인으로부터 재산을 증여받아 이행이 완료된 경우, 그 재산이 유류분 산정을 위한 기초재산에 포함되는지 여부(소극) 및 이때 위 재산이 유류분 반환청구자의 유류분 부족액 산정 시 특별수익으로 공제되어야 하는지 여부(적극)

판결요지

(중략) 개정 민법 시행 전에 이미 법률관계가 확정된 증여재산에 대한 권리관계는 유류분 반환청구자이든 반환의무자이든 동일하여야 하므로, 유류분 반환청구자가 개정 민법 시행 전에 피상속인으로부터 증여받아 이미 이행이 완료된 경우에는 그 재산 역시 유류분 산정을 위한 기초재산에 포함되지 아니한다고 보는 것이 타당하다.

(중략) 이는 개정 민법 시행 전에 증여받은 재산이 법정 유류분을 초과한 경우에도 마찬가지로 보아야 하므로, 개정 민법 시행 전에 증여를 받았다는 이유만으로 이를 특별수익으로도 고려하지 않는 것은 유류분 제도의 취지와 목적에 반한다고 할 것이다.

(중략) 따라서 개정 민법 시행 전에 이행이 완료된 증여 재산이 유류분 산정을 위한 기초재산에서 제외된다고 하더라도, 위 재산은 당해 유류분 반환청구자의 유류분 부족액 산정 시 특별수익으로 공제되어야 한다.

5. 대법원 2015. 10. 29. 선고 2013다60753 판결
   [유류분과 기여분과의 관계]

판시사항

공동상속인 중에 상당한 기간 동거·간호 그 밖의 방법으로 피상속인을 특별히 부양하거나 피상속인의 재산의 유지 또는 증가에 특별히 기여한 사람이 있는 경우, 유류분반환청구소송에서 기여분을 주장할 수 있는지 여부 – 공동상속인의 협의 또는 가정법원의 심판으로 기여분이 결정된 경우, 유류분을 산정함에 있어 기여분을 공제할 수 있는지 여부(소극) 및 기여분으로 유류분에 부족이 생겼다고 하여 기여분 반환을 청구할 수 있는지 여부(소극)

판결요지

민법 제1008조의2, 제1112조, 제1113조 제1항, 제1118조에 비추어 보면, 기여분은 상속재산분할의 전제 문제로서의 성격을 가지는 것으로서, 상속인들의 상속분을 일정 부분 보장하기 위하여 피상속인의 재산처분의 자유를 제한하는 유류분과는 서로 관계가 없다.

따라서 공동상속인 중에 상당한 기간 동거·간호 그 밖의 방법으로 피상속인을 특별히 부양하거나 피상속인의 재산의 유지 또는 증가에 특별히 기여한 사람이 있을지라도 공동상속인의 협의 또는 가정법원의 심판으로 기여분이 결정되지 않은 이상 유류분반환청구소송에서 기여분을 주장할 수 없음은 물론이거니와, 설령 공동상속인의 협의 또는 가정법원의 심판으로 기여분이 결정되었다고 하더라도 유류분을 산정함에 있어 기여분을 공제할 수 없고, 기여분으로 유류분에 부족이 생겼다고 하여 기여분에 대하여 반환을 청구할 수도 없다.

6. 대법원 2014.5.29. 선고 2012다31802 판결
   [대습상속인과 특별수익, 유류분]

판시사항

민법 제1008조의 규정 취지 및 대습상속인이 대습원인의 발생 이전에 피상속인으로부터 증여를 받은 경우, 대습상속인의 위와 같은 수익이 특별수익에 해당하는지 여부(소극)

판결요지

민법 제1008조는 공동상속인 중에 피상속인으로부터 재산의 증여 또는 유증을 받은 특별수익자가 있는 경우 공동상속인들 사이의 공평을 기하기 위하여 수증재산을 상속분의 선급으로 다루어 구체적인 상속분을 산정함에 있어 이를 참작하도록 하려는 데 취지가 있는 것인바, 대습상속인이 대습원인의 발생 이전에 피상속인으로부터 증여를 받은 경우 이는 상속인의 지위에서 받은 것이 아니므로 상속분의 선급으로 볼 수 없다. 그렇지 않고 이를 상속분의 선급으로 보게 되면, 피대습인이 사망하기 전에 피상속인이 먼저 사망하여 상속이 이루어진 경우에는 특별수익에 해당하지 아니하던 것이 피대습인이 피상속인보다 먼저 사망하였다는 우연한 사정으로 인하여 특별수익으로 되는 불합리한 결과가 발생한다. 따라서 대습상속인의 위와 같은 수익은 특별수익에 해당하지 않는다. (중략) 피상속인 갑이 사망하기 이전에 갑의 자녀들 중 을 등이 먼저 사망하였는데, 갑이 을 사망 전에 을의 자녀인 병에게 임야를 증여한 사안에서, 병이 갑으로부터 임야를 증여받은 것은 상속인의 지위에서 받은 것이 아니므로 상속분의 선급으로 볼 수 없어 특별수익에 해당하지 아니하여 유류분 산정을 위한 기초재산에 포함되지 않는다고 보아야 함에도, 위 임야가 병의 특별수익에 해당하므로 유류분 산정을 위한 기초재산에 포함된다고 본 원심판단에 법리오해의 위법이 있다.

7. 대법원 2014.2.13. 선고 2013다65963 판결
[유류분의 반환 방법 : 원물반환 원칙]

판시사항

[1] 유류분의 반환방법

[2] 증여나 유증 후 목적물에 관하여 제3자가 저당권 등의 권리를 취득한 경우, 유류분권리자가 원물반환 대신 가액 상당의 반환을 구할 수 있는지 여부(원칙적 적극) / 그럼에도 유류분권리자가 스스로 위험이나 불이익을 감수하면서 원물반환을 구하는 경우, 원물반환을 명하여야 하는지 여부(적극) 및 유류분반환의 목적물에 부동산과 금원이 혼재되어 있다거나 유류분권리자에게 반환되어야 할 부동산의 지분이 많지 않다는 사정만으로 원물반환을 명할 수 없는지 여부(소극)

판결요지

우리 민법은 유류분제도를 인정하여 제1112조부터 제1118조까지 이에 관하여 규정하면서도 유류분의 반환방법에 관하여 별도의 규정을 두고 있지 않으나, **증여 또는 유증대상 재산 그 자체를 반환하는 것이 통상적인 반환방법**이라고 할 것이므로, 유류분 권리자가 원물반환의 방법에 의하여 유류분반환을 청구하고 그와 같은 원물반환이 가능하다면 달리 특별한 사정이 없는 이상 법원은 유류분권리자가 청구하는 방법에 따라 원물반환을 명하여야 한다(대법원 2006.5.26. 선고 2005다71949 판결 등 참조). 한편, 증여나 유증 후 그 목적물에 관하여 제3자가 저당권이나 지상권 등의 권리를 취득한 경우에는 원물반환이 불가능하거나 현저히 곤란하여 반환의무자가 목적물을 저당권 등의 제한이 없는 상태로 회복하여 이전하여 줄 수 있다는 등의 예외적인 사정이 없는 한 유류분권리자는 반환의무자를 상대로 원물반환 대신 그 가액 상당의 반환을 구할 수도 있을 것이나, 그렇다고 하여 유류분권리자가 스스로 위험이나 불이익을 감수하면서 원물반환을 구하는 것까지 허용되지 아니한다고 볼 것은 아니므로, 그 경우에도 법원은 유류분권리자가 청구하는 방법에 따라 원물반환을 명하여야 한다. (중략) 나아가 유류분반환의 목적물에 부동산과 금원이 혼재되어 있다거나 유류분권리자에게 반환되어야 할 부동산의 지분이 많지 않다는 사정은 원물반환을 명함에 아무런 지장이 되지 아니함이 원칙이다. (이하 생략)

8. 대법원 2012.5.24. 선고 2010다50809 판결
[제3자에게 증여한 재산 유류분반환청구가 인정되기 위한 조건]

판시사항

[1] 구체적으로 유류분반환청구 의사가 표시되었는지를 판단하는 방법
[2] 공동상속인이 아닌 제3자에게 한 증여에 관하여 유류분반환청구가 인정되기 위한 요건

판결요지

[1] 구체적으로 유류분반환청구 의사가 표시되었는지는 법률행위 해석에 관한 일반원칙에 따라 의사표시의 내용과 아울러 의사표시가 이루어진 동기 및 경위, 당사자가 의사표시에 의하여 달성하려고 하는 목적과 진정한 의사 및 그에 대한 상대방의 주장·태도 등을 종합적으로 고찰하여 사회정의와 형평의 이념에 맞도록 논리와 경험의 법칙, 그리고 사회일반의 상식에 따라 합리적으로 판단하여야 한다. 상속인이 유증 또는 증여행위가 무효임을 주장하여 상속 내지는 법정상속분에 기초한 반환을 주장하는 경우에는 그와 양립할 수 없는 유류분반환청구권을 행사한 것으로 볼 수 없지만, 상속인이 유증 또는 증여행위의 효력을 명확히 다투지 아니하고 수유자 또는 수증자에 대하여 재산분배나 반환을 청구하는 경우에는 유류분반

환의 방법에 의할 수밖에 없으므로 비록 유류분반환을 명시적으로 주장하지 않더라도 그 청구 속에는 유류분반환청구권을 행사하는 의사표시가 포함되어 있다고 해석함이 타당한 경우가 많다.

[2] 공동상속인이 아닌 제3자에 대한 증여는 원칙적으로 상속개시 전의 1년간에 행한 것에 한하여 유류분반환청구를 할 수 있고, 다만 당사자 쌍방이 증여 당시에 유류분권리자에 손해를 가할 것을 알고 증여를 한 때에는 상속개시 1년 전에 한 것에 대하여도 유류분반환청구가 허용된다. 증여 당시 법정상속분의 2분의 1을 유류분으로 갖는 직계비속들이 공동상속인으로서 유류분권리자가 되리라고 예상할 수 있는 경우에, 제3자에 대한 증여가 유류분권리자에게 손해를 가할 것을 알고 행해진 것이라고 보기 위해서는, 당사자 쌍방이 증여 당시 증여재산의 가액이 증여하고 남은 재산의 가액을 초과한다는 점을 알았던 사정뿐만 아니라, 장래 상속개시일에 이르기까지 피상속인의 재산이 증가하지 않으리라는 점까지 예견하고 증여를 행한 사정이 인정되어야 하고, 이러한 당사자 쌍방의 가해의 인식은 증여 당시를 기준으로 판단하여야 한다.

9. 대법원 2012.4.16. 자 2011스191, 192 결정
[상속포기자는 유류분반환청구권리 소멸]

판시사항

[1] 민법 제1008조에 따라 상속분 산정에서 증여 또는 유증을 참작하는 것이 실제로 유증 또는 증여를 받은 경우에 한정되는지 여부(적극 : 실제로 유증 또는 증여받은 경우로 한정됨) 및 수인의 상속인 중 1인이 나머지 상속인들의 상속포기로 단독상속하게 된 경우, 단독상속인이 상속포기자로부터 상속지분을 유증 또는 증여받은 것이라고 볼 수 있는지 여부(소극 : 유증, 증여받은 것으로 볼 수 없음)

[2] 상속포기 신고가 상속개시 후 일정한 기간 내에 적법하게 이루어진 경우, 포기자의 유류분반환청구권도 당연히 소멸하는지 여부(적극 : 적법한 상속포기자는 유류분반환청구권도 당연히 소멸하게 됨)

[3] 상속인이 상속재산에 대한 처분행위를 한 후 상속포기 신고를 하여 수리된 경우, 상속포기의 효력이 있는지 여부(소극 : 민법 제1026조 제1호는 상속인이 상속재산에 대한 처분행위를 한 때에는 단순승인을 한 것으로 본다고 정하고 있으므로 상속포기 효력은 없음) (이하 중략)

10. 대법원 2002.4.26. 선고 2000다8878 판결
[유류분반환청구 행사 방법 등]

판시사항

[1] 유류분반환청구권 행사의 방법 및 그로 인한 소멸시효의 중단 (중략)

[4] 유류분반환청구권의 행사에 의하여 반환되어야 할 유증 또는 증여의 목적이 된 재산이 타인에게 양도된 경우, 양수인에 대하여도 그 재산의 반환을 청구할 수 있는지 여부(한정 적극 : 양수인이 유류분권리자에 대한 침해를 알았다면 유류분반환청구 가능)

판결요지

[1] 유류분반환청구권의 행사는 재판상 또는 재판 외에서 상대방에 대한 의사표시의 방법으로 할 수 있고, 이 경우 그 의사표시는 침해를 받은 유증 또는 증여행위를 지정하여 이에 대한 반환청구의 의사를 표시하면 그것으로 족하며, 그로 인하여 생긴 목적물의 이전등기청구권이나 인도청구권 등을 행사하는 것과는 달리 그 목적물을 구체적으로 특정하여야 하는 것은 아니고, 민법 제1117조에 정한 소멸시효의 진행도 그 의사표시로 중단된다. (중략)

[4] 유류분반환청구권의 행사에 의하여 반환되어야 할 유증 또는 증여의 목적이 된 재산이 타인에게 양도된 경우 그 양수인이 양도 당시 유류분권리자를 해함을 안 때에는 양수인에 대하여도 그 재산의 반환을 청구할 수 있다고 보아야 한다.

11. 대법원 1998.7.24. 선고 98다9021 판결
[법적 상속포기 vs 상속포기약정]

판시사항

[1] 상속개시 전에 한 상속포기약정의 효력(무효)

[2] 상속개시 전에 상속포기약정을 한 다음 상속개시 후에 상속권을 주장하는 것이 신의칙에 반하는지 여부(소극 : 상속포기약정은 효력이 없으므로 약정 후 상속권 주장 가능)

판결요지

[1] 유류분을 포함한 상속의 포기는 상속이 개시된 후 일정한 기간 내에만 가능하고 가정법원에 신고하는 등 일정한 절차와 방식을 따라야만 그 효력이 있으므로, 상속개시 전에 한 상속포기약정은 그와 같은 절차와 방식에 따르지 아니한 것으로 효력이 없다.

[2] 상속인 중의 1인이 피상속인의 생존 시에 피상속인에 대하여 상속을 포기하기로 약정하였다고 하더라도, 상속개시 후 민법이 정하는 절차와 방식에 따라 상속포기를 하지 아니한 이상, 상속개시 후에 자신의 상속권을 주장하는 것은 정당한 권리행사로서 권리남용에 해당하거나 또는 신의칙에 반하는 권리의 행사라고 할 수 없다.

12. 대법원 2022.7.14. 선고 2022다219465 판결
[상속포기자의 유류분반환]

판시사항

원심은 공동상속인인 피고가 상속을 포기하였음에도 피상속인으로부터 이 사건 부동산을 생전 증여받았다는 이유만으로 민법 제1114조('유류분 산정 기초재산에' 산입될 증여)를 적용하여 이 사건 부동산을 유류분 산정을 위한 기초재산에 산입하였으나, 대법원은 피상속인으로부터 특별수익인 생전증여를 받은 공동상속인이 상속을 포기하는 경우에는 민법 제1114조가 적용되므로 그 증여가 상속개시 전 1년간 행한 것인지 또는 당사자 쌍방이 유류분권리자에 손해를 가할 것을 알고서 증여하였는지에 대해 추가 심리가 필요하다는 이유로 원심을 파기환송함.

판결요지

유류분에 관한 민법 제1119조(상속의 승인, 포기의 기간)는 민법 제1008조(특별수익자의 상속분)를 준용하고 있으므로, 공동상속인 중에 피상속인으로부터 재산의 생전증여로 민법 제1008조의 특별수익을 받은 사람이 있으면 민법 제1114조가 적용되지 않고, 그 증여가 상속개시 1년 전의 것인지 여부 또는 당사자 쌍방이 유류분권리자에 손해를 가할 것을 알고서 하였는지 여부와 관계없이 증여를 받은 재산이 유류분 산정을 위한 기초재산에 산입된다(대법원 1996.2.9. 선고 95다17885 판결).

그러나 피상속인으로부터 특별수익인 생전증여를 받은 공동상속인이 상속을 포기한 경우에는 민법 제1114조가 적용되므로 그 증여가 상속개시 전 1년간에 행한 것이거나 당사자 쌍방이 유류분권리자에 손해를 가할 것을 알고 한 경우에만 유류분 산정을 위한 기초재산에 산입된다고 보아야 한다. 민법 제1008조에 따라 구체적인 상속분을 산정하는 것은 상속인이 피상속인으로부터 실제로 특별수익을 받은 경우에 한정되는데(대법원 2012. 4.16., 2011스191, 192 결정), 상속의 포기는 상속이 개시된 때에 소급하여 그 효력이 있고(민법 제1042조), 상속포기자는 처음부터 상속인이 아니었던 것이 되므로(대법원 2011.6.9. 선고 2011다29307 판결), **상속포기자에게는 민법 제1008조가 적용될 여지가 없기 때문이다**(대법원 2022.3.17. 선고 2020다267620 판결).

3
유언대용신탁 계약서(예시)

위탁자 _____(이하 "위탁자"라 한다)와 수탁자 _____(이하 "수탁자"라 한다)는 유언대용신탁 계약(이하 "이 신탁계약" 또는 "이 신탁"이라 한다)을 다음과 같이 체결한다.

제1조(계약의 의의와 목적) ① 이 신탁은 위탁자가 그의 생전 또는 사후에 신탁재산에 대한 수익권을 취득할 수익자 등을 지정하고 금전, 증권, 부동산 등의 재산을 수탁자에 신탁하면 수탁자가 이를 관리, 운용하는 신탁계약이다.

② 이 신탁계약의 목적은 위탁자의 재산을 수탁자가 수탁받아 지정된 수익자 등을 위해 관리, 운용하고, 이 신탁계약에 근거하여 위탁자가 사망한 후 신탁재산을 위탁자가 지정한 사후수익자에게 교부 및 이전하는데 있다.

제2조(용어의 정의) 이 신탁계약에서 사용하는 용어의 뜻은 다음과 같다.
1. "위탁자(위탁자)"라 함은 신탁을 설정하는 자를 말한다.
2. "수탁자"라 함은 신탁을 인수하는 자를 말한다.
3. "수익자"라 함은 신탁재산의 수익권을 취득하여 행사하는 자를 말하며 원본수익자 및 이익수익자를 의미한다. 다만, 별도의 정함이 있는 경우를 제외하고는 이 신탁계약에서 위탁자를 수익자로 본다.
4. "사후수익자"라 함은 위탁자의 사망에 의하여 신탁재산의 수익권을 취득하도록 지정받은 자를 말한다. 다만, 별도의 정함이 있는 경우를

제외하고는 위탁자가 사망할 때까지 이 신탁계약의 수익권을 취득하지 못한다.

5. "수익자 등"이라 함은 수익자, 사후수익자를 총칭하고, 수익권의 양수인을 포함한다.

6. "사망통지인"이라 함은 위탁자 또는 수익자, 사후수익자가 사망한 경우 그 사실을 수탁자에 지체 없이 통보하는 자를 말한다.

7. "신탁관계인"이라 함은 위탁자, 수익자, 사후수익자, 신탁관리인, 사망통지인 등 이 신탁계약과 관계된 모든 자를 말한다.

제3조(신탁재산) ① 위탁자가 신탁할 수 있는 재산의 종류는 다음 각호에 따르며, 신탁가액은 각 재산의 종류별 신탁계약(이하 "부수계약"이라 한다)에서 정한 바에 따른다.

1. 금전
2. 증권
3. 금전채권
4. 부동산
5. 그 밖의 자본시장과 금융투자업에 관한 법률에서 정하는 재산

② 위탁자는 이 신탁계약의 재산목록을 [첨부 1] 신탁재산 목록표에 적어야 한다.

③ 제1항 각호의 신탁재산별 관리, 운용은 제4조의 부수계약에 따른 재산별 신탁계약서에서 정한 바에 따라 처리한다.

④ 제1항 내지 제3항에도 불구하고 신탁업 인가(겸영 인가 포함)를 받지 않은 수탁자는 관계 법령상 위반사항이 있는 경우를 제외하고 위탁자와 합의한 모든 재산을 수탁할 수 있다.

제4조(부수계약) 위탁자와 수탁자는 신탁한 재산의 종류에 따라 그에 맞는 관리, 운용 등을 위해 이 신탁계약에 부수하여 추가로 재산의 종류별 신탁계약을 체결하여야 한다.

제5조(신탁재산의 표시) 신탁재산에 대하여는 신탁의 등기 또는 등록을 하여야 하며, 등기 또는 등록을 할 수 없는 경우에는 신탁재산임을 표시한다.

제6조(신탁기간) ① 이 신탁계약의 신탁기간은 다음 [표 1]의 각호를 적어서 정한다.

[표 1]

호	신탁기간	비고
1	년 월 일로부터 ~ 년 월 일까지	기간 지정
2	기간에 대한 특약 :	조건 지정

② 이 신탁계약의 신탁기간은 위탁자와 수탁자의 합의에 의하여 연장할 수 있다. 다만, 신탁계약 개시일로부터 최장   년을 초과할 수 없다.
③ 각 부수계약의 신탁기간(기간 연장 포함)은 이 신탁계약의 신탁기간을 초과할 수 없다.

제7조(수익자, 사후수익자의 지정 및 신탁재산의 배분 등) ① 위탁자는 이 신탁계약의 사후수익자를 다음 [표 2]와 같이 정한다. 단, 사후수익자는 1인 이상이어야 한다.

[표 2] 사후수익자

구분		수익자 내역	위탁자와의 관계
사후 수익자	성명		위탁자의 ( )
	생년월일		
	주소/연락처		
	수익권 비율		

구분	수익자 내역		위탁자와의 관계
사후 수익자	성명		위탁자의 ( )
	생년월일		
	주소/연락처		
	수익권 비율		
사후 수익자	성명		위탁자의 ( )
	생년월일		
	주소/연락처		
	수익권 비율		

② 제1항 단서에 의한 복수의 사후수익자인 경우 수익권의 비율은 위탁자가 지정한다.

③ 제1항에서 정한 사후수익자가 위탁자보다 먼저 사망할 경우 위탁자가 사후수익자를 새롭게 지정해야 하며, 지정하지 않을 경우 사후수익자의 법정상속인이 그 지위를 갖기로 한다.

④ 제1항 내지 제3항에도 불구하고 별도의 약정이 있는 경우에는 그에 따른다.

⑤ 위탁자는 제1항의 사후수익자를 새로 지정하거나 변경하고자 하는 경우에는 별도의 '사후수익자(지정/정보)변경의뢰서' 양식을 수탁자에게 제출하여야 한다. 이 권리는 위탁자에게 전속되어 상속되지 아니하며 위탁자의 법정대리인이나 상속인이 사후수익자를 새로 지정하거나 변경할 수 없다.

⑥ 위탁자가 사망한 후 사후수익자가 받는 수익권에 대해 상속세가 부과될 수 있다.

제8조(사망통지인의 지정 등) ① 위탁자는 아래 [표 3]에 적혀진 사람의 동의를 받아 사망통지인으로 지정한다.

[표 3]

사망 통지인 I	성명	
	생년월일	
	주소/연락처	
	위탁자와의 관계	
사망 통지인 II	성명	
	생년월일	
	주소/연락처	
	위탁자와의 관계	

② 위탁자는 아래 각호의 경우 별도의 '사망통지인(지정/정보)변경의뢰서' 양식을 수탁자에게 제출하여 제1항의 사망통지인을 변경할 수 있다.

1. 사망통지인이 사망한 경우

2. 위탁자가 사망통지인을 변경하고자 하는 경우

③ 사망통지인은 위탁자, 수익자, 사후수익자가 사망한 때 지체 없이 그 취지의 증빙서류를 첨부하여 서면으로 수탁자에 통지한다.

④ 아래 각호에 해당하는 경우 위탁자의 상속인 또는 사후수익자의 상속인은 사망통지인을 대신하여 사망통지업무를 수행할 수 있다.

1. 위탁자가 사망통지인을 지정하지 않은 경우

2. 사망통지인이 모두 사망한 경우

3. 사망통지 이전에 수탁자가 위탁자의 사망사실을 알게 되는 경우

4. 위탁자의 사망일로부터 1개월이 완전히 지났을 때까지 사망통지를 지연하는 등 사망통지인이 자신의 임무를 게을리 하는 경우

제9조(신탁재산의 운용 및 운용내역 통보) ① 수탁자는 신탁재산의 관리 및 운용을 제4조의 부수계약에 따라 처리한다.

② 신탁업 인가를 받은 수탁자는 금융투자업규정 제4-93조 제11호에서 정한 바에 따라 비지정형 특정금전신탁 상품에 한하여 매 분기별 1회 이

상 신탁재산의 운용내역을 위탁자(위탁자가 사망한 경우 사후수익자에게도 같은 조건을 유지한다)에게 서면 등 사전에 합의한 방법으로 통보하여야 한다. 다만, 위탁자가 정기적인 통보를 원하지 않을 경우 그 내용을 이 신탁계약서에 분명하게 작성한 후 통보를 생략할 수 있다.

운용 내역 통보 여부	☐ 통보를 원하지 않음 ☐ 통보를 원함(☐ 자택 ☐ 직장 ☐ E-mail)	위탁자 : (인)

③ 제2항에도 불구하고 위탁자가 신탁재산의 운용내역 및 자산의 평가가액을 확인하고자 할 때에는 수탁자는 그 내용을 즉시 제공하여야 한다.

④ 위탁자가 본인의 재무상태, 투자목적 등에 대하여 수탁자에 상담을 요청하는 경우 수탁자는 위탁자의 상담 요구에 응하여야 한다.

제10조(대리인의 지정) ① 위탁자는 제9조 제1항에서 정한 신탁재산별 부수계약에 따른 신탁재산의 운용방법에 대한 지시권이 있는 경우 이를 대리인으로 하여금 행사하게 할 수 있다. 이때에는 위임된 권한이 분명하게 적혀 있는 대리인 위임장 등 그 밖의 적법하게 위임권을 수여받았음을 확인할 수 있는 서류를 수탁자에 제출하여야 한다. 단, 대리인의 지정 없이 위탁자가 사망한 경우 사후수익자는 대리인을 지정할 수 있다.

② 위탁자는 제1항의 대리인을 새로 지정하거나 변경하고자 하는 경우에는 별도의 '대리인(지정/정보)변경의뢰서' 양식을 수탁자에게 제출하여야 한다.

③ 위탁자 사망 후 사후수익자는 수탁자의 승낙을 얻어 제1항의 대리인을 변경할 수 있다.

제11조(원본과 이익의 보전) 이 신탁계약은 원본과 이익의 보전을 하지 아니하며 경우에 따라서는 원본의 손실이 발생할 수 있다.

제12조(손익의 귀속) 신탁재산 운용으로 발생되는 수익 및 수탁자의 귀책사유 없이 발생한 손실은 전부 위탁자, 수익자, 사후수익자에게 귀속된다.

제13조(선관주의 의무) 수탁자는 신탁재산을 운용함에 있어 선량한 관리자로서의 주의의무를 다하여야 한다.

제14조(신탁보수 및 수수료) ① 이 신탁계약의 보수는 아래의 [표 4]에 근거하여 위탁자 또는 사후수익자가 부담하며, 기본보수 및 신탁재산별 개별보수는 각 부수계약에서 합의한 바에 따른다.
② 보수 및 수수료는 위탁자 또는 사후수익자에게 요구하여 받거나 신탁재산 중에서 빼고 받도록 한다.
③ 제1항 내지 제2항에도 불구하고 신탁업 인가를 받지 않은 수탁자는 신탁보수 및 수수료를 수취할 수 없다.

[표 4]

항목	보수율 또는 금액	비고(부담할 사람 등)
기본보수 (신탁계약 체결 시)		
개별보수		
집행보수 (신탁재산을 사후수익자에게 이전 시)		

제15조(세금 및 비용 부담) 이 신탁계약과 신탁재산에 대한 세금과 공과금 및 그 밖의 신탁사무 처리에 필요한 비용(각종 소송비용 포함)은 신탁재산에서 차감하거나 위탁자, 수익자, 사후수익자에게 따로 요구할 수 있다.

제16조(이익계산 및 지급) 수탁자는 신탁이익계산 및 지급에 대해 제4조 부수계약에서 정한 바에 따라 이행한다.

제17조(중도해지) ① 위탁자는 이 신탁계약에서 정한 신탁재산별 신탁기간 만료 전에 신탁계약의 전부 또는 일부를 해지할 수 있다. 이 경우 수탁자는 별도의 약정이 없으면 그 해지한 재산을 위탁자에게 지급한다. 위탁자는 이 신탁계약에 따른 중도해지 수수료는 부담하지 않는다. 단, 신탁재산별 부수계약에 따라 중도해지 수수료가 발생할 수 있으며, 중도해지 수수료는 위탁자가 부담한다.

② 위탁자의 중도해지 시 선취 수수료는 일할 계산하여 반환한다.

③ 제1항 내지 제2항에도 불구하고 위탁자와 수탁자 간의 합의하에 달리 정할 수 있다.

④ 제1항 내지 제3항에도 불구하고 신탁업 인가를 받지 않은 수탁자는 중도해지 수수료를 수취할 수 없다.

제18조(수익권의 양도와 담보제공) 이 신탁의 수익권은 양도할 수 없으며, 수탁자의 승낙 없이는 제3자에게 담보로 제공할 수 없다.

제19조(신탁 종료 및 신탁재산의 교부 등) ① 이 신탁계약에서 별도의 약정이 없으면 위탁자의 사망 이후 아래 각호의 어느 하나에 해당하는 경우에 한하여 수탁자는 신탁계약을 종료할 수 있다. 이 경우 제17조에서 정한 중도해지 수수료는 받지 않는다.

1. 제6조에서 정한 신탁기간이 종료된 때
2. 신탁의 목적이 달성되었을 때
3. 수익자와 사후수익자 전원이 사망한 때
4. 유류분의 반환청구 또는 상속재산분할 청구를 받고 그 유류분의 반환 또는 상속재산의 분할이 확정된 경우
5. 법원의 압류 및 추심명령 등 제3자로부터 수익자의 권리에 제한사항이 발생한 경우
6. 법원의 판결 또는 판결과 같은 효력을 가진 화해, 중재, 명령 등으로 인해 신탁의 목적을 달성할 수 없음이 명확해진 때

7. 별도의 약정으로 정한 사유가 있을 때

8. 그 밖의 사유로 신탁계약 유지가 불가능할 때

② 제1항에 따라 신탁계약이 종료된 경우 그에 따른 신탁재산은 제1항 각호에 해당되는 정당한 권리자(이하 "권리자"라 함)에게 지급한다. 이때 수탁자는 제1항 각호에 따른 증명서류의 제출을 요청할 수 있으며 권리자가 제출한 서류를 판단함에 있어 수탁자는 수탁자의 귀책사유가 없는 한 책임을 부담하지 아니한다.

③ 제1항에 따라 신탁계약의 전부 또는 일부가 종료되었으나, 권리자가 정해지지 않은 경우 수탁자는 권리자 확정 이전까지 신탁재산의 교부를 중단할 수 있다.

④ 권리자가 정해지지 않은 채로 1개월이 완전히 지났을 경우 수탁자는 신탁계약에 따른 수익권 취득 내용을 일간지에 공고하고, 공고일로부터 1개월이 완전히 지났을 때에도 권리자 확정이 되지 않으면, 신탁재산을 법원에 공탁(보관을 위탁)할 수 있다.

⑤ 제1항 각호의 사유로 인하여 신탁이 종료한 때에는 수탁자는 최종계산서를 작성하여 권리자의 승인을 얻은 후 신탁재산을 교부 및 이전한다. 다만, 신탁재산 중 환가 및 회수가 곤란한 경우 또는 그 밖의 부득이한 사정이 있는 경우에는 신탁재산을 현상대로 교부 및 이전한다.

⑥ 수탁자는 최종계산서를 작성하여 권리자에게 계산승인을 요구하고, 권리자는 계산승인의 요구를 받은 때로부터 1개월 내에 승인 여부를 수탁자에 통지하여야 한다.

⑦ 수탁자는 제6항의 계산승인을 요구할 경우 "권리자는 최종계산에 대하여 이의가 있는 경우 계산승인을 요구받은 때로부터 1개월 내에 이의를 제기할 수 있으며, 최종계산에 대하여 이의를 제기하지 아니한 경우에는 권리자가 계산을 승인한 것으로 본다"라는 취지의 내용을 분명하게 적어야 한다.

⑧ 권리자는 수탁자로부터 제6항의 계산승인을 요구받은 때로부터 1개

월 내에 이의를 제기하지 아니한 경우 제6항의 계산을 승인한 것으로 본다.

제20조(사고 변경사항의 신고) 위탁자 또는 사후수익자는 다음 각호의 경우
에 지체 없이 필요한 절차를 밟아 수탁자에 신고하고 필요한 절차를 취
하여야 한다. 그 신고 또는 절차의 지연으로 인하여 발생한 손해에 대하
여 수탁자는 수탁자의 귀책사유가 없는 한 책임을 지지 아니한다.
1. 증서·거래인감 등을 분실·도난·훼손하였거나 변경하고자 할 때
2. 위탁자, 수익자, 사후수익자, 대리인, 사망통지인 등 그 밖의 신탁계
   약 관계자에 대한 성명·상호·주소·전화번호 등의 변경, 사망 또는 행
   위능력에 변동이 있을 때
3. 그 밖의 이 신탁과 관련하여 사전통지가 필요하다고 수탁자로부터 사
   전에 안내받은 사항

제21조(인감신고) ① 위탁자, 수익자는 이 신탁계약과 관련하여 사용할 인
감을 수탁자에 신고하여야 한다.
② 수탁자는 이 신탁계약과 관련된 모든 서류 등에 도장이 찍힌 모양을
제1항에 따라 신고된 인감과 육안에 의하여 상당한 주의로써 대조하여
처리하여야 한다. 수탁자가 이와 같은 조치를 취하여 신탁재산의 교부
및 그 밖의 업무처리를 한 경우 수탁자는 인감과 지급청구서 등의 위조·
변조 또는 도용 등으로 인해 손해가 발생하여도 수탁자는 수탁자의 귀책
사유가 없는 한 책임을 지지 아니한다.

제22조(계약 등의 변경 등) ① 위탁자는 위탁자 본인의 사망 전까지 해당
신탁계약 내용을 수탁자, 수익자와의 합의를 통해 언제든지 변경할 수
있다.
② 제1항에도 불구하고 수익자가 있는 신탁에서 수익자가 없는 목적신탁
으로의 신탁계약 변경과 제23조에 해당하는 신탁계약으로의 변경은 금
지된다.

제23조(위탁자의 확약) ① 위탁자는 선량한 풍속이나 그 밖의 사회질서에 위반하는 사항을 목적으로 하는 신탁을 설정하여서는 아니된다.

② 위탁자는 그 목적이 위법하거나 불능에 해당하는 신탁을 설정하여서는 아니된다.

③ 위탁자는 위탁자의 채권자를 해함을 알면서 신탁을 설정하여서는 아니된다.

④ 위탁자는 제3자와의 채무관계 면탈 또는 소송 목적으로 신탁을 설정하여서는 아니된다.

제24조(계약의 우선 순위) ① 이 신탁계약과 부수계약의 내용이 서로 상충할 경우 이 신탁계약의 조항이 우선 적용된다.

② 이 신탁계약에 분명하게 적지 않은 내용은 부수계약에 따라 적용된다.

③ 분쟁 및 그 밖의 사유 또는 법적인 조치로 이 신탁계약이 무효가 된 경우 이에 따른 부수계약도 무효가 되며 신탁재산은 운용현상대로 제19조 제2항에 따라 권리자에게 지급한다.

제25조(수탁자의 면책) ① 허위 사실을 적는 등 그 밖의 위탁자의 귀책사유로 발생한 손해 등에 대해서 수탁자는 자신의 귀책사유 이외의 책임을 부담하지 아니한다.

② 신탁관계인의 주소와 연락처 등 수탁자에 제공한 정보에 변경이 있는 경우 지체 없이 그 변경내용을 수탁자에 통지하여야 하며, 통지의 불이행으로 발생하는 불이익에 대하여 수탁자는 자신의 귀책사유 이외의 책임을 부담하지 아니한다.

③ 신탁관계인이 허위 사실을 통보하는 경우 또는 신탁관계인의 귀책사유로 인해 문제가 발생한 손해 등에 대해 수탁자는 자신의 귀책사유 이외의 책임을 부담하지 아니한다.

④ 제1항 내지 제3항에도 불구하고 위탁자와 수탁자 간의 합의하에 수탁자의 책임 범위와 면책 사유를 달리 정할 수 있다.

제26조(특약) ① 이 신탁계약에 의한 당사자 그 밖의 신탁계약 관계자의 권리의무를 명확히 하고, 이 신탁계약의 내용을 구체화 하며, 이 신탁계약의 내용과 다른 내용을 정하기 위하여 추가약정 또는 특약을 체결할 수 있다. 다만, 이 경우 추가 약정 또는 특약의 내용은 신탁법 및 자본시장과 금융투자업에 관한 법률 등 관계 법령에 위배되지 않아야 하며, 추가 약정 또는 특약의 내용이 이 신탁계약의 내용과 다른 경우에는 추가 약정 또는 특약의 내용이 우선하는 것으로 한다.
② 이 신탁계약의 특약사항은 다음과 같다.

첨부 '특약사항'에 의함.

제27조(준용) 이 신탁계약에서 정하지 아니한 사항은 신탁법, 민법 등 관계 법령에 따라 처리하기로 한다.

제28조(관할법원) 이 신탁계약과 관련하여 소송이 제기되는 경우 관할법원은 민사소송법이 정하는 바에 따른다.

제29조(계약서 보관) 이 신탁계약을 증명하기 위해 계약서 2부를 작성하여 위탁자와 수탁자가 각 1부씩 보관한다. 다만, 신탁재산의 등기, 등록 등 유관기관에 이 신탁계약 원본을 제출하여야 할 경우에는 1부 이상을 추가로 작성할 수 있다.

신탁계약일 :　　년　　월　　일

위탁자 　　주　　소 :
　　　　　주민등록번호 :
　　　　　성　　명 : 　　　　　　　　　　　 (인)

원본수익자 주　　소 :
　　　　　생년월일 :
　　　　　성　　명 : 　　　　　　　　　　　 (인)

이익수익자 주　　소 :
　　　　　생년월일 :
　　　　　성　　명 : 　　　　　　　　　　　 (인)

* 원본수익자를 별도로 지정하지 않을 경우 위탁자를 원본수익자로 본다.
* 이익수익자를 별도로 지정하지 않을 경우 위탁자를 이익수익자로 본다.

수탁자 　　주　　소 :
　　　　주민등록번호(법인등록번호) :
　　　　성명(법인명) : 　　　　　　　　　　 (인)

신탁재산 목록표
(년   월   일 기준)

위 탁 자 :   (인)

원본수익자 :   (인)

이익수익자 :   (인)

■ 부동산

■ 금전

■ 유가증권

4
신탁법

신탁법

[시행 2018. 11. 1.]
[법률 제15022호, 2017. 10. 31., 타법개정]

- 제1장 총칙 -

제1조(목적)

이 법은 신탁에 관한 사법적 법률관계를 규정함을 목적으로 한다.

제2조(신탁의 정의)

이 법에서 '신탁'이란 신탁을 설정하는 자(이하 '위탁자'라 한다)와 신탁을 인수하는 자(이하 '수탁자'라 한다) 간의 신임관계에 기하여 위탁자가 수탁자에게 특정의 재산(영업이나 저작재산권의 일부를 포함한다)을 이전하거나 담보권의 설정 또는 그 밖의 처분을 하고 수탁자로 하여금 일정한 자(이하 '수익자'라 한다)의 이익 또는 특정의 목적을 위하여 그 재산의 관리, 처분, 운용, 개발, 그 밖에 신탁 목적의 달성을 위하여 필요한 행위를 하게 하는 법률관계를 말한다.

제3조(신탁의 설정)

① 신탁은 다음 각호의 어느 하나에 해당하는 방법으로 설정할 수 있다. 다만, 수익자가 없는 특정의 목적을 위한 신탁(이하 '목적 신탁'이라 한다)은 「공익신탁법」에 따른 공익신탁을 제외하고는 제3호의 방법으로 설정할 수 없다.

1. 위탁자와 수탁자 간의 계약
2. 위탁자의 유언
3. 신탁의 목적, 신탁재산, 수익자(「공익신탁법」에 따른 공익신탁의 경우에는 제67조 제1항의 신탁관리인을 말한다) 등을 특정하고 자신을 수탁자로 정한 위탁자의 선언

② 제1항 제3호에 따른 신탁의 설정은 「공익신탁법」에 따른 공익신탁을 제외하고는 공정증서(公正證書)를 작성하는 방법으로 하여야 하며, 신탁을 해지할 수 있는 권한을 유보(留保)할 수 없다.

③ 위탁자가 집행의 면탈이나 그 밖의 부정한 목적으로 제1항 제3호에 따라 신탁을 설정한 경우 이해관계인은 법원에 신탁의 종료를 청구할 수 있다.

④ 위탁자는 신탁행위로 수탁자나 수익자에게 신탁재산을 지정할 수 있는 권한을 부여하는 방법으로 신탁재산을 특정할 수 있다.

⑤ 수탁자는 신탁행위로 달리 정한 바가 없으면 신탁 목적의 달성을 위하여 필요한 경우에는 수익자의 동의를 받아 타인

에게 신탁재산에 대하여 신탁을 설정할 수 있다.

제4조(신탁의 공시와 대항)

① 등기 또는 등록할 수 있는 재산권에 관하여는 신탁의 등기 또는 등록을 함으로써 그 재산이 신탁재산에 속한 것임을 제3자에게 대항할 수 있다.

② 등기 또는 등록할 수 없는 재산권에 관하여는 다른 재산과 분별하여 관리하는 등의 방법으로 신탁재산임을 표시함으로써 그 재산이 신탁재산에 속한 것임을 제3자에게 대항할 수 있다.

③ 제1항의 재산권에 대한 등기부 또는 등록부가 아직 없을 때에는 그 재산권은 등기 또는 등록할 수 없는 재산권으로 본다.

④ 제2항에 따라 신탁재산임을 표시할 때에는 대통령령으로 정하는 장부에 신탁재산임을 표시하는 방법으로도 할 수 있다.

제5조(목적의 제한)

① 선량한 풍속이나 그 밖의 사회질서에 위반하는 사항을 목적으로 하는 신탁은 무효로 한다.

② 목적이 위법하거나 불능인 신탁은 무효로 한다.

③ 신탁 목적의 일부가 제1항 또는 제2항에 해당하는 경우 그 신탁은 제1항 또는 제2항에 해당하지 아니한 나머지 목적을 위하여 유효하게 성립한다. 다만, 제1항 또는 제2항에 해당하는 목적과 그렇지 아니한 목적을 분리하는 것이 불가능하거나 분리할 수 있더라도 제1항 또는 제2항에 해당하지 아니한 나머지 목적만을 위하여 신탁을 유지하는 것이 위탁자의 의사에 명백히 반하는 경우에는 그 전부를 무효로 한다.

제6조(소송을 목적으로 하는 신탁의 금지)

수탁자로 하여금 소송행위를 하게 하는 것을 주된 목적으로 하는 신탁은 무효로 한다.

제7조(탈법을 목적으로 하는 신탁의 금지)

법령에 따라 일정한 재산권을 향유할 수 없는 자는 수익자로서 그 권리를 가지는 것과 동일한 이익을 누릴 수 없다.

제8조(사해신탁)

① 채무자가 채권자를 해함을 알면서 신탁을 설정한 경우 채권자는 수탁자가 선의일지라도 수탁자나 수익자에게 「민법」 제406조 제1항의 취소 및 원상회복을 청구할 수 있다. 다만, 수익자가 수익권을 취득할 당시 채권자를 해함을 알지 못한 경우에는 그러하지 아니하다.

② 제1항 단서의 경우에 여러 명의 수익자 중 일부가 수익권을 취득할 당시 채권자를 해함을 알지 못한 경우에는 악의의 수익자만을 상대로 제1항 본문의 취소 및 원상회복을 청구할 수 있다.

③ 제1항 본문의 경우에 채권자는 선의의 수탁자에게 현존하는 신탁재산의 범위 내에서 원상회복을 청구할 수 있다.

④ 신탁이 취소되어 신탁재산이 원상회복된 경우 위탁자는 취소된 신탁과 관련하여 그 신탁의 수탁자와 거래한 선의의 제3자에 대하여 원상회복된 신탁재산의 한도 내에서 책임을 진다.

⑤ 채권자는 악의의 수익자에게 그가 취득한 수익권을 위탁자에게 양도할 것을 청구할 수 있다. 이때 「민법」 제406조 제2항을 준용한다.

⑥ 제1항의 경우 위탁자와 사해신탁(詐害信託)의 설정을 공모하거나 위탁자에게 사해신탁의 설정을 교사·방조한 수익자 또

는 수탁자는 위탁자와 연대하여 이로 인하여 채권자가 받은 손해를 배상할 책임을 진다.

– 제2장 신탁관계인 –

제9조(위탁자의 권리)

① 신탁행위로 위탁자의 전부 또는 일부가 이 법에 따른 위탁자의 권리의 전부 또는 일부를 갖지 아니한다는 뜻을 정할 수 있다.

② 제1항에도 불구하고 목적신탁의 경우에는 신탁행위로 이 법에 따른 위탁자의 권리를 제한할 수 없다.

제10조(위탁자 지위의 이전)

① 위탁자의 지위는 신탁행위로 정한 방법에 따라 제3자에게 이전할 수 있다.

② 제1항에 따른 이전 방법이 정하여지지 아니한 경우 위탁자의 지위는 수탁자와 수익자의 동의를 받아 제3자에게 이전할 수 있다. 이 경우 위탁자가 여럿일 때에는 다른 위탁자의 동의도 받아야 한다.

③ 제3조 제1항 제2호에 따라 신탁이 설정된 경우 위탁자의 상속인은 위탁자의 지위를 승계하지 아니한다. 다만, 신탁행위로 달리 정한 경우에는 그에 따른다.

제11조(수탁능력)

미성년자, 금치산자, 한정치산자 및 파산선고를 받은 자는 수탁자가 될 수 없다.

제12조(수탁자의 임무 종료)

① 다음 각호의 어느 하나에 해당하는 경우 수탁자의 임무는 종료된다.

1. 수탁자가 사망한 경우
2. 수탁자가 금치산선고 또는 한정치산선고를 받은 경우
3. 수탁자가 파산선고를 받은 경우
4. 법인인 수탁자가 합병 외의 사유로 해산한 경우

② 제1항 제1호, 제2호 또는 제4호에 따라 수탁자의 임무가 종료된 경우 수탁자의 상속인, 법정대리인 또는 청산인은 즉시 수익자에게 그 사실을 통지하여야 한다.

③ 제1항 제3호에 따라 수탁자의 임무가 종료된 경우 수탁자는 다음 각호의 구분에 따라 해당 사실을 통지하여야 한다.

1. 수익자에게 수탁자의 임무가 종료된 사실
2. 파산관재인에게 신탁재산에 관한 사항

④ 제1항 제1호, 제2호 또는 제4호에 따라 수탁자의 임무가 종료된 경우 수탁자의 상속인, 법정대리인 또는 청산인은 신수탁자(新受託者)나 신탁재산 관리인이 신탁사무를 처리할 수 있을 때까지 신탁재산을 보관하고 신탁사무 인계에 필요한 행위를 하여야 하며, 즉시 수익자에게 그 사실을 통지하여야 한다.

⑤ 수탁자인 법인이 합병하는 경우 합병으로 설립된 법인이나 합병 후 존속하는 법인은 계속 수탁자로서의 권리·의무를 가진다. 수탁자인 법인이 분할하는 경우 분할에 의하여 수탁자로 정하여진 법인도 또한 같다.

제13조(신탁행위로 정한 수탁자의 임무 종료)

① 신탁행위로 정한 수탁자의 임무 종료 사유가 발생하거나 수탁자가 신탁 행위로 정한 특정한 자격을 상실한 경우 수탁자의 임무는 종료된다.

② 제1항에 따라 임무가 종료된 수탁자는 즉시 수익자에게 그 사실을 통지하여야 한다.

제14조(수탁자의 사임에 의한 임무 종료)

① 수탁자는 신탁행위로 달리 정한 바가 없으면 수익자와 위탁자의 승낙 없이 사임할 수 없다.

② 제1항에도 불구하고 수탁자는 정당한 이유가 있는 경우 법원의 허가를 받아 사임할 수 있다.

③ 사임한 수탁자는 즉시 수익자에게 그 사실을 통지하여야 한다.

제15조(임무가 종료된 수탁자의 지위)

제13조 제1항 또는 제14조 제1항에 따라 임무가 종료된 수탁자는 신수탁자나 신탁재산관리인이 신탁사무를 처리할 수 있을 때까지 수탁자의 권리·의무를 가진다.

제16조(수탁자의 해임에 의한 임무 종료)

① 위탁자와 수익자는 합의하여 또는 위탁자가 없으면 수익자 단독으로 언제든지 수탁자를 해임할 수 있다. 다만, 신탁행위로 달리 정한 경우에는 그에 따른다.

② 정당한 이유 없이 수탁자에게 불리한 시기에 제1항에 따라 수탁자를 해임한 자는 그 손해를 배상하여야 한다.

③ 수탁자가 그 임무에 위반된 행위를 하거나 그 밖에 중요한 사유가 있는 경우 위탁자나 수익자는 법원에 수탁자의 해임을 청구할 수 있다.

④ 제3항의 청구에 의하여 해임된 수탁자는 즉시 수익자에게 그 사실을 통지하여야 한다.

⑤ 해임된 수탁자는 신수탁자나 신탁재산관리인이 신탁사무를 처리할 수 있을 때까지 신탁재산을 보관하고 신탁사무 인계에 필요한 행위를 하여야 한다. 다만, 임무 위반으로 해임된 수탁자는 그러하지 아니하다.

제17조(신탁재산관리인 선임 등의 처분)

① 수탁자의 임무가 종료되거나 수탁자와 수익자 간의 이해가 상반되어 수탁자가 신탁사무를 수행하는 것이 적절하지 아니한 경우 법원은 이해관계인의 청구에 의하여 신탁재산관리인의 선임이나 그 밖의 필요한 처분을 명할 수 있다. 다른 수탁자가 있는 경우에도 또한 같다.

② 제1항에 따라 신탁재산관리인을 선임하는 경우 법원은 신탁재산관리인이 법원의 허가를 받아야 하는 사항을 정할 수 있다.

③ 제1항에 따라 선임된 신탁재산관리인은 즉시 수익자에게 그 사실을 통지하여야 한다.

④ 신탁재산관리인은 선임된 목적범위 내에서 수탁자와 동일한 권리·의무가 있다. 다만, 제2항에 따라 법원의 허가를 받아야 하는 사항에 대하여는 그러하지 아니하다.

⑤ 제1항에 따라 신탁재산관리인이 선임된 경우 신탁재산에 관한 소송에서는 신탁재산관리인이 당사자가 된다.

⑥ 법원은 제1항에 따라 선임한 신탁재산관리인에게 필요한 경우 신탁재산에서 적당한 보수를 줄 수 있다.

제18조(필수적 신탁재산관리인의 선임)

① 법원은 다음 각호의 어느 하나에 해당하는 경우로서 신수탁자가 선임되지 아니하거나 다른 수탁자가 존재하지 아니할 때에는 신탁재산을 보관하고 신탁사무 인계에 필요한 행위를 하여야 할 신탁재산관리인을 선임한다.

1. 수탁자가 사망하여 「민법」 제1053조 제1항에 따라 상속재산관리인이 선임되는 경우
2. 수탁자가 파산선고를 받은 경우
3. 수탁자가 법원의 허가를 받아 사임하거

나 임무 위반으로 법원에 의하여 해임된 경우

② 법원은 제1항 각호의 어느 하나에 해당하여 수탁자에 대하여 상속재산 관리인의 선임결정, 파산선고, 수탁자의 사임허가 결정 또는 해임결정을 하는 경우 그 결정과 동시에 신탁재산관리인을 선임하여야 한다.

③ 선임된 신탁재산관리인의 통지의무, 당사자 적격 및 보수에 관하여는 제17조 제3항, 제5항 및 제6항을 준용한다.

제19조(신탁재산관리인의 임무 종료)

① 신수탁자가 선임되거나 더 이상 수탁자와 수익자 간의 이해가 상반되지 아니하는 경우 신탁재산관리인의 임무는 종료된다.

② 신탁재산관리인은 법원의 허가를 받아 사임할 수 있다.

③ 법원은 이해관계인의 청구에 의하여 신탁재산관리인을 해임할 수 있다.

④ 법원은 제2항 또는 제3항의 결정을 함과 동시에 새로운 신탁재산관리인을 선임하여야 한다.

제20조(신탁재산관리인의 공고, 등기 또는 등록)

① 법원은 다음 각호의 어느 하나에 해당하는 경우 그 취지를 공고하고, 등기 또는 등록된 신탁재산에 대하여 직권으로 지체 없이 그 취지의 등기 또는 등록을 촉탁하여야 한다.

1. 제17조 제1항에 따라 신탁재산관리인을 선임하거나 그 밖의 필요한 처분을 명한 경우
2. 제18조 제1항에 따라 신탁재산관리인을 선임한 경우
3. 제19조 제2항에 따라 신탁재산관리인의

사임결정을 한 경우
4. 제19조 제3항에 따라 신탁재산관리인의 해임결정을 한 경우

② 제19조 제1항에 따라 신탁재산관리인의 임무가 종료된 경우 법원은 신수탁자 또는 이해가 상반되지 아니하게 된 수탁자의 신청에 의하여 제1항에 따른 등기 또는 등록의 말소를 촉탁하여야 한다.

③ 신탁재산관리인이나 수탁자는 고의나 과실로 제1항 또는 제2항에 따른 등기 또는 등록이 사실과 다르게 된 경우 그 등기 또는 등록과 다른 사실로써 선의의 제3자에게 대항하지 못한다.

제21조(신수탁자의 선임)

① 수탁자의 임무가 종료된 경우 위탁자와 수익자는 합의하여 또는 위탁자가 없으면 수익자 단독으로 신수탁자를 선임할 수 있다. 다만, 신탁행위로 달리 정한 경우에는 그에 따른다.

② 위탁자와 수익자 간에 신수탁자 선임에 대한 합의가 이루어지지 아니한 경우 이해관계인은 법원에 신수탁자의 선임을 청구할 수 있다.

③ 유언에 의하여 수탁자로 지정된 자가 신탁을 인수하지 아니하거나 인수할 수 없는 경우에는 제1항 및 제2항을 준용한다.

④ 법원은 제2항(제3항에 따라 준용되는 경우를 포함한다)에 따라 선임한 수탁자에게 필요한 경우 신탁재산에서 적당한 보수를 줄 수 있다.

- 제3장 신탁재산 -

제22조(강제집행등의 금지)
① 신탁재산에 대하여는 강제집행, 담보권 실행 등을 위한 경매, 보전처분(이하 '강제집행등'이라 한다) 또는 국세 등 체납처분을 할 수 없다. 다만, 신탁 전의 원인으로 발생한 권리 또는 신탁사무의 처리상 발생한 권리에 기한 경우에는 그러하지 아니하다.
② 위탁자, 수익자나 수탁자는 제1항을 위반한 강제집행등에 대하여 이의를 제기할 수 있다. 이 경우 「민사집행법」 제48조를 준용한다.
③ 위탁자, 수익자나 수탁자는 제1항을 위반한 국세 등 체납처분에 대하여 이의를 제기할 수 있다. 이 경우 국세 등 체납처분에 대한 불복절차를 준용한다.

제23조(수탁자의 사망 등과 신탁재산)
신탁재산은 수탁자의 상속재산에 속하지 아니하며, 수탁자의 이혼에 따른 재산분할의 대상이 되지 아니한다.

제24조(수탁자의 파산 등과 신탁재산)
신탁재산은 수탁자의 파산재단, 회생절차의 관리인이 관리 및 처분 권한을 갖고 있는 채무자의 재산이나 개인회생재단을 구성하지 아니한다.

제25조(상계 금지)
① 신탁재산에 속하는 채권과 신탁재산에 속하지 아니하는 채무는 상계(相計)하지 못한다. 다만, 양 채권·채무가 동일한 재산에 속하지 아니함에 대하여 제3자가 선의이며 과실이 없을 때에는 그러하지 아니하다.
② 신탁재산에 속하는 채무에 대한 책임이 신탁재산만으로 한정되는 경우에는 신탁재산에 속하지 아니하는 채권과 신탁재산에 속하는 채무는 상계하지 못한다. 다만, 양 채권·채무가 동일한 재산에 속하지 아니함에 대하여 제3자가 선의이며 과실이 없을 때에는 그러하지 아니하다.

제26조(신탁재산에 대한 혼동의 특칙)
다음 각호의 경우 혼동(混同)으로 인하여 권리가 소멸하지 아니한다.
1. 동일한 물건에 대한 소유권과 그 밖의 물권이 각각 신탁재산과 고유재산 또는 서로 다른 신탁재산에 귀속하는 경우
2. 소유권 외의 물권과 이를 목적으로 하는 권리가 각각 신탁재산과 고유 재산 또는 서로 다른 신탁재산에 귀속하는 경우
3. 신탁재산에 대한 채무가 수탁자에게 귀속하거나 수탁자에 대한 채권이 신탁재산에 귀속하는 경우

제27조(신탁재산의 범위)
신탁재산의 관리, 처분, 운용, 개발, 멸실, 훼손, 그 밖의 사유로 수탁자가 얻은 재산은 신탁재산에 속한다.

제28조(신탁재산의 첨부)
신탁재산과 고유재산 또는 서로 다른 신탁재산에 속한 물건 간의 부합(附合), 혼화(混和) 또는 가공(加工)에 관하여는 각각 다른 소유자에게 속하는 것으로 보아 「민법」 제256조부터 제261조까지의 규정을 준용한다. 다만, 가공자가 악의인 경우에는 가공으로 인한 가액의 증가가 원재료의 가액보다 많을 때에도 법원은 가공으로 인하여 생긴 물건을 원재료 소유자에게 귀속시킬 수 있다.

제29조(신탁재산의 귀속 추정)

① 신탁재산과 고유재산 간에 귀속관계를 구분할 수 없는 경우 그 재산은 신탁재산에 속한 것으로 추정한다.

② 서로 다른 신탁재산 간에 귀속관계를 구분할 수 없는 경우 그 재산은 각 신탁재산 간에 균등하게 귀속된 것으로 추정한다.

제30조(점유하자의 승계)

수탁자는 신탁재산의 점유에 관하여 위탁자의 점유의 하자를 승계한다.

– 제4장 수탁자의 권리·의무 –

제31조(수탁자의 권한)

수탁자는 신탁재산에 대한 권리와 의무의 귀속주체로서 신탁재산의 관리, 처분 등을 하고 신탁 목적의 달성을 위하여 필요한 모든 행위를 할 권한이 있다. 다만, 신탁행위로 이를 제한할 수 있다.

제32조(수탁자의 선관의무)

수탁자는 선량한 관리자의 주의(注意)로 신탁사무를 처리하여야 한다. 다만, 신탁행위로 달리 정한 경우에는 그에 따른다.

제33조(충실의무)

수탁자는 수익자의 이익을 위하여 신탁사무를 처리하여야 한다.

제34조(이익에 반하는 행위의 금지)

① 수탁자는 누구의 명의(名義)로도 다음 각호의 행위를 하지 못한다.

1. 신탁재산을 고유재산으로 하거나 신탁재산에 관한 권리를 고유재산에 귀속시키는 행위

2. 고유재산을 신탁재산으로 하거나 고유재산에 관한 권리를 신탁재산에 귀속시키는 행위

3. 여러 개의 신탁을 인수한 경우 하나의 신탁재산 또는 그에 관한 권리를 다른 신탁의 신탁재산에 귀속시키는 행위

4. 제3자의 신탁재산에 대한 행위에서 제3자를 대리하는 행위

5. 그 밖에 수익자의 이익에 반하는 행위

② 제1항에도 불구하고 수탁자는 다음 각호의 어느 하나에 해당하는 경우 제1항 각호의 행위를 할 수 있다. 다만, 제3호의 경우 수탁자는 법원에 허가를 신청함과 동시에 수익자에게 그 사실을 통지하여야 한다.

1. 신탁행위로 허용한 경우

2. 수익자에게 그 행위에 관련된 사실을 고지하고 수익자의 승인을 받은 경우

3. 법원의 허가를 받은 경우

③ 제1항에도 불구하고 수탁자는 상속 등 수탁자의 의사에 기하지 아니한 경우에는 신탁재산에 관한 권리를 포괄적으로 승계할 수 있다. 이 경우 해당 재산의 혼동에 관하여는 제26조를 준용한다.

제35조(공평의무)

수익자가 여럿인 경우 수탁자는 각 수익자를 위하여 공평하게 신탁사무를 처리하여야 한다. 다만, 신탁행위로 달리 정한 경우에는 그에 따른다.

제36조(수탁자의 이익향수금지)

수탁자는 누구의 명의로도 신탁의 이익을 누리지 못한다. 다만, 수탁자가 공동 수익자의 1인인 경우에는 그러하지 아니하다.

제37조(수탁자의 분별관리의무)

① 수탁자는 신탁재산을 수탁자의 고유재

산과 분별하여 관리하고 신탁재산임을 표시하여야 한다.

② 여러 개의 신탁을 인수한 수탁자는 각 신탁재산을 분별하여 관리하고 서로 다른 신탁재산임을 표시하여야 한다.

③ 제1항 및 제2항의 신탁재산이 금전이나 그 밖의 대체물인 경우에는 그 계산을 명확히 하는 방법으로 분별하여 관리할 수 있다.

제38조(유한책임)

수탁자는 신탁행위로 인하여 수익자에게 부담하는 채무에 대하여는 신탁재산만으로 책임을 진다.

제39조(장부 등 서류의 작성 · 보존 및 비치 의무)

① 수탁자는 신탁사무와 관련된 장부 및 그 밖의 서류를 갖추어 두고 각 신탁에 관하여 그 사무의 처리와 계산을 명백히 하여야 한다.

② 수탁자는 신탁을 인수한 때와 매년 1회 일정한 시기에 각 신탁의 재산목록을 작성하여야 한다. 다만, 재산목록의 작성 시기에 관하여 신탁행위로 달리 정한 경우에는 그에 따른다.

③ 수탁자는 제1항 및 제2항의 장부, 재산목록 및 그 밖의 서류를 대통령령으로 정하는 기간 동안 보존하여야 한다.

④ 제3항에 따라 장부, 재산목록 및 그 밖의 서류를 보존하는 경우 그 보존방법과 그 밖에 필요한 사항은 대통령령으로 정한다.

제40조(서류의 열람 등)

① 위탁자나 수익자는 수탁자나 신탁재산관리인에게 신탁사무의 처리와 계산에 관한 장부 및 그 밖의 서류의 열람 또는 복사를 청구하거나 신탁사무의 처리와 계산에

관하여 설명을 요구할 수 있다.

② 위탁자와 수익자를 제외한 이해관계인은 수탁자나 신탁재산관리인에게 신탁의 재산목록 등 신탁사무의 계산에 관한 장부 및 그 밖의 서류의 열람 또는 복사를 청구할 수 있다.

제41조(금전의 관리방법)

신탁재산에 속하는 금전의 관리는 신탁행위로 달리 정한 바가 없으면 다음 각호의 방법으로 하여야 한다.

1. 국채, 지방채 및 특별법에 따라 설립된 법인의 사채의 응모·인수 또는 매입
2. 국채나 그 밖에 제1호의 유가증권을 담보로 하는 대부
3. 은행예금 또는 우체국예금

제42조(신탁사무의 위임)

① 수탁자는 정당한 사유가 있으면 수익자의 동의를 받아 타인으로 하여금 자기를 갈음하여 신탁사무를 처리하게 할 수 있다. 다만, 신탁행위로 달리 정한 경우에는 그에 따른다.

② 제1항 본문의 경우 수탁자는 그 선임·감독에 관하여만 책임을 진다. 신탁행위로 타인으로 하여금 신탁사무를 처리하게 한 경우에도 또한 같다.

③ 수탁자를 갈음하여 신탁사무를 처리하는 자는 수탁자와 동일한 책임을 진다.

제43조(수탁자의 원상회복의무 등)

① 수탁자가 그 의무를 위반하여 신탁재산에 손해가 생긴 경우 위탁자, 수익자 또는 수탁자가 여럿인 경우의 다른 수탁자는 그 수탁자에게 신탁재산의 원상회복을 청구할 수 있다. 다만, 원상회복이 불가능하거나 현저하게 곤란한 경우, 원상회복에 과다한

비용이 드는 경우, 그 밖에 원상회복이 적절하지 아니한 특별한 사정이 있는 경우에는 손해배상을 청구할 수 있다.

② 수탁자가 그 의무를 위반하여 신탁재산이 변경된 경우에도 제1항과 같다.

③ 수탁자가 제33조부터 제37조까지의 규정에서 정한 의무를 위반한 경우에는 신탁재산에 손해가 생기지 아니하였더라도 수탁자는 그로 인하여 수탁자나 제3자가 얻은 이득 전부를 신탁재산에 반환하여야 한다.

제44조(분별관리의무 위반에 관한 특례)

수탁자가 제37조에 따른 분별관리의무를 위반하여 신탁재산에 손실이 생긴 경우 수탁자는 분별하여 관리하였더라도 손실이 생겼으리라는 것을 증명하지 아니하면 그 책임을 면하지 못한다.

제45조(수탁법인의 이사의 책임)

수탁자인 법인이 제43조 및 제44조에 따라 책임을 지는 경우 그 책임의 원인이 된 의무위반행위에 관여한 이사와 그에 준하는 자는 법인과 연대하여 책임을 진다.

제46조(비용상환청구권)

① 수탁자는 신탁사무의 처리에 관하여 필요한 비용을 신탁재산에서 지출할 수 있다.

② 수탁자가 신탁사무의 처리에 관하여 필요한 비용을 고유재산에서 지출한 경우에는 지출한 비용과 지출한 날 이후의 이자를 신탁재산에서 상환(償還)받을 수 있다.

③ 수탁자가 신탁사무의 처리를 위하여 자기의 과실 없이 채무를 부담하거나 손해를 입은 경우에도 제1항 및 제2항과 같다.

④ 수탁자는 신탁재산이 신탁사무의 처리에 관하여 필요한 비용을 충당하기에 부족

하게 될 우려가 있을 때에는 수익자에게 그가 얻은 이익의 범위에서 그 비용을 청구하거나 그에 상당하는 담보의 제공을 요구할 수 있다. 다만, 수익자가 특정되어 있지 아니하거나 존재하지 아니하는 경우 또는 수익자가 수익권을 포기한 경우에는 그러하지 아니하다.

⑤ 수탁자가 신탁사무의 처리를 위하여 자기의 과실 없이 입은 손해를 전보(塡補)하기에 신탁재산이 부족할 때에도 제4항과 같다.

⑥ 제1항부터 제5항까지의 규정에서 정한 사항에 대하여 신탁행위로 달리 정한 사항이 있으면 그에 따른다.

제47조(보수청구권)

① 수탁자는 신탁행위에 정함이 있는 경우에만 보수를 받을 수 있다. 다만, 신탁을 영업으로 하는 수탁자의 경우에는 신탁행위에 정함이 없는 경우에도 보수를 받을 수 있다.

② 보수의 금액 또는 산정방법을 정하지 아니한 경우 수탁자는 신탁사무의 성질과 내용에 비추어 적당한 금액의 보수를 지급받을 수 있다.

③ 제1항의 보수가 사정의 변경으로 신탁사무의 성질 및 내용에 비추어 적당하지 아니하게 된 경우 법원은 위탁자, 수익자 또는 수탁자의 청구에 의하여 수탁자의 보수를 증액하거나 감액할 수 있다.

④ 수탁자의 보수에 관하여는 제46조 제4항을 준용한다. 다만, 신탁행위로 달리 정한 사항이 있으면 그에 따른다.

제48조(비용상환청구권의 우선변제권 등)

① 수탁자는 신탁재산에 대한 민사집행절차 또는 「국세징수법」에 따른 공매 절차에

서 수익자나 그 밖의 채권자보다 우선하여 신탁의 목적에 따라 신탁재산의 보존, 개량을 위하여 지출한 필요비 또는 유익비(有益費)의 우선 변제를 받을 권리가 있다.

② 수탁자는 신탁재산을 매각하여 제46조에 따른 비용상환청구권 또는 제47조에 따른 보수청구권에 기한 채권의 변제에 충당할 수 있다. 다만, 그 신탁재산의 매각으로 신탁의 목적을 달성할 수 없게 되거나 그 밖의 상당한 이유가 있는 경우에는 그러하지 아니하다.

제49조(권리행사요건)

수탁자는 제43조 및 제44조에 따른 원상회복의무 등을 이행한 후가 아니면 제46조 또는 제47조에 따른 권리를 행사할 수 없다.

제50조(공동수탁자)

① 수탁자가 여럿인 경우 신탁재산은 수탁자들의 합유(合有)로 한다.

② 제1항의 경우 수탁자 중 1인의 임무가 종료하면 신탁재산은 당연히 다른 수탁자에게 귀속된다.

③ 제1항의 경우 신탁행위로 달리 정한 바가 없으면 신탁사무의 처리는 수탁자가 공동으로 하여야 한다. 다만, 보존행위는 각자 할 수 있다.

④ 수탁자가 여럿인 경우 수탁자 1인에 대한 의사표시는 다른 수탁자에게도 효력이 있다.

⑤ 수탁자가 여럿인 경우 신탁행위로 다른 수탁자의 업무집행을 대리할 업무 집행수탁자를 정할 수 있다.

제51조(공동수탁자의 연대책임)

① 수탁자가 여럿인 경우 수탁자들은 신탁사무의 처리에 관하여 제3자에게 부담한 채무에 대하여 연대하여 변제할 책임이 있다.

② 수탁자가 여럿인 경우 그중 일부가 수탁자로서의 의무를 위반하여 부담한 채무에 대하여 그 행위에 관여하지 아니한 다른 수탁자는 책임이 없다. 다만, 다른 수탁자의 의무위반행위를 저지하기 위하여 합리적인 조치를 취하지 아니한 경우에는 그러하지 아니하다.

제52조(신수탁자 등의 원상회복청구권 등)

신수탁자나 신탁재산관리인도 제43조에 따른 권리를 행사할 수 있다.

제53조(신수탁자의 의무의 승계)

① 수탁자가 변경된 경우 신수탁자는 전수탁자(前受託者)가 신탁행위로 인하여 수익자에게 부담하는 채무를 승계한다. 수탁자가 여럿인 경우 일부의 수탁자가 변경된 경우에도 또한 같다.

② 신탁사무의 처리에 관하여 발생한 채권은 신탁재산의 한도 내에서 신수탁자에게도 행사할 수 있다.

③ 제22조 제1항 단서에 따른 신탁재산에 대한 강제집행 등의 절차 또는 국세 등 체납처분의 절차는 신수탁자에 대하여 속행(續行)할 수 있다.

제54조(전수탁자의 우선변제권 등)

① 전수탁자의 비용상환청구권에 관하여는 제48조 제1항 및 제49조를 준용한다.

② 전수탁자는 제46조의 청구권에 기한 채권을 변제받을 때까지 신탁재산을 유치(留置)할 수 있다.

제55조(사무의 인계)

① 수탁자가 변경된 경우 전수탁자와 그 밖의 관계자는 신탁사무의 계산을 하고, 수익자의 입회하에 신수탁자에게 사무를 인계하여야 한다.

② 수익자가 제1항의 계산을 승인한 경우에는 전수탁자나 그 밖의 관계자의 수익자에 대한 인계에 관한 책임은 면제된 것으로 본다. 다만, 부정행위가 있었던 경우에는 그러하지 아니하다.

– 제5장 수익자의 권리·의무 –

제1절 수익권의 취득과 포기

제56조(수익권의 취득)

① 신탁행위로 정한 바에 따라 수익자로 지정된 자(제58조 제1항 및 제2항에 따라 수익자로 지정된 자를 포함한다)는 당연히 수익권을 취득한다. 다만, 신탁행위로 달리 정한 경우에는 그에 따른다.

② 수탁자는 지체 없이 제1항에 따라 수익자로 지정된 자에게 그 사실을 통지하여야 한다. 다만, 수익권에 부담이 있는 경우를 제외하고는 신탁행위로 통지시기를 달리 정할 수 있다.

제57조(수익권의 포기)

① 수익자는 수탁자에게 수익권을 포기하는 취지의 의사표시를 할 수 있다.

② 수익자가 제1항에 따른 포기의 의사표시를 한 경우에는 처음부터 수익권을 가지지 아니하였던 것으로 본다. 다만, 제3자의 권리를 해치지 못한다.

제58조(수익자지정권등)

① 신탁행위로 수익자를 지정하거나 변경할 수 있는 권한(이하 '수익자 지정권 등'이라 한다)을 갖는 자를 정할 수 있다.

② 수익자지정권등을 갖는 자는 수탁자에 대한 의사표시 또는 유언으로 그 권한을 행사할 수 있다.

③ 수익자지정권등이 유언으로 행사되어 수탁자가 그 사실을 알지 못한 경우 이로 인하여 수익자로 된 자는 그 사실로써 수탁자에게 대항하지 못한다.

④ 수익자를 변경하는 권한이 행사되어 수익자가 그 수익권을 상실한 경우 수탁자는 지체 없이 수익권을 상실한 자에게 그 사실을 통지하여야 한다. 다만, 신탁행위로 달리 정한 경우에는 그에 따른다.

⑤ 수익자지정권등은 신탁행위로 달리 정한 바가 없으면 상속되지 아니한다.

제59조(유언대용신탁)

① 다음 각호의 어느 하나에 해당하는 신탁의 경우에는 위탁자가 수익자를 변경할 권리를 갖는다. 다만, 신탁행위로 달리 정한 경우에는 그에 따른다.

1. 수익자가 될 자로 지정된 자가 위탁자의 사망 시에 수익권을 취득하는 신탁
2. 수익자가 위탁자의 사망 이후에 신탁재산에 기한 급부를 받는 신탁

② 제1항 제2호의 수익자는 위탁자가 사망할 때까지 수익자로서의 권리를 행사하지 못한다. 다만, 신탁행위로 달리 정한 경우에는 그에 따른다.

제60조(수익자연속신탁)

신탁행위로 수익자가 사망한 경우 그 수익자가 갖는 수익권이 소멸하고 타인이 새로 수익권을 취득하도록 하는 뜻을 정할 수

있다. 이 경우 수익자의 사망에 의하여 차례로 타인이 수익권을 취득하는 경우를 포함한다.

제2절 수익권의 행사

제61조(수익권의 제한 금지)
다음 각호에 해당하는 수익자의 권리는 신탁행위로도 제한할 수 없다.
1. 이 법에 따라 법원에 청구할 수 있는 권리
2. 제22조 제2항 또는 제3항에 따라 강제 집행 등 또는 국세 등 체납처분에 대하여 이의를 제기할 수 있는 권리
3. 제40조 제1항에 따라 장부 등의 열람 또는 복사를 청구할 수 있는 권리
4. 제43조 및 제45조에 따라 원상회복 또는 손해배상 등을 청구할 수 있는 권리
5. 제57조 제1항에 따라 수익권을 포기할 수 있는 권리
6. 제75조 제1항에 따라 신탁위반의 법률행위를 취소할 수 있는 권리
7. 제77조에 따라 유지를 청구할 수 있는 권리
8. 제89조, 제91조 제3항 및 제95조 제3항에 따라 수익권의 매수를 청구할 수 있는 권리
9. 그 밖에 신탁의 본질에 비추어 수익자 보호를 위하여 필요하다고 대통령령으로 정하는 권리

제62조(수익채권과 신탁채권의 관계)
신탁채권은 수익자가 수탁자에게 신탁재산에 속한 재산의 인도와 그 밖에 신탁재산에 기한 급부를 요구하는 청구권(이하 '수익채권'이라 한다)보다 우선한다.

제63조(수익채권의 소멸시효)
① 수익채권의 소멸시효는 채권의 예에 따른다.
② 제1항에도 불구하고 수익채권의 소멸시효는 수익자가 수익자로 된 사실을 알게 된 때부터 진행한다.
③ 제1항에도 불구하고 신탁이 종료한 때부터 6개월 내에는 수익채권의 소멸 시효가 완성되지 아니한다.

제3절 수익권의 양도

제64조(수익권의 양도성)
① 수익자는 수익권을 양도할 수 있다. 다만, 수익권의 성질이 양도를 허용하지 아니하는 경우에는 그러하지 아니하다.
② 제1항에도 불구하고 수익권의 양도에 대하여 신탁행위로 달리 정한 경우에는 그에 따른다. 다만, 그 정함으로써 선의의 제3자에게 대항하지 못한다.

제65조(수익권 양도의 대항요건과 수탁자의 항변)
① 수익권의 양도는 다음 각호의 어느 하나에 해당하는 경우에만 수탁자와 제3자에게 대항할 수 있다.
1. 양도인이 수탁자에게 통지한 경우
2. 수탁자가 승낙한 경우
② 제1항 각호의 통지 및 승낙은 확정일자가 있는 증서로 하지 아니하면 수탁자 외의 제3자에게 대항할 수 없다.
③ 수탁자는 제1항 각호의 통지 또는 승낙이 있는 때까지 양도인에 대하여 발생한 사유로 양수인에게 대항할 수 있다.
④ 수탁자가 이의를 보류하지 아니하고 제1항 제2호의 승낙을 한 경우에는 양도인에게 대항할 수 있는 사유로써 양수인에게

대항하지 못한다. 다만, 수탁자가 채무를 소멸하게 하기 위하여 양도인에게 급여한 것이 있으면 이를 회수할 수 있고, 양도인에 대하여 부담한 채무가 있으면 그 성립되지 아니함을 주장할 수 있다.

제66조(수익권에 대한 질권)

① 수익자는 수익권을 질권의 목적으로 할 수 있다. 다만, 수익권의 성질이 질권의 설정을 허용하지 아니하는 경우에는 그러하지 아니하다.

② 제1항에도 불구하고 수익권을 목적으로 하는 질권의 설정에 대하여 신탁 행위로 달리 정한 경우에는 그에 따른다. 다만, 그 정함으로써 선의의 제3자에게 대항하지 못한다.

③ 수익권을 목적으로 하는 질권의 설정에 관하여는 수익권 양도의 대항요건과 수탁자의 항변사유에 관한 제65조를 준용한다. 이 경우 제65조 중 '양도인'은 '수익자'로, '양수인'은 '질권자'로 보고, 같은 조 제1항 중 '수익권의 양수 사실'은 '수익권에 대하여 질권이 설정된 사실'로 본다.

④ 수익권을 목적으로 하는 질권은 그 수익권에 기한 수익채권과 이 법 또는 신탁행위에 따라 그 수익권을 갈음하여 수익자가 받을 금전이나 그 밖의 재산에도 존재한다.

⑤ 수익권의 질권자는 직접 수탁자로부터 금전을 지급받아 다른 채권자에 우선하여 자기 채권의 변제에 충당할 수 있다.

⑥ 질권자의 채권이 변제기에 이르지 아니한 경우 질권자는 수탁자에게 그 변제금액의 공탁을 청구할 수 있다. 이 경우 질권은 그 공탁금에 존재한다.

제4절 신탁관리인

제67조(신탁관리인의 선임)

① 수익자가 특정되어 있지 아니하거나 존재하지 아니하는 경우 법원은 위탁자나 그 밖의 이해관계인의 청구에 의하여 또는 직권으로 신탁관리인을 선임할 수 있다. 다만, 신탁행위로 신탁관리인을 지정한 경우에는 그에 따른다.

② 수익자가 미성년자, 한정치산자 또는 금치산자이거나 그 밖의 사유로 수탁자에 대한 감독을 적절히 할 수 없는 경우 법원은 이해관계인의 청구에 의하여 또는 직권으로 신탁관리인을 선임할 수 있다. 다만, 신탁행위로 달리 정한 경우에는 그에 따른다.

③ 수익자가 여럿인 경우 수익자는 제71조의 방법에 따른 의사결정으로 신탁 관리인을 선임할 수 있다. 수익권의 내용이 다른 여러 종류의 수익권이 있고 같은 종류의 수익권을 가진 수익자(이하 '종류수익자'라 한다)가 여럿인 경우에도 또한 같다.

④ 법원은 제1항 또는 제2항에 따라 선임한 신탁관리인에게 필요한 경우 신탁재산에서 적당한 보수를 줄 수 있다.

제68조(신탁관리인의 권한)

① 신탁관리인은 수익자의 이익이나 목적신탁의 목적 달성을 위하여 자기의 명의로 수익자의 권리에 관한 재판상 또는 재판 외의 모든 행위를 할 권한이 있다. 다만, 신탁관리인의 선임을 수탁자에게 통지하지 아니한 경우에는 수탁자에게 대항하지 못한다.

② 신탁관리인은 신탁에 관하여 수익자와 동일한 지위를 가지는 것으로 본다.

③ 제67조 제1항에 따라 선임된 신탁관리

인이 여럿인 경우 신탁행위로 달리 정한 바가 없으면 공동으로 사무를 처리한다.

④ 신탁관리인이 개별 수익자를 위하여 제67조 제2항에 따라 각각 선임된 경우에는 각 신탁관리인은 해당 수익자를 위하여 단독으로 사무를 처리한다. 이 경우 개별 수익자를 위하여 선임된 여럿의 신탁관리인들은 해당 수익자를 위하여 공동으로 사무를 처리한다.

⑤ 제67조 제3항 전단에 따라 선임된 신탁관리인이 여럿인 경우에는 선임 시 달리 정하지 아니하면 공동으로 사무를 처리한다.

⑥ 제67조 제3항 후단에 따라 선임된 신탁관리인은 자신을 선임한 종류수익자만을 위하여 단독으로 사무를 처리한다. 이 경우 하나의 종류수익자를 위하여 선임된 여럿의 신탁관리인들은 그 종류수익자를 위하여 공동으로 사무를 처리한다.

⑦ 제67조 제3항에 따라 신탁관리인을 선임한 경우에도 수익자는 제71조의 방법에 따른 의사결정으로 사무를 처리할 수 있다.

제69조(신탁관리인의 임무 종료)

① 제67조 제1항에 따라 선임된 신탁관리인은 수익자가 특정되거나 존재하게 되면 임무가 종료된다.

② 제67조 제2항에 따라 선임된 신탁관리인은 다음 각호의 어느 하나에 해당하는 경우 임무가 종료된다.

1. 미성년자인 수익자가 성년에 도달한 경우
2. 수익자가 한정치산선고·금치산선고의 취소심판을 받은 경우
3. 그 밖에 수익자가 수탁자에 대한 감독 능력을 회복한 경우

③ 제1항 또는 제2항에 따라 신탁관리인의 임무가 종료된 경우 수익자 또는 신탁관리인은 수탁자에게 신탁관리인의 임무 종료 사실을 통지하지 아니하면 수탁자에게 대항하지 못한다.

제70조(신탁관리인의 사임 또는 해임에 의한 임무 종료)

① 신탁관리인은 선임 시에 달리 정하지 아니하면 신탁관리인을 선임한 법원 또는 수익자의 승낙 없이 사임하지 못한다.

② 제1항에도 불구하고 신탁관리인은 정당한 이유가 있는 경우 법원의 허가를 받아 사임할 수 있다.

③ 사임한 신탁관리인의 통지의무 및 계속적 사무의 관리에 관하여는 제14조 제3항 및 제15조를 준용한다.

④ 신탁관리인을 선임한 법원 또는 수익자는 언제든지 그 신탁관리인을 해임할 수 있다. 다만, 수익자가 정당한 이유 없이 신탁관리인에게 불리한 시기에 해임한 경우 수익자는 그 손해를 배상하여야 한다.

⑤ 해임된 신탁관리인의 통지의무 및 계속적 사무의 관리에 관하여는 제16조 제4항 및 제5항을 준용한다.

⑥ 법원은 신탁관리인의 사임허가결정이나 임무 위반을 이유로 해임결정을 함과 동시에 새로운 신탁관리인을 선임하여야 한다. 이 경우 새로 선임된 신탁관리인은 즉시 수익자에게 그 사실을 통지하여야 한다.

⑦ 제1항, 제2항, 제4항 및 제6항의 경우 수익자, 신탁관리인, 그 밖의 이해관계인은 기존 신탁관리인의 사임 또는 해임, 새로운 신탁관리인의 선임 사실을 수탁자에게 통지하지 아니하면 그 사실로써 수탁자에게 대항하지 못한다.

제5절 수익자가 여럿인 경우 의사결정

제71조(수익자가 여럿인 경우 의사결정 방법)

① 수익자가 여럿인 신탁에서 수익자의 의사는 수익자 전원의 동의로 결정한다. 다만, 제61조 각호의 권리는 각 수익자가 개별적으로 행사할 수 있다.

② 신탁행위로 수익자집회를 두기로 정한 경우에는 제72조부터 제74조까지의 규정에 따른다.

③ 제1항 본문 및 제2항에도 불구하고 신탁행위로 달리 정한 경우에는 그에 따른다.

제72조(수익자집회의 소집)

① 수익자집회는 필요가 있을 때 수시로 개최할 수 있다.

② 수익자집회는 수탁자가 소집한다.

③ 수익자는 수탁자에게 수익자집회의 목적사항과 소집이유를 적은 서면 또는 전자문서로 수익자집회의 소집을 청구할 수 있다.

④ 제3항의 청구를 받은 후 수탁자가 지체 없이 수익자집회의 소집절차를 밟지 아니하는 경우 수익자집회의 소집을 청구한 수익자는 법원의 허가를 받아 수익자집회를 소집할 수 있다.

⑤ 수익자집회를 소집하는 자(이하 '소집자'라 한다)는 집회일 2주 전에 알고 있는 수익자 및 수탁자에게 서면이나 전자문서(수익자의 경우 전자문서로 통지를 받는 것에 동의한 자만 해당한다)로 회의의 일시·장소및 목적사항을 통지하여야 한다.

⑥ 소집자는 의결권 행사에 참고할 수 있도록 수익자에게 대통령령으로 정하는 서류를 서면이나 전자문서(전자문서로 제공받는 것에 동의한 수익자의 경우만 해당한다)로 제공하여야 한다.

제73조(수익자집회의 의결권 등)

① 수익자는 수익자집회에서 다음 각호의 구분에 따른 의결권을 갖는다.

1. 각 수익권의 내용이 동일한 경우 : 수익권의 수

2. 각 수익권의 내용이 동일하지 아니한 경우 : 수익자집회의 소집이 결정된 때의 수익권 가액

② 수익권이 그 수익권에 관한 신탁의 신탁재산에 속한 경우 수탁자는 그 수익권에 대하여 의결권을 행사하지 못한다.

③ 수익자는 수익자집회에 출석하지 아니하고 서면이나 전자문서(소집자가 전자문서로 행사하는 것을 승낙한 경우만 해당한다)로 의결권을 행사할 수 있다. 이 경우 수익자 확인절차 등 전자문서에 의한 의결권행사의 절차와 그 밖에 필요한 사항은 대통령령으로 정한다.

④ 수익자가 둘 이상의 의결권을 가지고 있을 때에는 이를 통일하지 아니하고 행사할 수 있다. 이 경우 수익자집회일 3일 전에 소집자에게 서면 또는 전자문서로 그 뜻과 이유를 통지하여야 한다.

⑤ 의결권을 통일하지 아니하고 행사하는 수익자가 타인을 위하여 수익권을 가지고 있는 경우가 아니면 소집자는 수익자의 의결권 불통일행사를 거부할 수 있다.

⑥ 수익자는 대리인으로 하여금 의결권을 행사하게 할 수 있다. 이 경우 해당 수익자나 대리인은 대리권을 증명하는 서면을 소집자에게 제출하여야 한다.

⑦ 수탁자는 수익자집회에 출석하거나 서면으로 의견을 진술할 수 있고, 수익자 집회는 필요하다고 인정하는 경우 수익자 집회의 결의로 수탁자에게 출석을 요구할 수 있다.

⑧ 수익자집회의 의장은 수익자 중에서 수익자집회의 결의로 선임한다.

제74조(수익자집회의 결의)

① 수익자집회의 결의는 행사할 수 있는 의결권의 과반수에 해당하는 수익자가 출석하고 출석한 수익자의 의결권의 과반수로써 하여야 한다.

② 제1항에도 불구하고 다음 각호의 사항에 관한 수익자집회의 결의는 의결권의 과반수에 해당하는 수익자가 출석하고 출석한 수익자의 의결권의 3분의 2 이상으로써 하여야 한다.

1. 제16조 제1항에 따른 수탁자 해임의 합의
2. 제88조 제1항에 따른 신탁의 변경 중 신탁목적의 변경, 수익채권 내용의 변경, 그 밖에 중요한 신탁의 변경의 합의
3. 제91조 제2항 및 제95조 제2항에 따른 신탁의 합병·분할·분할합병계획서의 승인
4. 제99조 제1항에 따른 신탁의 종료 합의
5. 제103조 제1항에 따른 신탁의 종료 시 계산의 승인

③ 수익자집회의 소집자는 의사의 경과에 관한 주요한 내용과 그 결과를 적은 의사록을 작성하고 기명날인 또는 서명하여야 한다.

④ 수익자집회의 결의는 해당 신탁의 모든 수익자에 대하여 효력이 있다.

⑤ 수익자집회와 관련하여 필요한 비용을 지출한 자는 수탁자에게 상환을 청구할 수 있다. 이 경우 수탁자는 신탁재산만으로 책임을 진다.

제6절 수익자의 취소권 및 유지청구권

제75조(신탁위반 법률행위의 취소)

① 수탁자가 신탁의 목적을 위반하여 신탁재산에 관한 법률행위를 한 경우 수익자는 상대방이나 전득자(轉得者)가 그 법률행위 당시 수탁자의 신탁 목적의 위반 사실을 알았거나 중대한 과실로 알지 못하였을 때에만 그 법률행위를 취소할 수 있다.

② 수익자가 여럿인 경우 그 1인이 제1항에 따라 한 취소는 다른 수익자를 위하여도 효력이 있다.

제76조(취소권의 제척기간)

제75조 제1항에 따른 취소권은 수익자가 취소의 원인이 있음을 안 날부터 3개월, 법률행위가 있은 날부터 1년 내에 행사하여야 한다.

제77조(수탁자에 대한 유지청구권)

① 수탁자가 법령 또는 신탁행위로 정한 사항을 위반하거나 위반할 우려가 있고 해당 행위로 신탁재산에 회복할 수 없는 손해가 발생할 우려가 있는 경우 수익자는 그 수탁자에게 그 행위를 유지(留止)할 것을 청구할 수 있다.

② 수익자가 여럿인 신탁에서 수탁자가 법령 또는 신탁행위로 정한 사항을 위반하거나 위반할 우려가 있고 해당 행위로 일부 수익자에게 회복할 수 없는 손해가 발생할 우려가 있는 경우에도 제1항과 같다.

제7절 수익증권

제78조(수익증권의 발행)

① 신탁행위로 수익권을 표시하는 수익증권을 발행하는 뜻을 정할 수 있다. 이 경우 각 수익권의 내용이 동일하지 아니할 때에는

특정 내용의 수익권에 대하여 수익증권을 발행하지 아니한다는 뜻을 정할 수 있다.

② 제1항의 정함이 있는 신탁(이하 '수익증권발행신탁'이라 한다)의 수탁자는 신탁행위로 정한 바에 따라 지체 없이 해당 수익권에 관한 수익증권을 발행하여야 한다.

③ 수익증권은 기명식(記名式) 또는 무기명식(無記名式)으로 한다. 다만, 담보권을 신탁재산으로 하여 설정된 신탁의 경우에는 기명식으로만 하여야 한다.

④ 신탁행위로 달리 정한 바가 없으면 수익증권이 발행된 수익권의 수익자는 수탁자에게 기명수익증권을 무기명식으로 하거나 무기명수익증권을 기명식으로 할 것을 청구할 수 있다.

⑤ 수익증권에는 다음 각호의 사항과 번호를 적고 수탁자(수탁자가 법인인 경우에는 그 대표자를 말한다)가 기명날인 또는 서명하여야 한다.

1. 수익증권발행신탁의 수익증권이라는 뜻
2. 위탁자 및 수탁자의 성명 또는 명칭 및 주소
3. 기명수익증권의 경우에는 해당 수익자의 성명 또는 명칭
4. 각 수익권에 관한 수익채권의 내용 및 그 밖의 다른 수익권의 내용
5. 제46조 제6항 및 제47조 제4항에 따라 수익자의 수탁자에 대한 보수지급 의무 또는 비용 등의 상환의무 및 손해배상 의무에 관하여 신탁행위의 정함이 있는 경우에는 그 뜻 및 내용
6. 수익자의 권리행사에 관하여 신탁행위의 정함(신탁관리인에 관한 사항을 포함한다)이 있는 경우에는 그 뜻 및 내용
7. 제114조 제1항에 따른 유한책임신탁인 경우에는 그 뜻 및 신탁의 명칭

8. 제87조에 따라 신탁사채 발행에 관하여 신탁행위의 정함이 있는 경우에는 그 뜻 및 내용
9. 그 밖에 수익권에 관한 중요한 사항으로서 대통령령으로 정하는 사항

⑥ 수탁자는 신탁행위로 정한 바에 따라 수익증권을 발행하는 대신 전자등록 기관(유가증권 등의 전자등록 업무를 취급하는 것으로 지정된 기관을 말한다)의 전자등록부에 수익증권을 등록할 수 있다. 이 경우 전자등록의 절차·방법 및 효과, 전자등록기관의 지정·감독 등 수익증권의 전자등록 등에 관하여 필요한 사항은 따로 법률로 정한다.

⑦ 제88조 제1항에도 불구하고 수익증권발행신탁에서 수익증권발행신탁이 아닌 신탁으로, 수익증권발행신탁이 아닌 신탁에서 수익증권발행신탁으로 변경할 수 없다.

제79조(수익자명부)

① 수익증권발행신탁의 수탁자는 지체 없이 수익자명부를 작성하고 다음 각호의 사항을 적어야 한다.

1. 각 수익권에 관한 수익채권의 내용과 그 밖의 수익권의 내용
2. 각 수익권에 관한 수익증권의 번호 및 발행일
3. 각 수익권에 관한 수익증권이 기명식인지 무기명식인지의 구별
4. 기명수익증권의 경우에는 해당 수익자의 성명 또는 명칭 및 주소
5. 무기명수익증권의 경우에는 수익증권의 수
6. 기명수익증권의 수익자의 각 수익권 취득일
7. 그 밖에 대통령령으로 정하는 사항

② 수익증권발행신탁의 수탁자가 수익자나 질권자에게 하는 통지 또는 최고(催告)는 수익자명부에 적혀 있는 주소나 그 자로부터 수탁자에게 통지된 주소로 하면 된다. 다만, 무기명수익증권의 수익자나 그 질권자에게는 다음 각호의 방법 모두를 이행하여 통지하거나 최고하여야 한다.

1. 「신문 등의 진흥에 관한 법률」에 따른 일반일간신문 중 전국을 보급 지역으로 하는 신문(이하 '일반일간신문'이라 한다)에의 공고(수탁자가 법인인 경우에는 그 법인의 공고방법에 따른 공고를 말한다)
2. 수탁자가 알고 있는 자에 대한 개별적인 통지 또는 최고

③ 제2항 본문에 따른 통지 또는 최고는 보통 그 도달할 시기에 도달한 것으로 본다.

④ 수익증권발행신탁의 수탁자는 신탁행위로 정한 바에 따라 수익자명부 관리인을 정하여 수익자명부의 작성, 비치 및 그 밖에 수익자명부에 관한 사무를 위탁할 수 있다.

⑤ 수익증권발행신탁의 수탁자는 수익자명부를 그 주된 사무소(제4항의 수익자 명부관리인이 있는 경우에는 그 사무소를 말한다)에 갖추어 두어야 한다.

⑥ 수익증권발행신탁의 위탁자, 수익자 또는 그 밖의 이해관계인은 영업시간 내에 언제든지 수익자명부의 열람 또는 복사를 청구할 수 있다. 이 경우 수탁자나 수익자명부관리인은 정당한 사유가 없다면 청구에 따라야 한다.

제80조(수익증권의 불소지)

① 수익권에 대하여 기명수익증권을 발행하기로 한 경우 해당 수익자는 그 기명수익증권에 대하여 증권을 소지하지 아니하겠다는 뜻을 수탁자에게 신고할 수 있다.

다만, 신탁행위로 달리 정한 경우에는 그에 따른다.

② 제1항의 신고가 있는 경우 수탁자는 지체 없이 수익증권을 발행하지 아니한다는 뜻을 수익자명부에 적고, 수익자에게 그 사실을 통지하여야 한다. 이 경우 수탁자는 수익증권을 발행할 수 없다.

③ 제1항의 경우 이미 발행된 수익증권이 있으면 수탁자에게 제출하여야 하고, 수탁자에게 제출된 수익증권은 제2항의 기재를 한 때에 무효가 된다.

④ 제1항의 신고를 한 수익자라도 언제든지 수탁자에게 수익증권의 발행을 청구할 수 있다.

제81조(수익증권발행신탁 수익권의 양도)

① 수익증권발행신탁의 경우 수익권을 표시하는 수익증권을 발행하는 정함이 있는 수익권을 양도할 때에는 해당 수익권을 표시하는 수익증권을 교부하여야 한다.

② 기명수익증권으로 표시되는 수익권의 이전은 취득자의 성명 또는 명칭과 주소를 수익자명부에 적지 아니하면 수탁자에게 대항하지 못한다.

③ 제78조 제1항 후단에 따라 특정 수익권에 대하여 수익증권을 발행하지 아니한다는 뜻을 정한 수익증권발행신탁의 경우 해당 수익권의 이전은 취득자의 성명 또는 명칭과 주소를 수익자명부에 적지 아니하면 수탁자 및 제3자에게 대항하지 못한다.

④ 수익증권발행신탁에서 수익권을 표시하는 수익증권을 발행하는 정함이 있는 수익권의 경우 수익증권의 발행 전에 한 수익권의 양도는 수탁자에 대하여 효력이 없다. 다만, 수익증권을 발행하여야 하는 날부터 6개월이 경과한 경우에는 그러하지 아니하다.

제82조(수익증권의 권리추정력 및 선의취득)

① 수익증권의 점유자는 적법한 소지인으로 추정한다.

② 수익증권에 관하여는 「수표법」 제21조를 준용한다.

제83조(수익증권발행신탁 수익권에 대한 질권)

① 수익증권발행신탁의 경우 수익권을 질권의 목적으로 할 때에는 그 수익권을 표시하는 수익증권을 질권자에게 교부하여야 한다.

② 제1항에 따라 수익증권을 교부받은 질권자는 계속하여 수익증권을 점유하지 아니하면 그 질권으로써 수탁자 및 제3자에게 대항하지 못한다.

③ 제78조 제1항 후단에 따라 특정 수익권에 대하여 수익증권을 발행하지 아니한다는 뜻을 정한 수익증권발행신탁의 경우 해당 수익권에 대한 질권은 그 질권자의 성명 또는 명칭과 주소를 수익자명부에 적지 아니하면 수탁자 및 제3자에게 대항하지 못한다.

④ 수익증권발행신탁에서 수익권을 표시하는 수익증권을 발행하는 정함이 있는 수익권의 경우 수익증권 발행 전에 한 수익권에 대한 질권의 설정은 수탁자에 대하여 효력이 없다. 다만, 수익증권을 발행하여야 하는 날부터 6개월이 경과한 경우에는 그러하지 아니하다.

제84조(기준일)

① 수익증권발행신탁의 수탁자는 기명수익증권에 대한 수익자로서 일정한 권리를 행사할 자를 정하기 위하여 일정한 날(이하 '기준일'이라 한다)에 수익자명부에 적혀 있는 수익자를 그 권리를 행사할 수익자로 볼 수 있다.

② 기준일은 수익자로서 권리를 행사할 날에 앞선 3개월 내의 날로 정하여야 한다.

③ 기준일을 정한 수탁자는 그 날의 2주 전에 이를 일반일간신문에 공고하여야 한다. 다만, 수탁자가 법인인 경우에는 그 법인의 공고방법에 따른다.

④ 신탁행위로 달리 정한 경우에는 제1항부터 제3항까지의 규정을 적용하지 아니한다.

제85조(수익증권 발행 시 권리행사 등)

① 무기명수익증권을 가진 자는 그 수익증권을 제시하지 아니하면 수탁자 및 제3자에게 수익자의 권리를 행사하지 못한다.

② 수익증권발행신탁의 수익권을 여러 명이 공유하는 경우 공유자는 그 수익권에 대하여 권리(수탁자로부터 통지 또는 최고를 받을 권한을 포함한다)를 행사할 1인을 정하여 수탁자에게 통지하여야 한다.

③ 제2항의 통지가 없는 경우 공유자는 수탁자가 동의하지 아니하면 해당 수익권에 대한 권리를 행사할 수 없고, 공유자에 대한 수탁자의 통지나 최고는 공유자 중 1인에게 하면 된다.

④ 수익증권발행신탁의 수익자가 여럿인 경우 수익자의 의사결정(제61조 각호에 따른 권리의 행사에 관한 사항은 제외한다)은 제72조부터 제74조까지의 규정에 따른 수익자집회에서 결정한다. 다만, 신탁행위로 달리 정한 경우에는 그에 따른다.

⑤ 수익증권발행신탁의 경우 위탁자는 다음 각호의 권리를 행사할 수 없다.

1. 제16조 제1항 및 제21조 제1항에 따른 해임권 또는 선임권
2. 제16조 제3항, 제67조 제1항, 제88조 제3항 및 제100조에 따른 청구권

3. 제40조 제1항에 따른 열람·복사 청구권 또는 설명요구권

4. 제79조 제6항에 따른 열람 또는 복사 청구권

⑥ 제71조 제1항 단서에도 불구하고 수익증권발행신탁의 경우 신탁행위로 다음 각 호의 어느 하나에 해당하는 뜻을 정할 수 있다.

1. 다음 각 목의 권리의 전부 또는 일부에 대하여 총수익자 의결권의 100분의 3 (신탁행위로 100분의 3보다 낮은 비율을 정한 경우에는 그 비율을 말한다) 이상 비율의 수익권을 가진 수익자만 해당 권리를 행사할 수 있다는 뜻
   가. 제40조 제1항에 따른 열람·복사 청구권 또는 설명요구권
   나. 제75조 제1항에 따른 취소권
   다. 제88조 제3항에 따른 신탁의 변경 청구권
   라. 제100조에 따른 신탁의 종료명령청구권

2. 6개월(신탁행위로 이보다 짧은 기간을 정한 경우에는 그 기간을 말한다) 전부터 계속하여 수익권을 가진 수익자만 제77조 제1항에 따른 유지 청구권을 행사할 수 있다는 뜻

⑦ 수익증권발행신탁의 경우 제46조 제4항부터 제6항까지 및 제47조 제4항을 적용하지 아니한다. 다만, 신탁행위로 달리 정한 경우에는 그에 따른다.

제86조(수익증권의 상실)

① 수익증권은 공시최고(公示催告)의 절차를 거쳐 무효로 할 수 있다.

② 수익증권을 상실한 자는 제권판결(除權判決)을 받지 아니하면 수탁자에게 수익증권의 재발행을 청구하지 못한다.

- 제6장 신탁사채 -

제87조(신탁사채)

① 다음 각호의 요건을 모두 충족하는 경우 신탁행위로 수탁자가 신탁을 위하여 사채(社債)를 발행할 수 있도록 정할 수 있다.

1. 수익증권발행신탁일 것
2. 제114조 제1항에 따른 유한책임신탁일 것
3. 수탁자가 「상법」상 주식회사나 그 밖의 법률에 따라 사채를 발행할 수 있는 자일 것

② 제1항에 따라 사채를 발행하는 수탁자는 사채청약서, 채권(債券) 및 사채 원부에 다음 각호의 사항을 적어야 한다.

1. 해당 사채가 신탁을 위하여 발행되는 것이라는 뜻
2. 제1호의 신탁을 특정하는 데에 필요한 사항
3. 해당 사채에 대하여는 신탁재산만으로 이행책임을 진다는 뜻

③ 사채 총액 한도에 관하여는 대통령령으로 정한다.

④ 제1항에 따른 사채의 발행에 관하여 이 법에서 달리 정하지 아니하는 사항에 대하여는 「상법」 제396조 및 제3편 제4장 제8절(「상법」 제469조는 제외한다)을 준용한다.

- 제7장 신탁의 변경 -

제88조(신탁당사자의 합의 등에 의한 신탁변경)

① 신탁은 위탁자, 수탁자 및 수익자의 합의로 변경할 수 있다. 다만, 신탁행위로 달리 정한 경우에는 그에 따른다.

② 제1항에 따른 신탁의 변경은 제3자의 정당한 이익을 해치지 못한다.

③ 신탁행위 당시에 예견하지 못한 특별한 사정이 발생한 경우 위탁자, 수익자 또는 수탁자는 신탁의 변경을 법원에 청구할 수 있다.

④ 목적신탁에서 수익자의 이익을 위한 신탁으로, 수익자의 이익을 위한 신탁에서 목적신탁으로 변경할 수 없다.

제89조(반대수익자의 수익권매수청구권)

① 다음 각호의 어느 하나에 해당하는 사항에 관한 변경에 반대하는 수익자는 신탁변경이 있는 날부터 20일 내에 수탁자에게 수익권의 매수를 서면으로 청구할 수 있다.

1. 신탁의 목적
2. 수익채권의 내용
3. 신탁행위로 수익권매수청구권을 인정한 사항

② 수탁자는 제1항의 청구를 받은 날부터 2개월 내에 매수한 수익권의 대금을 지급하여야 한다.

③ 제2항에 따른 수익권의 매수가액은 수탁자와 수익자 간의 협의로 결정한다.

④ 제1항의 청구를 받은 날부터 30일 내에 제3항에 따른 협의가 이루어지지 아니한 경우 수탁자나 수익권의 매수를 청구한 수익자는 법원에 매수가액의 결정을 청구할 수 있다.

⑤ 법원이 제4항에 따라 수익권의 매수가액을 결정하는 경우에는 신탁의 재산 상태나 그 밖의 사정을 고려하여 공정한 가액으로 산정하여야 한다.

⑥ 수탁자는 법원이 결정한 매수가액에 대한 이자를 제2항의 기간만료일 다음 날부터 지급하여야 한다.

⑦ 수탁자는 수익권매수청구에 대한 채무의 경우 신탁재산만으로 책임을 진다. 다만, 신탁행위 또는 신탁변경의 합의로 달리 정한 경우에는 그에 따른다.

⑧ 제1항의 청구에 의하여 수탁자가 수익권을 취득한 경우 그 수익권은 소멸한다. 다만, 신탁행위 또는 신탁변경의 합의로 달리 정한 경우에는 그에 따른다.

제90조(신탁의 합병)

수탁자가 동일한 여러 개의 신탁은 1개의 신탁으로 할 수 있다.

제91조(신탁의 합병계획서)

① 신탁을 합병하려는 경우 수탁자는 다음 각호의 사항을 적은 합병계획서를 작성하여야 한다.

1. 신탁합병의 취지
2. 신탁합병 후의 신탁행위의 내용
3. 신탁행위로 정한 수익권의 내용에 변경이 있는 경우에는 그 내용 및 변경이유
4. 신탁합병 시 수익자에게 금전과 그 밖의 재산을 교부하는 경우에는 그 재산의 내용과 가액
5. 신탁합병의 효력발생일
6. 그 밖에 대통령령으로 정하는 사항

② 수탁자는 각 신탁별로 위탁자와 수익자로부터 제1항의 합병계획서의 승인을 받아야 한다. 다만, 신탁행위로 달리 정한 경우에는 그에 따른다.

③ 제1항의 합병계획서를 승인하지 아니하는 수익자는 합병계획서의 승인이 있는 날부터 20일 내에 수탁자에게 수익권의 매수를 서면으로 청구할 수 있다. 이 경우 제89조 제2항부터 제8항까지의 규정을 준용한다.

제92조(합병계획서의 공고 및 채권자보호)

① 수탁자는 신탁의 합병계획서의 승인을 받은 날부터 2주 내에 다음 각호의 사항을 일반일간신문에 공고하고(수탁자가 법인인 경우에는 해당 법인의 공고방법에 따른다) 알고 있는 신탁재산의 채권자에게는 개별적으로 이를 최고하여야 한다. 제2호의 경우 일정한 기간은 1개월 이상이어야 한다.

1. 합병계획서
2. 채권자가 일정한 기간 내에 이의를 제출할 수 있다는 취지
3. 그 밖에 대통령령으로 정하는 사항

② 채권자가 제1항의 기간 내에 이의를 제출하지 아니한 경우에는 합병을 승인한 것으로 본다.

③ 이의를 제출한 채권자가 있는 경우 수탁자는 그 채권자에게 변제하거나 적당한 담보를 제공하거나 이를 목적으로 하여 적당한 담보를 신탁회사에 신탁하여야 한다. 다만, 신탁의 합병으로 채권자를 해칠 우려가 없는 경우에는 그러하지 아니하다.

제93조(합병의 효과)

합병 전의 신탁재산에 속한 권리·의무는 합병 후의 신탁재산에 존속한다.

제94조(신탁의 분할 및 분할합병)

① 신탁재산 중 일부를 분할하여 수탁자가 동일한 새로운 신탁의 신탁재산으로 할 수 있다.

② 신탁재산 중 일부를 분할하여 수탁자가 동일한 다른 신탁과 합병(이하 '분할합병'이라 한다)할 수 있다.

제95조(신탁의 분할계획서 및 분할합병계획서)

① 제94조에 따라 신탁을 분할하거나 분할합병하려는 경우 수탁자는 다음 각호의 사항을 적은 분할계획서 또는 분할합병계획서를 작성하여야 한다.

1. 신탁을 분할하거나 분할합병한다는 취지
2. 분할하거나 분할합병한 후의 신탁행위의 내용
3. 신탁행위로 정한 수익권의 내용에 변경이 있는 경우에는 그 내용 및 변경 이유
4. 분할하거나 분할합병할 때 수익자에게 금전과 그 밖의 재산을 교부하는 경우에는 그 재산의 내용과 가액
5. 분할 또는 분할합병의 효력발생일
6. 분할되는 신탁재산 및 신탁채무의 내용과 그 가액
7. 제123조에 따라 유한책임신탁의 채무를 승계하는 분할 후 신설신탁 또는 분할합병신탁이 있는 경우 그러한 취지와 특정된 채무의 내용
8. 그 밖에 대통령령으로 정하는 사항

② 수탁자는 각 신탁별로 위탁자와 수익자로부터 제1항의 분할계획서 또는 분할합병계획서의 승인을 받아야 한다. 다만, 신탁행위로 달리 정한 경우에는 그에 따른다.

③ 제1항의 분할계획서 또는 분할합병계획서를 승인하지 아니한 수익자는 분할계획서 또는 분할합병계획서의 승인이 있은 날부터 20일 내에 수탁자에게 수익권의 매수를 서면으로 청구할 수 있다. 이 경우 제89조 제2항부터 제8항까지의 규정을 준용한다.

제96조(분할계획서 등의 공고 및 채권자보호)

① 수탁자는 신탁의 분할계획서 또는 분할합병계획서의 승인을 받은 날부터 2주 내에 다음 각호의 사항을 일반일간신문에 공고하고(수탁자가 법인인 경우에는 그 법인의

공고방법에 따른다) 알고 있는 신탁재산의 채권자에게는 개별적으로 최고하여야 한다. 제2호의 경우 일정한 기간은 1개월 이상이어야 한다.

1. 분할계획서 또는 분할합병계획서
2. 채권자가 일정한 기간 내에 이의를 제출할 수 있다는 취지
3. 그 밖에 대통령령으로 정하는 사항

② 채권자가 제1항의 기간 내에 이의를 제출하지 아니한 경우에는 신탁의 분할 또는 분할합병을 승인한 것으로 본다.

③ 이의를 제출한 채권자가 있는 경우 수탁자는 그 채권자에게 변제하거나 적당한 담보를 제공하거나 이를 목적으로 하여 적당한 담보를 신탁회사에 신탁하여야 한다. 다만, 신탁을 분할하거나 분할합병하는 것이 채권자를 해칠 우려가 없는 경우에는 그러하지 아니하다.

제97조(분할의 효과)

① 제94조에 따라 분할되는 신탁재산에 속한 권리·의무는 분할계획서 또는 분할합병계획서가 정하는 바에 따라 분할 후 신설신탁 또는 분할합병신탁에 존속한다.

② 수탁자는 분할하는 신탁재산의 채권자에게 분할된 신탁과 분할 후의 신설 신탁 또는 분할합병신탁의 신탁재산으로 변제할 책임이 있다.

– 제8장 신탁의 종료 –

제98조(신탁의 종료사유)

신탁은 다음 각호의 어느 하나에 해당하는 경우 종료한다.

1. 신탁의 목적을 달성하였거나 달성할 수 없게 된 경우

2. 신탁이 합병된 경우
3. 제138조에 따라 유한책임신탁에서 신탁재산에 대한 파산선고가 있은 경우
4. 수탁자의 임무가 종료된 후 신수탁자가 취임하지 아니한 상태가 1년간 계속된 경우
5. 목적신탁에서 신탁관리인이 취임하지 아니한 상태가 1년간 계속된 경우
6. 신탁행위로 정한 종료사유가 발생한 경우

제99조(합의에 의한 신탁의 종료)

① 위탁자와 수익자는 합의하여 언제든지 신탁을 종료할 수 있다. 다만, 위탁자가 존재하지 아니하는 경우에는 그러하지 아니하다.

② 위탁자가 신탁이익의 전부를 누리는 신탁은 위탁자나 그 상속인이 언제든지 종료할 수 있다.

③ 위탁자, 수익자 또는 위탁자의 상속인이 정당한 이유 없이 수탁자에게 불리한 시기에 신탁을 종료한 경우 위탁자, 수익자 또는 위탁자의 상속인은 그 손해를 배상하여야 한다.

④ 제1항부터 제3항까지의 규정에도 불구하고 신탁행위로 달리 정한 경우에는 그에 따른다.

제100조(법원의 명령에 의한 신탁의 종료)

신탁행위 당시에 예측하지 못한 특별한 사정으로 신탁을 종료하는 것이 수익자의 이익에 적합함이 명백한 경우에는 위탁자, 수탁자 또는 수익자는 법원에 신탁의 종료를 청구할 수 있다.

제101조(신탁종료 후의 신탁재산의 귀속)

① 제98조 제1호, 제4호부터 제6호까지, 제99조 또는 제100조에 따라 신탁이 종료

된 경우 신탁재산은 수익자(잔여재산수익자를 정한 경우에는 그 잔여 재산수익자를 말한다)에게 귀속한다. 다만, 신탁행위로 신탁재산의 잔여 재산이 귀속될 자(이하 '귀속권리자'라 한다)를 정한 경우에는 그 귀속권리자에게 귀속한다.

② 수익자와 귀속권리자로 지정된 자가 신탁의 잔여재산에 대한 권리를 포기한 경우 잔여재산은 위탁자와 그 상속인에게 귀속한다.

③ 제3조 제3항에 따라 신탁이 종료된 경우 신탁재산은 위탁자에게 귀속한다.

④ 신탁이 종료된 경우 신탁재산이 제1항부터 제3항까지의 규정에 따라 귀속될 자에게 이전될 때까지 그 신탁은 존속하는 것으로 본다. 이 경우 신탁재산이 귀속될 자를 수익자로 본다.

⑤ 제1항 및 제2항에 따라 잔여재산의 귀속이 정하여지지 아니하는 경우 잔여 재산은 국가에 귀속된다.

제102조(준용규정)

신탁의 종료로 인하여 신탁재산이 수익자나 그 밖의 자에게 귀속한 경우에는 제53조 제3항 및 제54조를 준용한다.

제103조(신탁종료에 의한 계산)

① 신탁이 종료한 경우 수탁자는 지체 없이 신탁사무에 관한 최종의 계산을 하고, 수익자 및 귀속권리자의 승인을 받아야 한다.

② 수익자와 귀속권리자가 제1항의 계산을 승인한 경우 수탁자의 수익자와 귀속권리자에 대한 책임은 면제된 것으로 본다. 다만, 수탁자의 직무수행에 부정행위가 있었던 경우에는 그러하지 아니하다.

③ 수익자와 귀속권리자가 수탁자로부터 제1항의 계산승인을 요구받은 때부터 1개월 내에 이의를 제기하지 아니한 경우 수익자와 귀속권리자는 제1항의 계산을 승인한 것으로 본다.

제104조(신탁의 청산)

신탁행위 또는 위탁자와 수익자의 합의로 청산절차에 따라 신탁을 종료하기로 한 경우의 청산절차에 관하여는 제132조 제2항, 제133조 제1항부터 제6항까지 및 제134조부터 제137조까지의 규정을 준용한다.

‒ 제9장 신탁의 감독 ‒

제105조(법원의 감독)

① 신탁사무는 법원이 감독한다. 다만, 신탁의 인수를 업으로 하는 경우는 그러하지 아니하다.

② 법원은 이해관계인의 청구에 의하여 또는 직권으로 신탁사무 처리의 검사, 검사인의 선임, 그 밖에 필요한 처분을 명할 수 있다.

‒ 제10장 ‒

삭제

제106조~제113조 삭제

‒ 제11장 유한책임신탁 ‒

제1절 유한책임신탁의 설정

제114조(유한책임신탁의 설정)

① 신탁행위로 수탁자가 신탁재산에 속하

는 채무에 대하여 신탁재산만으로 책임지는 신탁(이하 '유한책임신탁'이라 한다)을 설정할 수 있다. 이 경우 제126조에 따라 유한책임신탁의 등기를 하여야 그 효력이 발생한다.

② 유한책임신탁을 설정하려는 경우에는 신탁행위로 다음 각호의 사항을 정하여야 한다.

1. 유한책임신탁의 목적
2. 유한책임신탁의 명칭
3. 위탁자 및 수탁자의 성명 또는 명칭 및 주소
4. 유한책임신탁의 신탁사무를 처리하는 주된 사무소(이하 '신탁사무처리지'라 한다)
5. 신탁재산의 관리 또는 처분 등의 방법
6. 그 밖에 필요한 사항으로서 대통령령으로 정하는 사항

제115조(유한책임신탁의 명칭)

① 유한책임신탁의 명칭에는 '유한책임신탁'이라는 문자를 사용하여야 한다.

② 유한책임신탁이 아닌 신탁은 명칭에 유한책임신탁 및 그 밖에 이와 유사한 문자를 사용하지 못한다.

③ 누구든지 부정한 목적으로 다른 유한책임신탁으로 오인(誤認)할 수 있는 명칭을 사용하지 못한다.

④ 제3항을 위반하여 명칭을 사용하는 자가 있는 경우 그로 인하여 이익이 침해되거나 침해될 우려가 있는 유한책임신탁의 수탁자는 그 명칭 사용의 정지 또는 예방을 청구할 수 있다.

제116조(명시·교부 의무)

① 수탁자는 거래상대방에게 유한책임신탁이라는 뜻을 명시하고 그 내용을 서면으로 교부하여야 한다.

② 수탁자가 제1항을 위반한 경우 거래상대방은 그 법률행위를 한 날부터 3개월 내에 이를 취소할 수 있다.

제117조(회계서류 작성의무)

① 유한책임신탁의 경우 수탁자는 다음 각호의 서류를 작성하여야 한다.

1. 대차대조표
2. 손익계산서
3. 이익잉여금처분계산서나 결손금처리계산서
4. 그 밖에 대통령령으로 정하는 회계서류

② 다음 각호의 요건을 모두 갖춘 유한책임신탁은 「주식회사 등의 외부감사에 관한 법률」의 예에 따라 감사를 받아야 한다. 〈개정 2017. 10. 31.〉

1. 수익증권발행신탁일 것
2. 직전 사업연도 말의 신탁재산의 자산총액 또는 부채규모가 대통령령으로 정하는 기준 이상일 것

제118조(수탁자의 제3자에 대한 책임)

① 유한책임신탁의 수탁자가 다음 각호의 어느 하나에 해당하는 행위를 한 경우 그 수탁자는 유한책임신탁임에도 불구하고 제3자에게 그로 인하여 입은 손해를 배상할 책임이 있다. 다만, 제3호 및 제4호의 경우 수탁자가 주의를 게을리하지 아니하였음을 증명하였을 때에는 그러하지 아니하다.

1. 고의 또는 중대한 과실로 그 임무를 게을리한 경우
2. 고의 또는 과실로 위법행위를 한 경우
3. 대차대조표 등 회계서류에 기재 또는 기록하여야 할 중요한 사항에 관한 사실과 다른 기재 또는 기록을 한 경우
4. 사실과 다른 등기 또는 공고를 한 경우

② 제1항에 따라 제3자에게 손해를 배상할 책임이 있는 수탁자가 여럿인 경우 연대하여 그 책임을 진다.

제119조(고유재산에 대한 강제집행 등의 금지)

① 유한책임신탁의 경우 신탁채권에 기하여 수탁자의 고유재산에 대하여 강제집행 등이나 국세 등 체납처분을 할 수 없다. 다만, 제118조에 따른 수탁자의 손해배상채무에 대하여는 그러하지 아니하다.
② 수탁자는 제1항을 위반한 강제집행 등에 대하여 이의를 제기할 수 있다. 이 경우 「민사집행법」 제48조를 준용한다.
③ 수탁자는 제1항을 위반한 국세 등 체납처분에 대하여 이의를 제기할 수 있다. 이 경우 국세 등 체납처분에 대한 불복절차를 준용한다.

제120조(수익자에 대한 급부의 제한)

① 유한책임신탁의 수탁자는 수익자에게 신탁재산에서 급부가 가능한 한도를 초과하여 급부할 수 없다.
② 제1항에 따른 급부가 가능한 한도는 순자산액의 한도 내에서 대통령령으로 정하는 방법에 따라 산정한다.

제121조(초과급부에 대한 전보책임)

① 수탁자가 수익자에게 제120조 제1항의 급부가 가능한 한도를 초과하여 급부한 경우 수탁자와 이를 받은 수익자는 연대하여 초과된 부분을 신탁재산에 전보할 책임이 있다. 다만, 수탁자가 주의를 게을리하지 아니하였음을 증명한 경우에는 그러하지 아니하다.
② 제1항의 초과부분을 전보한 수탁자는 선의의 수익자에게 구상권(求償權)을 행사할 수 없다.

제122조(합병의 효과에 대한 특칙)

유한책임신탁에 속하는 채무에 대하여는 합병 후에도 합병 후 신탁의 신탁재산만으로 책임을 진다.

제123조(분할의 효과에 대한 특칙)

유한책임신탁에 속하는 채무에 대하여 분할 후의 신설신탁 또는 분할합병 신탁에 이전하는 것으로 정한 경우 그 채무에 대하여는 분할 후의 신설신탁 또는 분할합병 신탁의 신탁재산만으로 책임을 진다.

제2절 유한책임신탁의 등기

제124조(관할 등기소)

① 유한책임신탁의 등기에 관한 사무는 신탁사무처리지를 관할하는 지방법원, 그 지원 또는 등기소를 관할 등기소로 한다.
② 등기소는 유한책임신탁등기부를 편성하여 관리한다.

제125조(등기의 신청)

① 등기는 법령에 다른 규정이 있는 경우를 제외하고는 수탁자의 신청 또는 관공서의 촉탁이 없으면 하지 못한다.
② 제17조 제1항 및 제18조 제1항에 따라 신탁재산관리인이 선임되면 법령에 다른 규정이 있는 경우를 제외하고는 신탁재산관리인이 등기를 신청하여야 한다.

제126조(유한책임신탁등기)

① 유한책임신탁등기는 다음 각호의 사항을 등기하여야 한다.
1. 유한책임신탁의 목적
2. 유한책임신탁의 명칭
3. 수탁자의 성명 또는 명칭 및 주소
4. 신탁재산관리인이 있는 경우 신탁재산관리인의 성명 또는 명칭 및 주소

5. 신탁사무처리지
6. 그 밖에 대통령령으로 정하는 사항
② 제1항의 등기는 유한책임신탁을 설정한 때부터 2주 내에 하여야 한다.
③ 유한책임신탁의 등기를 신청하기 위한 서면(전자문서를 포함한다. 이하 '신청서'라 한다)에는 다음 각호의 서면을 첨부하여야 한다.〈개정 2014. 5. 20.〉
1. 유한책임신탁을 설정한 신탁행위를 증명하는 서면
2. 수탁자가 법인인 경우에는 그 법인의 「상업등기법」 제15조에 따른 등기 사항 증명서
3. 제117조 제2항에 따라 외부의 감사인을 두어야 하는 경우에는 그 선임 및 취임 승낙을 증명하는 서면
4. 제3호의 감사인이 법인인 경우에는 그 법인의 「상업등기법」 제15조에 따른 등기사항증명서

제127조(유한책임신탁의 변경등기)

① 제126조 제1항 각호의 사항(제5호는 제외한다)에 변경이 있는 경우에는 2주 내에 변경등기를 하여야 한다.
② 신탁사무처리지에 변경이 있는 경우에는 2주 내에 종전 신탁사무처리지에서는 변경등기를 하고 새로운 신탁사무처리지에서는 제126조 제1항 각호의 사항을 등기하여야 한다. 다만, 같은 등기소의 관할구역 내에서 신탁사무처리지를 변경한 경우에는 신탁사무처리지의 변경등기만 하면 된다.
③ 제126조 제1항 각호의 사항의 변경은 제1항 또는 제2항에 따라 등기하지 아니하면 선의의 제3자에게 대항하지 못한다. 등기한 후라도 제3자가 정당한 사유로 이를 알지 못한 경우에도 또한 같다.

④ 제1항 또는 제2항에 따라 변경등기를 신청할 때에는 신청서에 해당 등기 사항의 변경을 증명하는 서면을 첨부하여야 한다.

제128조(유한책임신탁의 종료등기)

① 유한책임신탁이 종료되거나 제114조 제1항의 취지를 폐지하는 변경이 있는 경우에는 2주 내에 종료등기를 하여야 한다.
② 제1항에 따라 유한책임신탁의 종료등기를 신청할 때에는 신청서에 종료 사유의 발생을 증명하는 서면을 첨부하여야 한다.

제129조(유한책임신탁의 합병등기 또는 분할등기)

유한책임신탁이 합병하거나 분할한 후에도 유한책임신탁을 유지하는 경우 그 등기에 관하여는 제126조부터 제128조까지의 규정을 준용한다.

제130조(부실의 등기)

수탁자는 고의나 과실로 유한책임신탁의 등기가 사실과 다르게 된 경우 그 등기와 다른 사실로 선의의 제3자에게 대항하지 못한다.

제131조(등기절차 및 사무)

이 장에 규정된 등기의 등기절차 및 사무에 관하여는 이 법 및 다른 법령에서 규정한 것을 제외하고 「상업등기법」의 예에 따른다.

제3절 유한책임신탁의 청산

제132조(유한책임신탁의 청산)

① 유한책임신탁이 종료한 경우에는 신탁을 청산하여야 한다. 다만, 제98조 제2호 및 제3호의 사유로 종료한 경우에는 그러하지 아니하다.

② 제1항에 따른 청산이 완료될 때까지 유한책임신탁은 청산의 목적범위 내에서 존속하는 것으로 본다.

제133조(청산수탁자)

① 유한책임신탁이 종료된 경우에는 신탁행위로 달리 정한 바가 없으면 종료 당시의 수탁자 또는 신탁재산관리인이 청산인(이하 '청산수탁자'라 한다)이 된다. 다만, 제3조 제3항에 따라 유한책임신탁이 종료된 경우에는 법원이 수익자, 신탁채권자또는 검사의 청구에 의하거나 직권으로 해당 신탁의 청산을 위하여 청산수탁자를 선임하여야 한다.

② 제1항 단서에 따라 청산수탁자가 선임된 경우 전수탁자의 임무는 종료한다.

③ 제1항 단서에 따라 선임된 청산수탁자에 대한 보수에 관하여는 제21조 제4항을 준용한다.

④ 청산수탁자는 다음 각호의 직무를 수행한다.

1. 현존사무의 종결
2. 신탁재산에 속한 채권의 추심 및 신탁채권에 대한 변제
3. 수익채권(잔여재산의 급부를 내용으로 한것은 제외한다)에 대한 변제
4. 잔여재산의 급부
5. 재산의 환가처분(換價處分)

⑤ 청산수탁자는 제4항 제2호 및 제3호의 채무를 변제하지 아니하면 제4항 제4호의 직무를 수행할 수 없다.

⑥ 청산수탁자는 제4항 각호의 직무를 수행하기 위하여 필요한 모든 행위를 할 수 있다. 다만, 신탁행위로 달리 정한 경우에는 그에 따른다.

⑦ 청산수탁자는 청산수탁자가 된 때부터 2주 내에 청산수탁자의 성명 또는 명칭 및 주소를 등기하여야 한다.

제134조(채권자의 보호)

① 청산수탁자는 취임한 후 지체 없이 신탁채권자에게 일정한 기간 내에 그 채권을 신고할 것과 그 기간 내에 신고하지 아니하면 청산에서 제외된다는 뜻을 일반일간신문에 공고하는 방법(수탁자가 법인인 경우에는 그 법인의 공고방법을 말한다)으로 최고하여야 한다. 이 경우 그 기간은 2개월 이상이어야 한다.

② 청산수탁자는 그가 알고 있는 채권자에게는 개별적으로 그 채권의 신고를 최고하여야 하며, 그 채권자가 신고하지 아니한 경우에도 청산에서 제외하지 못한다.

제135조(채권신고기간 내의 변제)

① 청산수탁자는 제134조 제1항의 신고기간 내에는 신탁채권자에게 변제하지 못한다. 다만, 변제의 지연으로 인한 손해배상의 책임을 면하지 못한다.

② 청산수탁자는 제1항에도 불구하고 소액의 채권, 담보가 있는 신탁채권, 그 밖에 변제로 인하여 다른 채권자를 해칠 우려가 없는 채권의 경우 법원의 허가를 받아 변제할 수 있다.

③ 제2항에 따른 허가신청을 각하하는 재판에는 반드시 이유를 붙여야 한다.

④ 변제를 허가하는 재판에 대하여는 불복할 수 없다.

제136조(청산절차에서 채무의 변제)

① 청산수탁자는 변제기에 이르지 아니한 신탁채권에 대하여도 변제할 수 있다.

② 제1항에 따라 신탁채권에 대한 변제를 하는 경우 이자 없는 채권에 대하여는 변제기에 이르기까지의 법정이자를 가산하여 그

채권액이 될 금액을 변제하여야 한다.

③ 이자 있는 채권으로서 그 이율이 법정 이율에 이르지 못하는 경우에는 제2항을 준용한다.

④ 제1항의 경우 조건부채권, 존속기간이 불확정한 채권, 그 밖에 가액이 불확정한 채권에 대하여는 법원이 선임한 감정인의 평가에 따라 변제하여야 한다.

제137조(제외된 채권자에 대한 변제)

청산 중인 유한책임신탁의 신탁채권자가 제134조 제1항의 신고기간 내에 그 채권을 신고하지 아니한 경우에는 그 채권은 청산에서 제외된다. 이 경우 청산에서 제외된 채권자는 분배되지 아니한 잔여재산에 대하여만 변제를 청구할 수 있다.

제138조(청산 중의 파산신청)

청산 중인 유한책임신탁의 신탁재산이 그 채무를 모두 변제하기에 부족한 것이 분명하게 된 경우 청산수탁자는 즉시 신탁재산에 대하여 파산신청을 하여야 한다.

제139조(청산종결의 등기)

유한책임신탁의 청산이 종결된 경우 청산수탁자는 제103조에 따라 최종의 계산을 하여 수익자 및 귀속권리자의 승인을 받아야 하며, 승인을 받은 때부터 2주 내에 종결의 등기를 하여야 한다.

– 제12장 벌칙 –

제140조(신탁사채권자집회의 대표자 등의 특별배임죄)

신탁사채권자집회의 대표자 또는 그 결의를 집행하는 사람이 그 임무에 위배한 행위로써 재산상의 이익을 취하거나 제3자로 하여금 이를 취득하게 하여 신탁사채권자에게 손해를 가한 경우에는 7년 이하의 징역 또는 2천만원 이하의 벌금에 처한다.

제141조(특별배임죄의 미수)

제140조의 미수범은 처벌한다.

제142조(부실문서행사죄)

① 수익증권을 발행하는 자가 수익증권을 발행하거나 신탁사채의 모집의 위탁을 받은 자가 신탁사채를 모집할 때 중요한 사항에 관하여 부실한 기재가 있는 수익증권 또는 사채청약서, 수익증권 또는 신탁사채의 모집에 관한 광고, 그 밖의 문서를 행사한 경우에는 5년 이하의 징역 또는 1천 500만원 이하의 벌금에 처한다.

② 수익증권 또는 신탁사채를 매출하는 자가 그 매출에 관한 문서로서 중요한 사항에 관하여 부실한 기재가 있는 것을 행사한 경우에도 제1항과 같다.

제143조(권리행사방해 등에 관한 증뢰·수뢰죄)

① 신탁사채권자집회에서의 발언 또는 의결권의 행사에 관하여 부정한 청탁을 받고 재산상의 이익을 수수(收受), 요구 또는 약속한 사람은 1년 이하의 징역 또는 1천만원 이하의 벌금에 처한다.〈개정 2014. 1. 7.〉

② 제1항의 이익을 약속, 공여 또는 공여의 의사를 표시한 사람도 제1항과 같다.

제144조(징역과 벌금의 병과)

제140조부터 제143조까지의 징역과 벌금은 병과할 수 있다.

제145조(몰수·추징)

제143조 제1항의 경우 범인이 수수한 이익

은 몰수한다. 그 전부 또는 일부를 몰수하기
불가능한 경우에는 그 가액을 추징한다.

제146조(과태료)

① 다음 각호의 어느 하나에 해당하는 자
또는 그 대표자에게는 500만원 이하의 과
태료를 부과한다.

1. 제12조 제2항·제3항 및 제13조 제2항
   을 위반하여 수익자에게 임무 종료 사
   실을 통지하지 아니한 수탁자, 수탁자
   의 상속인, 법정대리인 또는 청산인
2. 제12조 제3항을 위반하여 파산관재인
   에게 신탁재산에 관한 사항을 통지하
   지 아니한 수탁자
3. 제12조 제4항을 위반하여 수익자에게
   신탁재산의 보관 및 신탁사무 인계에
   관한 사실을 통지하지 아니한 수탁자
   의 상속인, 법정대리인 또는 청산인
4. 제14조 제3항을 위반하여 수익자에게
   사임한 사실을 통지하지 아니한 수탁자
5. 제16조 제4항을 위반하여 수익자에게
   해임된 사실을 통지하지 아니한 수탁자
6. 제17조 제3항 및 제18조 제3항을 위반
   하여 수익자에게 선임된 사실을 통지하
   지 아니한 신탁재산관리인
7. 제34조 제2항 단서를 위반하여 수익자
   에게 법원의 허가를 신청한 사실을 통
   지하지 아니한 수탁자
8. 제39조에 따른 장부, 재산목록, 그 밖
   의 서류의 작성·보존 및 비치 의무를
   게을리한 수탁자
9. 이 법을 위반하여 정당한 사유 없이 장
   부 등 서류, 수익자명부, 신탁 사채권
   자집회 의사록 또는 재무제표 등의 열
   람·복사를 거부한 수탁자, 수익자명부
   관리인 또는 신탁사채를 발행한 자

10. 제40조 제1항에 따른 설명요구를 정당
    한 사유 없이 거부한 수탁자
11. 제78조 제2항을 위반하여 정당한 사유
    없이 수익증권 발행을 지체한 수탁자
12. 제78조 제5항 또는 제87조 제2항을
    위반하여 수익증권 또는 채권에 적어
    야 할 사항을 적지 아니하거나 부실한
    기재를 한 수탁자
13. 이 법에 따른 수익자명부 또는 신탁사
    채권자집회 의사록을 작성하지 아니하
    거나 이를 갖추어 두지 아니한 수익증
    권발행신탁의 수탁자, 수익자명부관리
    인 또는 신탁사채를 발행한 자
14. 제79조 제5항을 위반하여 수익자명부
    를 갖추어 두지 아니한 수탁자
15. 제80조 제2항을 위반하여 수익자에게
    신고를 받은 사실을 통지하지 아니한
    수탁자
16. 제81조 제2항에 따른 수익자명부에 기
    명수익증권으로 표시된 수익권을 취
    득한 자의 성명 또는 명칭과 주소의
    기재를 거부한 수탁자
17. 제87조 제2항을 위반하여 사채청약서
    를 작성하지 아니하거나 이에 적어야
    할 사항을 적지 아니하거나 또는 부실
    한 기재를 한 수탁자
18. 수익자명부·신탁사채원부 또는 그 복
    본, 이 법에 따라 작성하여야 하는 신
    탁사채권자집회 의사록, 재산목록, 대
    차대조표, 손익계산서, 이익잉여금처
    분계산서, 결손금처리계산서, 그 밖의
    회계서류에 적어야 할 사항을 적지 아니
    하거나 또는 부실한 기재를 한 수탁자
19. 제87조 제4항에서 준용하는 「상법」 제
    396조 제1항을 위반하여 신탁사채 원
    부를 갖추어 두지 아니한 수탁자

20. 제87조 제4항에서 준용하는 「상법」 제478조 제1항을 위반하여 사채 전액의 납입이 완료하지 아니한 채 사채를 발행한 수탁자 또는 사채 모집의 위탁을 받은 회사

21. 제87조 제4항에서 준용하는 「상법」 제484조 제2항을 위반하여 사채의 변제를 받고 지체 없이 그 뜻을 공고하지 아니한 사채모집의 위탁을 받은 회사

22. 제87조 제4항에서 준용하는 「상법」 제499조를 위반하여 사채권자집회의 결의에 대하여 인가 또는 불인가의 결정이 있다는 사실을 지체 없이 공고하지 아니한 수탁자

23. 사채권자집회에 부실한 보고를 하거나 사실을 은폐한 수탁자 또는 사채모집의 위탁을 받은 회사

24. 제92조 제1항을 위반하여 합병에 대한 이의를 제출할 수 있다는 사실을 공고하지 아니한 수탁자

25. 제92조 또는 제96조를 위반하여 신탁을 합병하거나 분할하거나 분할합병한 경우 수탁자

26. 이 법에 따른 유한책임신탁의 설정, 변경, 종결 또는 청산의 등기를 게을리한 수탁자

27. 제133조 제5항을 위반하여(제104조에 따라 준용되는 경우를 포함한다) 잔여재산을 급부한 청산수탁자

28. 제138조를 위반하여 파산신청을 게을리한 청산수탁자

② 제115조 제1항을 위반하여 유한책임신탁의 명칭 중에 '유한책임신탁'이라는 문자를 사용하지 아니한 자에게는 300만원 이하의 과태료를 부과한다.

③ 다음 각호의 어느 하나에 해당하는 자에게는 100만원 이하의 과태료를 부과한다.

1. 제115조 제2항을 위반하여 유한책임신탁 및 그 밖에 이와 유사한 명칭을 사용한 자

2. 제115조 제3항을 위반하여 다른 유한책임신탁으로 오인할 수 있는 명칭을 사용한 자

④ 제1항부터 제3항까지의 규정에 따른 과태료(제1항 제26호에 따른 과태료는 제외한다)는 대통령령으로 정하는 바에 따라 법무부장관이 부과·징수한다.

제147조(외부의 감사인 등의 의무위반행위)

제117조 제2항에 따라 외부의 감사인을 선임한 경우 감사인 등의 의무위반 행위에 대한 벌칙 및 과태료에 관하여는 「주식회사 등의 외부감사에 관한 법률」을 준용한다. 이 경우 '회사'는 '신탁'으로 본다. 〈개정 2017. 10. 31.〉

※ 부칙은 생략함.

참고 문헌

- 신관식, 「사례와 함께하는 자산승계신탁·서비스」, 삼일인포마인(2022년)
- 신관식, 「장애인 금융·세금 가이드」, 삼일인포마인(2023년)
- 신관식, 「불멸의 가업승계 & 미래를 여는 신탁」, 헬로북스(2024년)
- 김선희, 「상속과 트러스트의 이해」, BOOKK(2022년)
- 김예림 등, 「재개발 재건축 권리와 세금뽀개기」, 삼일인포마인(2022년)
- 김홍기, 「자본시장법」, 박영사(2021년)
- 무궁화 신탁법연구회·광장 신탁법연구회, 「주석 신탁법(제3판)」, 박영사(2021년)
- 박효근, 「조문·판례 중심 가족법강의 Cafe」, 법학사(2021년)
- 송동진, 「신탁과 세법」, 삼일인포마인(2021년)
- 오경수 등, 「최신 사례로 보는 상속재산 분할심판청구」, 필통북스(2020년)
- 오영걸, 「신탁법」, 홍문사(2021년)
- 오영걸, 「신탁법 2판」, 홍문사(2023년)
- 이남우, 「유언대용신탁과 등기 실무」, 법률지식(2021년)
- 이우리 등, 「해외거주자를 위한 스마트 상속·증여」, 바른북스(2023년)
- 이중기, 「신탁법」, 삼우사(2007년)
- 정순섭, 「신탁법」, 지원출판사(2021년)
- 장중식, 「부동산 신탁 실무 해설(제3판)」, BOOKK(2021년)
- 최수정, 「신탁법(개정판)」, 박영사(2019년)
- 한종희, 「스토리텔링 상속·증여세」, 혜지원(2019년)
- 금융위원회, "신탁업 혁신 방안(2022년 10월 13일 보도자료 및 별첨자료)"

PROFILE

지은이 **신관식**

신탁·세금 전문가

- 現 우리은행 신탁부 가족신탁팀
- 세무사 자격 취득(제53회, 2016년)
- 前 신영증권 패밀리헤리티지본부
- 前 한화투자증권 상품전략실
- 前 미래에셋생명 상품개발본부

- KBS 2TV(무엇이든 물어보세요), 매일경제TV(머니클래스), YTN라디오(조태현의 생생경제), 시니어TV, 방송대지식+, 채널 제네시스박, 부티플 등 출연
- 한국금융연수원, 금융투자교육원, 현대백화점 문화센터, 대한법무사협회, 더존비즈스쿨, 서초50+센터 등 강의
- 디지털타임스·조세금융신문·에이블뉴스 칼럼니스트

저서

재산승계의 정석(2024년, 더존테크윌)
5주 완성 이것만 알면 나도 세금전문가(2024년, 헬로북스)
불멸의 가업승계 & 미래를 여는 신탁(2024년, 헬로북스)
장애인 금융·세금 가이드(2023년, 삼일인포마인)
사례와 함께하는 자산승계신탁·서비스(2022년, 삼일인포마인)

메일 skskt1107@naver.com

강의/문의 02-2002-5984

블로그 신탁과 세금(https://blog.naver.com/skskt1107)